KB068261

압축 고전 60권

'책알못'들을 위한 최소한의 교양 수업 ─────

토마스 아키나리 지음
오민혜 옮김

압축
고전 60권

알에이치코리아

일러두기

- 각주 중 원주가 아닌 '옮긴이 주'는 따로 표기했다.
- 외국 인명, 지명 등 외래어 표기는 국립국어원의 외래어 표기법을 따랐다.
- 도서명은 국내에 번역되어 출간된 경우 한국어판 제목으로, 그렇지 않은 경우 원어로 표기했다.
- 언급된 모든 표제에는 부제를 표기하지 않았다.

인생의 해답은
고전에 있다

우리는 왜 책을 읽어야 할까요? 책은 '인류가 축적한 예지의 아카이브'이기 때문입니다. 독자는 책을 통해 지식뿐 아니라 희로애락 같은 감정까지 풍부한 경험을 하게 됩니다. 때로는 우리의 인생을 바꿔버리는 책도 있습니다.

수많은 책 중에서 제가 소개하고자 하는 것은 특별히 많은 사람이 읽었거나 수천 년이라는 시간이 흐른 지금까지도 읽히는 책, 이른바 '고전'입니다.

고전에는 저마다 그렇게 불릴 만한 이유가 있습니다. 현재 많은 사람이 껴안고 있는 고민 대부분은, 이 기나긴 역사 속에서 이미 누군가가 철저하게 고찰했던 주제입니다. 아주 먼 과거, 기원전까지 거슬러 올라가도 인간은 역시 인간이기 때문입니다. 그러므로 여러분에게 고민이나 어떤 의문이 있다면, 그

해답의 힌트는 대부분 고전 안에 있습니다.

"삶에 뚜렷한 목표도 없고, 의욕도 없어요."

"생각이 흩어져서 집중이 안 돼요."

"공부는 하고 싶은데 어디서부터 어떻게 시작해야 할지 모르겠어요."

"일할수록 괴롭고 월급을 받아도 행복하지 않아요."

"나이가 들수록 사는 게 재미가 없어져요."

이런 고민들은 이 책에서 소개하는 고전의 핵심을 익히면 금방 해결됩니다. 혼자서 끙끙 앓을 때보단 훨씬 생각이 맑아지리라 확신합니다. 문제는 대부분의 고전이 무척 난해하고 두껍다는 것입니다. 사실 난해한 이유는 따로 있습니다. 이 고전 명저들은 그 책이 나온 시대 배경과 상식을 바탕으로 쓰였기에, 현대를 살아가는 우리에게는 설명이 부족하게 느껴집니다. 또한 '이 정도는 다 알지?'라는 전제로 그 학문 분야에서 통용되는 전문 용어를 쓰기 때문에 이해하기 어렵습니다.

고전은 자칫 잘못하면 한 권을 정확히 이해하는 데 20년 이상 걸립니다. 많은 시간을 들여도 의문이 늘어만 가기도 합니다. 한마디로 고전은 원래 '독파할 수 없는 책'입니다. 평범하게 일하고 생활하는 우리에게는 그럴 시간이 없습니다.

인생은 짧습니다. 따라서 우선 대략적인 내용을 이해하고, 흥미가 생기면 그때 원전을 읽으면 됩니다. 이 책에서 동서고금의 철학과 심리학, 경제학에서 엄선한 명저 60권의 핵심을 일러스트와 함께 알기 쉽게 해설해 드리겠습니다.

물론 원전과 비교하면 그 정보량은 하늘과 땅 차이입니다. 보통 500쪽이 훌쩍 넘는 책들을 단 몇 쪽으로 압축했기 때문입니다. 하지만 아무것도 읽지 않는 것보단 훨씬 낫지 않을까요? 두꺼운 책을 사서 읽지 않고 방에 장식해 두기보단, 전철 안에서 이 책을 읽는 편이 더 도움이 될 것입니다.

쓰인 시대 순으로 배열하지 않았기 때문에 아무 데나 펼쳐서 읽어도 괜찮습니다. 책장을 술술 넘겨가며 전체를 훑어보고, 어떻게 읽어야 여러분에게 가장 도움이 될지 생각해 보세요. 몇몇 책에는 관련 있는 도서의 페이지를 표기해 두었습니다. 10~11쪽에 있는 '한눈에 파악하는 명저 연관도'를 보면 왜 연결했는지 이해가 될 것입니다.

여러분이 부디 이 책을 통해 자유로운 사고법을 익혀 인생에서 부딪히는 난관을 헤치며 내일을 향해 힘차게 나아가길 기원합니다. 분명 멋진 미래가 펼쳐져 있으리라 믿습니다.

토마스 아키나리

항목별로 인생, 경제, 심리 등 머리말을 달아두었으니, 흥미가 있는 부분부터 펼쳐서 읽어보세요. 책의 난이도를 ★로 표시했는데, 술술 읽히지 않거나 읽어도 이해하기 어려운 책일수록 별이 많습니다. 책의 중요도나 깊이와는 관계가 없으니 참고 정도만 해주세요. 예를 들어 《노년에 관하여》는 원전이 얇고 어려운 문장도 없지만, 내용은 무척 심오합니다. 하지만 접근하기 쉽기 때문에 별은 하나만 표시했습니다.

저서에 관한 해설을 읽었다면, 다음으로는 그와 연관된 사상 등을 설명한 페이지로 넘어갑니다. 그러면 전혀 관련이 없어 보이는 분야가 서로 연관되어 있음을 알게 될 것입니다. 또한 주제에 따라서는 사유할 것들이나 공상, 가정을 전제로 한 생각 등 여러 가지로 실천할 거리를 적어두었으니 잠깐 쉬어가고 싶을 때 한번 시도해 보세요.

마지막으로 하나 조언하자면, 이 책과 같은 요약판을 읽은 뒤 흥미가 생겨 바로 원전으로 넘어가고 싶을 때에는 우선 심호흡을 하시길 바랍니다.

　　"쇼펜하우어는 인생의 고통에 관해 썼구나. 더 자세히 알고 싶어…《의지와 표상으로서의 세계》원전을 읽어보자!" 같은 방법은 별로 추천하지 않습니다. 이 책에서 소개하는 난해한 명저에 흥미가 생겼다면, 해설서를 먼저 읽어보세요. 그렇게 요약판에서 더 전문적인 개론서로, 거기서 더 여유가 생긴다면 원전으로 가는 단계를 밟는 편이 좋습니다. 단숨에 원전으로 건너뛰지 마세요.

　　여러분이 이 책에서 시작해, 이 책을 뛰어넘어 의미 있는 인생을 보내길 바랍니다.

한눈에 파악하는 명저 연관도

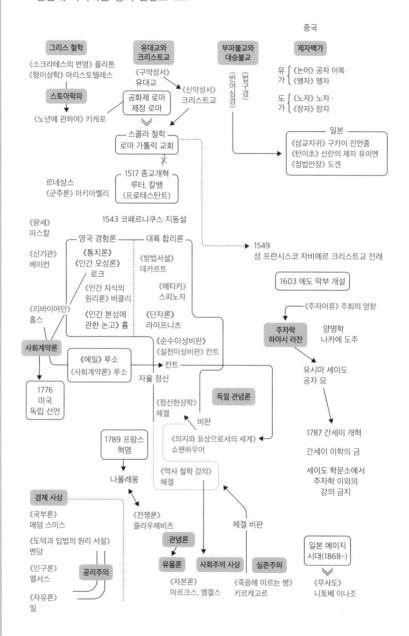

그리스 철학
《소크라테스의 변명》 플라톤
《형이상학》 아리스토텔레스

스토아학파
《노년에 관하여》 키케로

유대교와 크리스트교
《구약성서》 유대교

《신약성서》 크리스트교

공화제 로마
제정 로마

스콜라 철학
로마 가톨릭 교회

1517 종교개혁
루터, 칼뱅
(프로테스탄트)

르네상스
《군주론》 마키아벨리

부파불교와 대승불교
(반야심경)
(법구경)

중국

제자백가
유가 { 《논어》 공자 어록 ·
《맹자》 맹자
도가 { 《노자》 노자 ·
《장자》 장자

일본
《삼교지귀》 구카이 진언종
《탄이초》 신란의 제자 유이엔
《정법안장》 도겐

1543 코페르니쿠스 지동설

《팡세》
파스칼

영국 경험론   **대륙 합리론**

《신기관》
베이컨

《통치론》
《인간 오성론》
로크

《인간 지식의
원리론》 버클리

《인간 본성에
관한 논고》 흄

《리바이어던》
홉스

사회계약론

《방법서설》
데카르트

《에티카》
스피노자

《단자론》
라이프니츠

1549
성 프란시스코 자비에르 크리스트교 전래

1603 에도 막부 개설

《주자어류》 주희의 영향

**주자학
하야시 라잔**
양명학
나카에 도주

《순수이성비판》
《실천이성비판》 칸트

《에밀》 루소
《사회계약론》 루소

칸트

1776
미국
독립 선언

1789 프랑스
혁명

나폴레옹

자율 정신

독일 관념론

《정신현상학》
헤겔

비판

《의지와 표상으로서의 세계》
쇼펜하우어

《역사 철학 강의》
헤겔

유시마 세이도
공자 묘

1787 간세이 개혁

간세이 이학의 금

세이도 학문소에서
주자학 이외의
강의 금지

경제 사상

《국부론》
애덤 스미스

《도덕과 입법의 원리 서설》
벤담

《인구론》
맬서스

《자유론》
밀

《전쟁론》
클라우제비츠

공리주의

헤겔 비판

관념론

유물론

《자본론》
마르크스, 엥겔스

사회주의 사상

실존주의

《죽음에 이르는 병》
키르케고르

일본 메이지
시대(1868~)

《무사도》
니토베 이나조

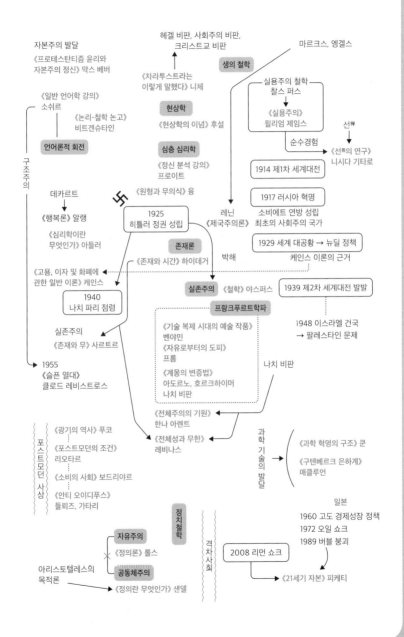

자본주의 발달

《프로테스탄티즘 윤리와
자본주의 정신》 막스 베버

헤겔 비판, 사회주의 비판,
크리스트교 비판

마르크스, 엥겔스

생의 철학

《차라투스트라는
이렇게 말했다》 니체

실용주의 철학
찰스 퍼스

《일반 언어학 강의》
소쉬르

《논리-철학 논고》
비트겐슈타인

현상학

《현상학의 이념》 후설

《실용주의》
윌리엄 제임스

선禪

언어론적 회전

심층 심리학

순수경험

《선禪의 연구》
니시다 기타로

《정신 분석 강의》
프로이트

1914 제1차 세계대전

데카르트

《행복론》 알랭

《원형과 무의식》 융

1925
히틀러 정권 성립

레닌
《제국주의론》

1917 러시아 혁명

소비에트 연방 성립
최초의 사회주의 국가

《심리학이란
무엇인가》 아들러

존재론

1929 세계 대공황 → 뉴딜 정책

케인스 이론의 근거

《고용, 이자 및 화폐에
관한 일반 이론》 케인스

《존재와 시간》 하이데거

박해

실존주의 《철학》 야스퍼스

1939 제2차 세계대전 발발

1940
나치 파리 점령

프랑크푸르트학파

1948 이스라엘 건국
→ 팔레스타인 문제

실존주의

《존재와 무》 사르트르

《기술 복제 시대의 예술 작품》
벤야민
《자유로부터의 도피》
프롬
《계몽의 변증법》
아도르노, 호르크하이머
나치 비판

나치 비판

1955
《슬픈 열대》
클로드 레비스트로스

《전체주의의 기원》
한나 아렌트

《전체성과 무한》
레비나스

과
학
기
술
의
발
달

《과학 혁명의 구조》 쿤

《구텐베르크 은하계》
매클루언

포
스
트
모
던
사
상

《광기의 역사》 푸코

《포스트모던의 조건》
리오타르

《소비의 사회》 보드리야르

《안티 오이디푸스》
들뢰즈, 가타리

일본
1960 고도 경제성장 정책
1972 오일 쇼크
1989 버블 붕괴

정치
철학

격
차
사
회

2008 리먼 쇼크

자유주의

《정의론》 롤스

아리스토텔레스의
목적론

공동체주의

《정의란 무엇인가》 샌델

《21세기 자본》 피케티

목차 ___

고대·예지편

제1장
고대부터 전해져 온 지혜를 익히는 책

사고·이성편

제2장
생각에 생각을 거듭해 인생을 바꾸는 책

인생·고뇌편

제3장
고단한 인생에 관해 생각하는 책

정치·사회편

제4장
현대 정치사상과 그 기원을 배우는 책

경제·생활편

제5장
일과 삶을 이해하는 책

심리·언어편

제6장
마음과 말에 관해 생각하는 책

사상·현대편

제7장
현대 사회를 다른 각도에서 생각하는 책

일본편

제8장
일본을 이해하기 위한 책

고대 · 예지편

제 1 장

고대부터 전해져 온
지혜를 익히는 책

고대·예지편

《소크라테스의 변명》

플라톤 지음

책의 난이도
★☆☆☆☆

이 책의 배경

세계 최초로 인간으로서 어떻게 살 것인가를 설파한 철학자
가 바로 소크라테스다. 그는 "그저 사는 것이 아니라 훌륭하게
사는 것이 중요하다."라고 주장했다. 하지만 진실만을 추구하
다 변론가들과 정치가들의 미움을 샀고, 결국 사형당했다. 소
크라테스가 재판에서 변명하는 모습을 제자 플라톤이 이야기
구조의 대화 형식으로 엮은 책이 《소크라테스의 변명》이다.

플라톤(B.C. 427~B.C. 347)

고대 그리스 철학자. 소크라테스의 제자이자, 아리스토텔레스의
스승이다. 이데아론을 주장했으며, 아카데미아 학원을 세웠다. 저
서로는 《국가 *Politeia*》, 《크리톤 *Kriton*》 등이 있다.

무지의 자각을 부르는 문답법

기원전 399년 소크라테스Socrates는 아테네 법정에 섰고, 재판 결과 처형당했습니다. 그 일을 기술한 플라톤Plato의 저서 《소크라테스의 변명Apologia Sōkratēs》은 법정 변론을 재현한 대화편對話篇*입니다. 내용은 '최초 변론', '유죄 선고 후 변론', '사형 선고 후 변론'의 3부로 구성되어 있습니다.

자신이 무죄라고 주장했던 소크라테스는 법정 변론에서 델포이 신탁을 언급했습니다. 어느 날 소크라테스의 신봉자가 델포이 신전에서 "소크라테스보다 지혜로운 사람은 없다."라는 신탁을 받았다고 합니다. 그 말을 들은 소크라테스는 놀람과 동시에 당혹스러웠습니다. 그래서 신탁을 반박하고자 당대의 지혜로운 자(소피스트Sophist)들과 문답을 하며 자신보다 지혜로운 사람을 찾으려 했습니다(문답법*). 문답을 해서 지면 신탁을 부정할 수 있었기 때문입니다.

그렇게 문답을 해본 결과, 소크라테스는 지혜로운 자로 불리

---

* 시나리오 형식인 《소크라테스의 변명》은 초기 대화편 중 하나다. 소크라테스가 처형된 후에 플라톤이 수년에 걸쳐 집필했으며, 전체 3부로 구성되어 있다. 원래 아테네 재판은 고발인과 피고인이 일방적으로 각자의 주장을 펼치는 것이 관행이었으나, 소크라테스는 굳이 대화를 시도했다.

* 상대방이 믿고 있는 결론에 반하는 테제를 제시함으로써 그 믿음이 잘못되었음을 자각하게 하는 방법. 질문을 받은 사람의 '억견臆見, Doxa'이 파괴되면서 무지가 드러난다. 그렇지만 반드시 해답이 나오지는 않는다.

"~란 뭘까?" 하고 본질을 묻다 보면 스스로 많이 알지 못한다는 사실을
깨닫게 되어 더욱 이해가 깊어진다.

는 사람들이 자신의 전문 분야에는 능통하지만, 인간으로서 가
장 중요한 것을 모르고 있음을 깨달았습니다. 그래서 "난 아무
것도 모르지만, 내가 아무것도 모른다는 사실은 안다. 그 점에
서 나는 그들보다 뛰어나다."라며 신탁을 받아들였습니다.

　이런 문답은 '무지無知의 자각'을 촉구하기 때문에 상대방에
게 미움을 삽니다. 모르는 것은 솔직하게 모른다고 자각하게 만
든 다음, "그럼 무엇이 진짜일까?" 하고 진리를 이끌어내는 방
식으로, 산파술이라고도 부릅니다. 그래서 많은 사람이 소크라
테스를 탐탁지 않게 여겼습니다.

훌륭하게 사는 방법은 무엇인가?

일상생활에서 대부분의 사람은 수입이나 재산을 늘리는 일, 평판이나 명예를 얻는 일을 중시합니다. 하지만 소크라테스는 그런 사람들에게 "부끄럽지 않습니까?"라는 질문을 던지며, '훌륭함'을 추구해야 한다고 설파했습니다.

흔히 사람을 '훌륭하다'라고 할 때는 돈벌이를 잘하거나 명예가 있다는 뜻이지, '영혼이 훌륭하다'라는 뜻은 아닙니다. 즉, 결과의 효율성이 좋을 뿐(근대에는 결과주의라고 부릅니다. 197쪽 《도덕과 입법의 원리 서설》 참고), 본질적인 마음의 중심이 훌륭하다는 뜻은 아니죠.

그렇기 때문에 소크라테스는 육체나 물질을 챙기기보단 내면의 '영혼'을 돌봐야 한다고 주장했습니다. 영혼을 돌보고 훌륭하게 살기* 위해서는 돈과 권력을 포기해야 하는 경우가 많습니다. 그래서 이 주장 또한 사람들의 반감을 샀습니다.

비록 재산과 명예를 잃을 때도 있지만, 진정으로 돌봐야 할 것은 깊게 고민하며 진리를 추구하는 장場인 '훌륭한 영혼'입니다. 거기서는 쾌락을 얻을 수 있는지 따지지 않고 선악의 가치를 중요하게 여깁니다. 돌봄이 미치는 영혼이 곧 나 자신이며,

---

* 인간에게 가장 중요한 요소는 영혼이다. 소크라테스는 재산이나 명예, 권력을 좇지 않고 영혼을 단련해야 훌륭하게 사는 것이라고 주장했다(영혼 돌보기).

그 훌륭한 본연의 모습이 최고 능력을 발휘하는 상태가 바로 '덕(아르테^{Arete})'입니다.

소크라테스는 이러한 신념을 바탕으로 여러 사람과 대화를 이어갔지만, 결국 사형*을 선고받았습니다. 당시에는 사형을 선고받아도 옥지기에게 뇌물을 주고 외국으로 도망치면 그만이었지만, 소크라테스는 고지식하게 형을 받아들였습니다. 유죄에 표를 던진 사람들에게 그는 "날 죽여서 '음미하는 인생', 즉 철학에서 해방되었다고 생각하면 큰 오산이다."라고 말했습니다. 자신을 날파리에 빗대며, 아무리 때려잡아도 후대에 또다시 자신과 같은 사자^{使者}가 나타날 거라 예언했습니다.

이러한 소크라테스 사상은 훗날 철학사의 출발점이 되었고, 지금까지 영향을 미치고 있습니다. 진실을 말하면 제거된다는 대목이 예수의 책형^{磔刑}과 겹쳐지는 걸 보면(30쪽《구약성서》,《신약성서》참고), 소크라테스의 예언은 적중한 것이 아닐까요?

• 소크라테스는 '청년들을 타락시키고 나라에서 믿는 신을 믿지 않으며 다른 신령(다이몬 Daimon)을 신봉했다.'라는 터무니없는 죄목으로 사형을 선고받았다. 그의 변명에도 불구하고 유죄 판결이 내려졌으며, 최종 투표를 거쳐 사형이 결정되었다. 사형 방식은 스스로 독을 삼키는 것이었다. 소크라테스가 사형당하는 장면은 플라톤의 중기 대화편《파이돈 Phaidon》에 자세히 묘사되어 있다.

내가 안다고 믿는 것에 '그건 뭘까? 왜일까?' 하고 질문을 던짐으로써 지식을 확인할 수 있다. 모호했던 지식이 더욱 날카롭게 다듬어지면서 사물의 본질이 보이기 시작한다.

《형이상학》

아리스토텔레스 지음

책의 난이도
★★★★★

이 책의 배경

정치학과 자연학, 논리학, 시학 등 모든 학문의 시조가 아리스토텔레스다. 그중 아리스토텔레스가 중시한 학문이 형이상학인데, 이것이 모든 학문의 토대인 '존재'를 연구하는 '제1철학'이기 때문이다. 형이상학을 연구하면 세계가 어떤 '목적'을 향해 움직이고 있음을 깨닫게 된다고 한다.

아리스토텔레스(B.C. 384~B.C. 322)

고대 그리스 철학자. 17세에 플라톤의 문하생이 되었으며, 마케도니아에서 알렉산드로스 대왕을 가르쳤다. B.C. 335년 아테네에 리케이온 학원을 설립했다. 정치와 문학, 윤리학, 논리학, 박물학, 자연학 등 여러 학문 영역을 분류하고 총괄하는 데 힘썼다.

만학의 시조가 끈질기게 연구한 결과

"인간은 누구나 본성적으로 알기를 원한다." 이것이 《형이상학*Metaphysica*》*의 첫 문장입니다. 인간이 느끼는 지적 호기심이란, 별로 쓸모가 없다는 사실을 알면서도 '알고 싶다는 이유로 탐구하고, 나도 모르게 생각하게 되는' 것입니다. 그것이 바로 철학입니다.

아리스토텔레스*Aristoteles*는 《형이상학》에서 모든 학문에 공통되는 '존재'에 관해 설명합니다. 존재의 가장 일반적인 형식을 10가지로 분류했는데(존재의 범주*Kategoria*), 그 10가지를 예를 들어 설명하면 다음과 같습니다.

- 이것은 고양이다. (실체)
- 토끼는 하얗다. (질)
- 무게는 200g이다. (양)
- 나의 부모 (관계)
- 선반에 놓여 있다. (장소)
- 어제 보았다. (시간)

---

* 《형이상학》의 원제는 《자연학 뒤에 오는 것*ta meta ta physika*》이다. 자연학을 뛰어넘은 학문이라는 뜻이며, '제1철학'이라고도 한다. 《형이상학》은 아리스토텔레스가 쓴 논문 14편을 후세에 엮어 편찬한 책이다. 모든 학문은 어떤 형식으로든 존재와 연관되어 있으나 존재 그 자체를 논하려 하지 않는 반면, 형이상학은 존재의 보편적 개념을 탐구하는 학문이다.

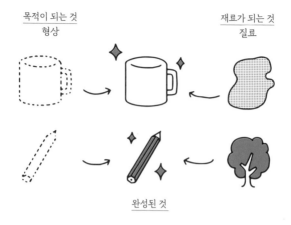

완성된 것

모든 존재는 목적을 향해 운동한다.
기계론적 관점에서 목적론적 관점으로 바꿔보자.

- 서 있다. (상태)

- 책을 갖고 있다. (소유)

- 달리다. (능동)

- 파괴당하다. (수동)

"이것은 무엇인가?"라는 물음에 "사람이다.", "말이다."라고
대답한다고 할 때, '사람'과 '말'은 개별 사물이자 '실체'* 입니다.

* 아리스토텔레스에 따르면 실체는 '주어가 되며 술어가 되지 않는 것'이다. 즉, '이 사람' 혹은
'이 말'처럼 '이것'으로 지시되는 개별 사물을 말한다. 따라서 실체는 쪼갤 수 없고, 수數로는
하나이다.

또한 실체인 말은 '이 말은 빠르다.', '이 말은 크다.' 등으로 표현할 수 있으며, 이는 '주어와 술어'의 형식으로 구성됩니다. 이처럼 실체는 동일성을 유지하면서 다양한 성질을 지닙니다.

'소크라테스(실체)가 서 있다.'와 '소크라테스가 앉아 있다.'처럼 실체에는 술어로 여러 가지 설명이 덧붙여질 수 있습니다. 실체란 질과 양은 변화하면서, 그 자신은 변하지 않는 개념입니다. 젊든 늙든 소크라테스의 실체는 변함없이 유지되니까요.

잃어버린 인생의 목적을 찾아서

실체, 즉 존재하는 개별 사물(컵이나 펜 등)은 '형상과 질료'∶로 설명할 수 있습니다. 형상은 설계도, 질료는 재료를 뜻합니다. 동銅으로 만들어진 조각상은, 조각상이라는 형상과 동이라는 질료가 합쳐진 사물입니다. 동으로 만들어진 동전은, 동전이라는 형상과 동이라는 질료로 이루어져 있습니다. 둘은 동이라는 같은 질료로 만들어졌어도 각각 형상이 다르기 때문에 사용 목적 또한 다릅니다. 즉, 형상은 목적을 결정하는 내재적

∶ 자연물이나 인간이 만들어낸 모든 개별 사물에는 형상과 질료라는 두 가지 측면이 있다. 형상은 개별 사물의 겉모양이자 그 모양을 지탱하고 있는 내부 구조이며, 질료는 그 재질이다. 세계는 질료가 형상을 실현하고, 가능성이 현실성으로 옮겨가는 일련의 원운동을 따라 생장한다. 아리스토텔레스는 이데아(형상)가 이데아계에 있다는 플라톤의 생각을 비판하고, 이데아는 내재되어 있다고 주장했다.

요인입니다.

질료는 형상에 따라 한정되어 있거나 혹은 아직 한정되어 있지는 않지만, 형상을 취할 수 있는 것을 뜻합니다. 동이 조각상도 되고, 동전도 되듯이 말입니다. 그래서 질료는 미완성의 가능성을 품고 있으며, 이를 가능태^{可能態}라고 합니다. 반면, 형상은 미완성의 질료가 완성한 '현실태^{現實態}'* 입니다.

이를테면 도토리는 겉모습만 봐서는 어떤 나무로 자랄지 알수 없습니다. 하지만 생장하면 떡갈나무가 되지, 삼나무가 되지는 않습니다. 즉, 모든 종자에는 어떤 목적이 있는 형상이 설계되어 있다는 뜻입니다.

개별 사물에는 태어나고, 자라고, 형상이 같은 개별 사물을 낳고, 소멸하는 목적이 있습니다. 마찬가지로 우리가 하는 행위에도 모두 목적이 있습니다. 산책은 건강을 위해, 건강은 일하기 위해, 일은 월급을 받기 위해, 월급은 가족을 돌보기 위해… 이와 같은 식으로 거슬러 올라가며 생각을 거듭할 수 있습니다. 하지만 그런 생각이 끝없이 계속되면 '대체 왜 살아야 하지?' 하고 허무하게 느껴지지 않을까요? 따라서 목적은 무한히 수행되어서는 안 됩니다. 더 이상 의문을 제기할 여지가 없는 궁극

---

* 현실로 나타나기 전의 잠재적 능력을 품고 있던 가능태가 실현된 것을 현실태(에네르게이아 Energeia)라고 한다.

적 목적이 있어야 합니다.

아리스토텔레스는 그 궁극적 목적이 되는 존재, 즉 '부동^{不動}의 원동자^{原動者}'‥가 세계를 움직인다고 생각했습니다. 기계 문명이 발달한 지금, 결과와 이익만 좇느라 우리가 잃어버린 것은 바로 인생의 '목적'일지도 모릅니다.

인간은 향락을 추구하는 경향이 있지만, 본질적인 가치를 추구하는 것이 더 바람직한 방향입니다. '맛있는 음식을 먹는' 일도 좋지만, '맛있는 음식의 레시피를 만드는' 편이 더 본질적 가치에 가깝습니다.

고전이 나에게 건네는 말

현실을 구성하는 요소를 목적이라는 관점에서 보면, 모든 일이 하나로 향하고 있음을 알게 된다. 매사에 '상황이 어떠한가?'가 아니라 '그 목적은 뭘까?' 하고 질문을 던지면 실마리가 보인다.

‥ 만물은 형상과 질료에 따라 생장·소멸한다. 따라서 어떠한 질료도 포함하지 않은 순수한 형상(제1형상)이 존재한다. 그것은 다른 만물을 움직이고, 자신은 움직이지 않는 존재이다. 즉, 세계를 움직이는 부동의 원동자이자 신^神이다.

《구약성서》, 《신약성서》
성서 편집자들 엮음

책의 난이도
★★★☆☆

이 책의 배경

삶이 괴로워 신음하던 사람들은 신에게서 '마음'이 멀어진 것이 고통의 원인이라고 생각했다. 한결같이 신의 율법을 지켜도 나아지지 않는 삶. 그때 신 스스로 인간의 모습으로 나타나, 전 인류의 죄를 사하여 주었다. 그만큼 신은 인간을 사랑했던 것이다.

성서 편집자들

성서를 편집하는 사람들은 역사가 흘러감에 따라 교체되었다. 《구약성서》는 유대교가 성립되면서 만들어지기 시작했다. 《신약성서》의 복음서 편집자들은 마태, 마가, 누가, 요한 등으로 알려져 있으나, 실제로 그들이 썼느냐에 관해서는 다양한 의견이 있다.

유대교 경전이었던 구약성서

성서는 쓰인 시기에 따라 두 파트로 나눠져 있습니다. 예수가 등장하기 전 이야기를 담은 성서가 《구약성서》*, 예수가 등장한 후의 성서가 《신약성서》입니다. 《구약성서》는 크리스트교에서 부르는 이름으로, '구약舊約'은 옛 계약이라는 뜻입니다. 물론 유대교 입장에서 성서는 한 권뿐이라서 구약을 따로 구분하지 않고 그냥 성서라고 부릅니다.

그럼 《구약성서》의 내용을 간단히 살펴볼까요? 우선 천지를 창조한 신이 이스라엘 백성에게 율법을 부여합니다. 신이 부여한 율법을 지키면 인간은 구원받지만, 안타깝게도 지키지 못합니다. 그래서 긴 고난의 역사를 걷게 되지요. 신은 여러 차례 예언자를 보내 인간을 꾸짖지만, 그럼에도 인간은 같은 실수를 반복합니다. 거기서 신은 다시 이스라엘 백성들에게 벌을 내립니다.

율법을 지키지 않으면 신의 불호령이 떨어집니다. 어쨌든 신이 분노하면 나라가 두 동강 나서 백성들이 타국의 포로가 되는 일도 벌어지니 감당하기 힘이 듭니다. 참고로 이렇게 나라가 갈

* 《구약성서》는 B.C. 10세기에서 B.C. 1세기 사이에 엮였다는 의견이 있으며 모세 오경(창세기, 출애굽기, 레위기 등), 역사서(여호수아, 사무엘 등), 예언서(이사야, 예레미야, 에스겔 등) 등으로 분류한다. 첫 책인 창세기에는 천지창조를 시작으로 아담과 하와가 낙원에서 추방된 일부터 아브라함 족장 이야기까지 기록되어 있다. 그 이후로는 이스라엘의 번영과 분열, 멸망 등의 이야기가 이어진다. 유대교와 크리스트교의 기준에 따라 명칭과 구성이 상이하다.

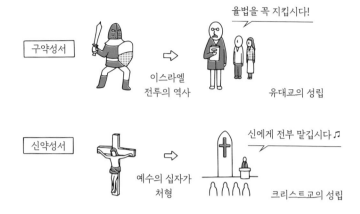

구약성서　이스라엘 전투의 역사　율법을 꼭 지킵시다!　유대교의 성립

신약성서　예수의 십자가 처형　신에게 전부 맡깁시다 ♩　크리스트교의 성립

인간은 율법을 지키지 못하는 어리석은 존재라서,
신이 스스로 십자가에 매달려 인간의 죄를 사해주었다.

라져 한쪽이 유다 왕국이 되면서 이스라엘인을 유대인이라 부르기 시작했다는 견해도 있습니다.

이스라엘 백성들도 신의 꾸짖음이 계속되자 겁이 나서 율법을 완벽하게 지키리라 마음먹습니다. 그러나 이번에는 신의 안색을 지나치게 살핀 나머지 완벽주의에다 결벽증을 앓게 되는데, 이를 '율법주의'라 합니다.

절망에 빠진 이스라엘 백성들은 마지막으로 구세주(메시아Messiah)가 나타나기를 간절히 기다립니다. 하지만 《구약성서》에는 마지막까지 구세주가 등장하지 않습니다.

크리스트교는 이렇게 탄생했다

《구약성서》의 뒤를 잇는 《신약성서》*는, 그렇게 간절히 기다리던 구세주가 바로 '예수'라는 설정입니다. 예수 그리스도라는 명칭은 '예수가 곧 구세주(메시아)다'라는 뜻이죠. 당시 유대인들은 로마 제국의 지배를 받게 되면서 근근이 목숨을 유지하는 상황에 내몰렸습니다. 바리새파Pharisee派와 사두개파Saddoukaîoi派 같은, 이른바 율법 전문가들이 강한 권력을 휘둘렀습니다. 이런 상황에서 나타난 목수 요셉의 아들 예수는 그들과는 사뭇 달랐습니다. 예수는 유대인으로, 원래 유대교 신자였습니다. 본인은 유대교의 가르침을 전파하려 했지만, 그 내용이 기존과는 다른 새로운 해석을 담고 있어서 무척 참신했죠.

예수의 가르침을 담은 《신약성서》의 복음서에는 "행복하여라, 마음이 가난한 사람들! 하늘나라가 그들의 것이다. 행복하여라, 슬퍼하는 사람들! 그들은 위로를 받을 것이다." 등 고통스러운 사람들에게 보내는 위로가 담겨 있습니다. 또한 '복수하지 말라.', '보물을 하늘에 쌓아라.', '남을 심판하지 말라.', '온갖 비난을 받으면 복이 있다.', '음욕을 품고 여자를 바라보는 자는 누

* 2세기에서 4세기 사이에 지금의 형태가 갖춰졌다는 설이 있다. 《신약성서》는 4복음서와 역사서(사도행전) 1권, 서간 21권, 요한 묵시록 1권으로 구성되어 있다. 4복음서는 마태복음, 마가복음, 누가복음, 요한복음을 말한다. 사도행전은 베드로와 바울을 중심으로 사도들이 복음을 전도하는 여정을 기록했다. 또한 예수의 승천과 교회의 확립, 예루살렘 교회와 이방인 교회의 성립, 바울의 회심 등을 그리고 있다.

구나 이미 마음으로 그 여자와 간음한 것이다.' 등 수많은 가르
침을 전합니다.

이러한 예수의 가르침과 행동을 율법학자들은 도발 행위로
간주했습니다. 자신들이 쌓은 전통이 무너지진 않을까 두려움
에 떤 나머지, 정치가를 앞세워 예수를 체포했습니다. 예수는
사형(십자가형)을 선고받지만, 제자들은 그가 사흘 만에 다시 부
활하리라 믿었습니다.

나아가 제자들은 예수의 죽음에 '속죄'라는 의미를 부여했습
니다. 《구약성서》에서 이스라엘 백성이 죄를 청산하지 못했기
때문에 예수가 죄인들을 대신해 십자가에 못 박혀 죽고, 신에
반역하는 인간의 죄를 씻어주었다고 주장했습니다.

이를테면 자식이 진 빚을 부모가 대신 갚은 상황인 것이죠.
그렇게 예수가 죽은 뒤 제자들의 전도 행적을 기록한 것이 사도
행전입니다. 사도행전에는 예수의 승천부터 사도 바울의 로마
체류까지 초대 교회가 성립되는 과정이 기록되어 있습니다. 이
처럼 크리스트교는 예수가 아니라, 제자들의 신앙이 구축한 종
교입니다.

성서 내용은 대강이라도 알아두는 편이 좋다. 성서에 관한 지식이 없으면 서양의 풍속이나 관습, 정치적으로는 팔레스타인 분쟁 등의 근본을 이해하기 어렵기 때문이다. 성서를 알면 세계의 새로운 측면이 보인다.

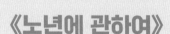

《노년에 관하여》

마르쿠스 툴리우스 키케로 지음

책의 난이도
★☆☆☆☆

이 책의 배경

2025년에는 고령화율이 20%를 돌파해 초고령 사회에 진입한다고 한다. 노인이 된다는 게 남의 일이 아닐진대, 무려 기원전 공화정 로마 시대에 나이 듦의 장점을 강하게 설파한 이가 있었다. 그 옛날 노인이 시공간을 뛰어넘어 들려주는 조언에 귀를 기울여 보자.

마르쿠스 툴리우스 키케로(B.C. 106~B.C. 43)

공화정 로마 말기의 정치가이자 스토아학파 철학자. 그리스어를 라틴어로 번역해 철학 술어를 만들고, 라틴어를 사상 전달의 수단으로 삼은 최초의 인물이다. 중세 철학의 대표적 스승으로 공화정을 옹호했던 키케로는 독재를 꿈꿨던 안토니우스의 손에 최후를 맞았다.

나이 드는 게 왜 나빠?

이 세상에 나이 드는 게 달가운 사람이 있을까요? 그러나 무려 로마 시대에 노년의 정점에 관해 고찰한 정치가이자 철학자가 있었습니다. 바로 세계사 교과서에도 등장할 만큼 널리 알려진 마르쿠스 툴리우스 키케로Marcus Tullius Cicero입니다.

키케로는《노년에 관하여De Senectute》에서 스토아학파의 논리에 따라 사람이 철학을 제대로 공부하고 이성적으로 살면, 인생의 온갖 시기를 근심 없이 견딜 수 있다고 주장했습니다. 그래서 하루하루 이성적으로 사는 것*이 중요하고, 노쇠해지는 시기도 잘 대비해서 '노인이 되었다.'라는 사실을 받아들이는 마음가짐이 필요하다고 말했습니다.

우리와 마찬가지로 키케로 또한 '보통 노년을 희망적이지 못한 상태로 인식한다.'라는 점은 인정했습니다. 세상 사람들은 노년기에 접어들면 즐거움이 줄어들고, 남들에게 외면당할 거라며 두려움에 떨곤 합니다. 하지만 키케로는 전혀 걱정할 필요가 없다고 말했습니다.

그는 우선 노인이 수준 높은 일을 할 수 있다고 주장했습니다. 세상에는 청년들이 하는 일은 노인이 하지 못한다는 오해가

---

* 스토아학파의 창시자 제논이 말한 생활신조는 '자연에 따르는 삶'이다. 여기서 자연이란 우주의 이법(로고스 Logos)이기 때문에, 자연에 따르는 삶은 곧 스스로의 이성에 따르는 삶이다. 따라서 정념을 통제하는 아파테이아Apatheia(부동심)의 경지를 강조한다.

이제 아무것도 안 남았어…　　　　　…라고 생각하지 말자!

나이가 들수록 젊을 때보다
좋은 점이 나이만큼 많아진다.

널리 퍼져 있지만, 일에서 가장 중요한 요소는 육체적인 힘이나 행동력이 아니라 사려와 관록, 식견이라는 것입니다. 노년이 되면 그런 요소들이 풍부해지기 때문에 젊은이들이 감히 따라 하기 힘든 일도 해낼 수 있습니다. 요즘 같은 저출산 고령화 시대에 큰 울림을 주는 조언이지요.

흔히 노년기에 접어들면 육체가 쇠약해진다고 하지만, 열의를 가지고 활동을 지속하는 한 노인도 건강을 유지할 수 있습니다. 지적인 능력이 좋아지고 기억력도 감퇴하지 않습니다. 키케로는 이를 "기억력이 감퇴하지 않을까 걱정하지 마라. 나이가 들었다고 해서 비상금을 어디에 뒀는지 잊어버렸다는 이야기는 듣지 못했다."라며 재치 있는 문장으로 풀어냈습니다. 또한 관록에서 나온 풍부한 지식이 언어들을 새롭게 연결하는 데 한몫을 합니다. 키케로는 다음과 같은 말로 자신의 주장을 뒷받침했습니다.

"늙으면 젊은이들이 달가워하지 않을 거라며 불안에 떨 필요는 없다. 젊은이들은 노인들을 싫어하기는커녕 존경하며, 노인들이 많은 가르침을 전해주길 원한다. 지식을 연마하고 정신력을 단련하는 데 피땀을 흘리면 체력의 노쇠함을 느낄 틈이 없다. 쉼 없이 일하는 사람은 노년기가 다가오는 것도 알아채지 못한다."

노년의 수많은 장점

키케로는 노년기의 장점으로 한 가지를 더 강조했는데, 바로 노년이 되면 욕망이 거의 사라진다는 것입니다. 젊을 때는 넘치는 욕망이 사고를 방해하거나 도덕에 반하는 해로운 행위로 이끌기 십상입니다. 하지만 노년이 되면 그런 것들에서 자연스럽게 멀어집니다. 따라서 육체적 욕망과 야망에서 멀어진 노년에는 학문을 익히며 즐겁게 살아갈 수 있습니다. 그래서 키케로는 "적당한 식사와 담소를 나누는 즐거움도 있고, 자연에 둘러싸여 만년을 보내는 일이 가장 큰 행복이다."라고 했습니다.

그런데 키케로가 살던 시대에도 사람들은 노인들을 보며 "성질이 급하고 괜한 걱정이 많으며 금방 토라지는 데다 고집불통이다."라고 평했다고 합니다. 이건 어느 시대나 똑같은 모양이죠? 그러나 키케로는 성질이 급하고 괜한 걱정이 많으며 금방 토라지고 고집불통인 사람은 젊은이들 중에도 있으며, 오히려 느긋하고 온화한 노인이 더 많다고 딱 잘라 말했습니다.

노년의 가장 큰 문제는 죽음*인데, 키케로는 죽음에 관해서도 독특한 주장을 펼쳤습니다. "죽음의 문제는 노인들에게만 국한되지 않고, 젊은이들에게도 똑같이 존재한다."라고 했는데, 어차피 인간은 언제 죽을지 모르니 그런 걱정을 해봐야 쓸데없다는 뜻입니다.

"언제 갈지 모르는 건 누구나 똑같아." 마치 동네 할아버지가 말하는 듯 친근한 느낌이 들지 않나요? 그러니 느긋하게 살아도 괜찮고, 죽음이 아니라 인생을 충만하게 살고 있는지가 더 중요한 인생의 화두라고 키케로는 조언했습니다. 이 정도면 로마 시대에 존재했던 가장 긍정적인 생각 아닐까요?

---

* 스토아학파는 죽음에 대한 불안과 공포를 극복하려는 학파다. 키케로는 만약 인간이 죽어서 영혼이 사라진다면, 죽음은 두려워할 것이 아니라고 했다. 반대로 죽어서도 영혼이 사라지지 않고 다른 세계로 간다면, 오히려 죽음은 간절히 바랄 일이다. 어느 쪽이든 죽음을 두려워할 필요는 없는 것이다. "노년기의 결실은 지금까지 행해온 미덕과 선행을 회상하고 축적하는 것이다."라는 키케로의 말에서 알 수 있듯이 죽음은 곧 원숙함이다. 미덕과 선행을 실천하는 데 힘써 인생의 결실을 풍부하게 거둔 사람은 죽음을 두려워할 까닭이 전혀 없다.

키케로는 안티에이징은커녕, 나이가 들어가는 것을 즐겼다. 이성적으로 생각하면 젊음과 늙음 모두 좋은 점도 있고, 나쁜 점도 있다. 그러니 좋은 점에 집중해 보자!

《논어》, 《맹자》

공자의 어록을 제자들이 편찬, 맹자 지음

책의 난이도
★☆☆☆☆

이 책의 배경

《논어》는 공자와 그 제자들의 언행을 기록한 책으로, 논리보단 실천을 강조한다. 일상을 살아가는 방법부터 참다운 정치의 모습까지 광범위한 내용을 다룬다. 《맹자》는 '인애'를 중심으로 인생과 세계를 이야기한다.

공자(B.C. 551~B.C. 479)

유가의 시조. 중국 북부 산둥성 노나라 출신. 노나라에서 벼슬을 지낸 후, 유세 길에 올랐다. 만년에는 교육과 저술에 전념했다.

맹자(B.C. 372~B.C. 289)

성선설과 역성혁명설을 주장했다. 송대 이후 《맹자》는 주희가 해설을 붙인 《맹자집주》에 의해 사서 중 하나가 되었다.

사랑과 근성에 관한 공자의 어록

유교*의 가르침은 '인仁'으로 집약됩니다. 원래 인은 육친 사이에 싹트는 사랑을 뜻하기에, 공자孔子는 부모형제를 사랑하는 마음을 중시합니다. 이때 부모를 섬기는 덕목을 '효孝'라고 합니다. 더불어 '효제孝悌'는 부모에게 효도하고 형제를 사랑하는 것으로, 자연적으로 발생합니다.

물론 공자가 말하는 인은 육친 간의 사랑에 머무르지 않습니다. 인은 내면적이고 주관적인 측면에 한정되지 않고 외면으로 표출됩니다. 이것이 '예禮'라는 덕목이죠. 사랑이 바깥으로 넘쳐 나면 자연스럽게 예가 실현됩니다.

이들은 사회에서 맺는 인간관계에도 큰 영향을 끼치는 가르침입니다. 유자有子는 《논어論語》의 〈학이學而〉편에서 "부모님께 효성스럽고 형에게 공손하면서 윗사람을 거스르기 좋아하는 사람은 드물다."라고 했습니다.

'의義'*는 자기의 사욕(이利)을 다스리는 덕목입니다. 《논어》에서는 자기 욕심을 억누르고 예에 따라 행동하는 것, 즉 욕심을 극복하는 방법을 '극기복례克己復禮'라고 설명했습니다.

---

* 유교를 대표하는 경전인 사서四書는 《논어》, 《맹자》, 《대학大學》, 《중용中庸》을 말한다. 그 외에 관련된 책으로는 《시경詩經》, 《서경書經》, 《주역周易》, 《예기禮記》, 《춘추春秋》의 오경五經 등 다수가 있다.

\: 질서에 따른다는 뜻이다. '의'는 '이'와 대립하므로, 욕망을 추구하는 마음을 억제한다.

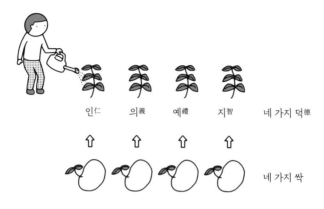

인仁   의義   예禮   지智   네 가지 덕德

⇑   ⇑   ⇑   ⇑   네 가지 싹

인간의 마음은 본디 선하다.
선한 마음을 키워나가면 덕이 크게 자란다.

나라를 다스리는 자가 극기복례를 행하면 나라 전체가 안정
됩니다. 공자는 법률로 나라를 다스리는 법치주의가 아니라 도
덕으로 다스리는 덕치주의德治主義*를 강조했습니다. 형벌로 다
스려봐야, 어차피 빠져 나갈 틈을 생각해서 나쁜 짓을 벌이기
때문에 개인의 덕을 기르는 일이 먼저라고 한 것입니다.

"덕으로 나라를 다스리는 일은 마치 북극성은 제자리에 있
으면서 여러 별들이 그것을 중심으로 빙 둘러 도는 것과 같다."
(《논어》〈위정爲政〉편)

* 내면에 있는 사랑, 즉 '인'을 외면으로 확장하면 그 사람의 태도, 즉 '예'가 결정된다. 이를 나
라를 다스리는 일에 적용한다면, 위정자는 지극히 도덕적이어야 한다. 그러면 모든 백성이 도
덕적으로 살며 나라가 풍족해진다.

이처럼 덕으로 나라를 다스리려는 자는 먼저 스스로가 덕을 닦아야 합니다.

사랑을 발전시킨 맹자

공자의 사상을 이어받은 맹자孟子는 인을 발전시킨 '인의'를 중요한 가치로 삼았습니다. 사랑하는 마음에 정의로운 마음이 합쳐진 것이 바로 인의입니다. 맹자는 사람이 태어날 때부터 선한 마음을 가지고 있다는 성선설性善說 ⠿ 을 주장했습니다.

맹자가 주장한 성선설은 사단설四端說 ⠿ 로 요약할 수 있습니다. 여기서 '단'은 '단서, 징조, 싹' 등을 뜻하므로, 선의 단에 수분과 양분을 듬뿍 주면 무럭무럭 자라 덕이라는 결실을 맺는다는 뜻입니다.

그럼 사단이 뭔지 하나씩 살펴볼까요? '측은지심惻隱之心'은 '남의 불행을 모른 척 지나치지 못하는 마음', '남을 배려하고 가엾게 여기는 마음'입니다. 이것이 확충되면 '인'이 됩니다. '수오지심羞惡之心'은 '불의를 미워하는 마음'으로, 이것이 확충되

⠿ 맹자는 성선설을 주장한 반면, 순자는 성악설을 주장하며 '예'의 측면을 강조했다.

⠿ 양심의 네 가지 작용을 말한다. 남의 불행을 가엾게 여기고(측은지심), 불의를 미워하며(수오지심), 사양하고 겸손하며(사양지심), 옳고 그름과 선악을 구별하는(시비지심) 기본적인 선의 싹이다. 맹자는 이러한 사단이 있기 때문에 인간의 본질은 선하다고 주장했다.

면 '의'라는 덕목이 됩니다. 마찬가지로 '사양지심辭讓之心'이 확충되면 '예', '시비지심是非之心'이 확충되면 '지'라는 덕목이 완성됩니다.

인의를 바탕으로 한 정치는 곧 왕도王道를 말합니다. 왕도는 덕을 따르는 정치이므로 인정仁政, 즉 어진 정치라 할 수 있죠. 어진 정치의 기반은 백성이 풍족하고 편안하게 살도록 하는 것입니다.

"백성을 편안하게 해주는 도리로써 백성을 부릴 경우, 백성들은 수고로워도 원망하지 않는다. 또한 백성을 살리고자 하는 도리로써 불가피하게 백성을 죽일 경우, 백성들은 설사 죽게 되더라도 자신을 죽게 만든 사람들을 원망하지 않는다."《맹자》〈진심盡心〉편)

또한 정치가 입장에서는 백성에게 일정한 수입과 재산을 보장해 주는 등의 적극적인 정책을 펴는 것이 '의'입니다. 이를 실현하지 못하는 위정자는 얼마 버티지 못하고 천명에 따라 자리에서 물러나야 합니다. 천명을 받든 자가 백성을 행복하게 하기 위해 왕위에 오르고, 그 사명이 끝나면 다시 천명이 바뀌어 새로운 왕조가 세워집니다. 이를 역성혁명易姓革命이라고 합니다.

하늘의 의지는 민심을 통해 나타나므로, 인의의 덕을 바탕으로 정치를 하는 자가 백성의 지지를 받아 지도자가 된다는 주장입니다.

인의예지의 덕목을 일상생활에 적용해 보자. 특히 남을 헤아리는 마음과 정의로운 마음을 가지고 행동할 때 진정한 리더십을 발휘할 수 있다는 사실은 예나 지금이나 변함이 없다.

《노자》, 《장자》

노자, 장자 지음

책의 난이도
★★★☆☆

이 책의 배경

유가 사상의 정치 철학은 덕치주의였다. 그러나 인의예지라는 도덕관념을 따르기만 하면 정말 세상이 좋아질까? 노자와 장자는 유가의 인위적인 사상을 배제하고, 있는 그대로의 자연스러운 삶을 추구했다.

노자(생몰 시기 미상)

노장 사상(도가)의 시조. 수수께끼가 많은 인물이다.

장자(B.C. 370~B.C. 300)

중국 전국 시대 말기의 사상가. 노자의 도 사상을 이어받아, 정치를 비롯한 세속적 가치를 부정하고 자유로운 사상을 설파했다.

너무 잘하려고 의식하면 오히려 실패한다?

노자老子는 유가에서 말하는 인륜의 도가 부자연스럽고 작위적이라고 생각했습니다. 인간이 정한 법칙이 아니라 우주의 원리인 '도道'•에 따라야 한다고 주장했습니다.

《노자》를 보면 "대도폐 유인의大道廢 有仁義", 즉 "큰 도가 없어지니, 인이니 의니 하는 것들이 생겨난다."라는 말이 있습니다. 유가가 주장하는 인의는 세상이 혼란스러워서 널리 퍼졌을 뿐이라고 한 것입니다.

노자의 도는 유가에서 말하는 '인간의 도'와는 의미가 전혀 다릅니다. 유가의 도가 현실적인 '삶의 방식'을 뜻한다면, 노자의 도는 만물을 생성하는 원리입니다. '도'라는 우주의 원리는 말로 설명할 수도, 구체적인 이름을 붙일 수도 없기에 그저 '도'라 부를 수밖에 없습니다.

노자에 따르면 도는 완전한 존재이므로 만물 또한 완전합니다. 도가 완전하기 때문에 우리도 '무위자연無爲自然'•에 따라 사는 것이 바람직합니다.

"최상의 선은 물과 같다. 물은 모든 생물에 이로움을 주면서

• 도는 만물이 성립되는 근거이자, 만물에 앞서 존재한다. 또한 인간의 감각으로는 파악할 수 없는 '무無'의 존재이다. 만물의 어머니이며, 영원히 만물을 생성한다.

‡ '자연'은 억지로 뭔가를 하지 않고 '스스로 그러하다'라는 뜻이다. 또한 무위로 만물을 생성하는 무한한 작용을 한다. 간교한 인위를 버리고 도에 따라 사는 태도가 바로 무위자연이다. 영어로는 'What is so of itself'라고 하는데, 'Let it go'의 태도와 통하는 데가 있다.

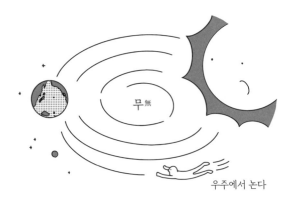

무 無

우주에서 논다

우주 전체로 보면 모든 것이 상대적이다.
크고 작음도, 높고 낮음도, 모두 오차와 같다.

그 자신은 다투지 않는다. 또한 뭇사람들이 싫어하는 곳에 즐겨
있다. 그런 까닭에 물은 도에 거의 가깝다."《노자》 제8장)

노자는 항상 몸을 낮추고 굳이 다투지 않는 '유약겸하柔弱謙
下'⁎의 태도를 이상으로 삼았습니다. 이러한 도에 따라 무위자
연의 삶을 살면 모든 일이 순조롭게 흘러갑니다. 원래 이 세계
는 완전한데, 인간이 여러모로 쓸데없는 짓을 해서 자연의 균형
이 무너졌다는 교훈을 우리에게 안겨줍니다.

⁎ 《노자》 제8장에 실려 널리 알려진 "최상의 선은 물과 같다(상선약수 上善若水)."라는 문장에 잘
표현된 태도다.

근심거리는 오차만큼 작다

《노자》와 어깨를 나란히 하는 도가의 경전이 바로 《장자》입니다. 장자莊子는 노자의 사상을 발전시켜 '만물제동萬物齊同'※을 주장했습니다. 이 세계는 대립과 차별이 없는 하나라는 뜻입니다. 예를 들어, 지금 내가 서 있는 곳을 '여기'라 지칭한 다음 그곳에서 멀리 물러나 보면, 아까 여기라고 했던 곳은 '저기'가 됩니다. 이처럼 유한한 세계에서는 모든 게 상대적이며, 인간이 억지로 구별해 놓은 것일 뿐입니다.

"세상 사람들은 원래 하나인 만물을 가可와 불가不可로 나눠, 가한 것을 가하다 하고 불가한 것을 불가하다 한다. 그러나 이는 마치 사람이 다님으로써 길이 만들어지듯, 세상 사람들이 그렇게 말한다고 해서 습관적으로 그 방식을 그대로 받아들이는 데 지나지 않는다."《장자》〈제물론齊物論〉편)

일상을 살아가는 우리의 생각은 그저 작고 교활한 지혜에 불과합니다. 우주 전체의 관점에서 보면 크고 작음 또한 인간이 제멋대로 결정한 것으로, 오차誤差라고 할 수 있습니다. 그러니 편협한 자아를 버리고 우주(도)에 마음을 집중해 자연 그대로, 있는 그대로 행동하면 됩니다. 장자는 우주의 흐름에 무위자연

※ 세상에는 옳고 그름, 선과 악, 아름다움과 추함, 생과 사의 대립이 존재하지 않는다. 도를 따르면 인간은 상대적이고 편협한 틀에서 해방된다. 그러면 가치와 목적, 의미, 질서 등이 존재하지 않는 혼돈의 세계에 도달할 수 있다.

으로 동조하는 모습을 '소요유逍遙游'*라 하고, 그런 경지에 오른 사람을 '진인眞人'이라 했습니다.

나아가 장자는 이 세상이 꿈과 같다고 말했습니다.

"꿈속에서 술을 마시며 즐기던 사람이 아침에 깨어나 슬픈 현실에 통곡하고, 반대로 꿈속에서 통곡하던 사람이 아침에 깨어나 언제 그랬냐는 듯 사냥을 나간다. 꿈을 꾸고 있을 때는 그것이 꿈인 줄 모른다."《장자》〈제물론〉편)

인간의 잣대로 만들어낸 상대적인 가치를 초기화하고 세계를 있는 그대로 바라보면, 내가 얼마나 하찮은 존재인지 깨달아 작은 일로 근심하지 않게 됩니다. 그럴 때 인간은 혼돈으로 가득한 세상 속을 자유롭게 떠도는 선인仙人(326쪽 《삼교지귀》 참고)과 같은 존재가 될 수 있습니다.

고전이 나에게 건네는 말

세상은 그저 자연히 존재할 뿐이다. 내 자아를 표출하면 자연 본래의 힘이 방해를 받아 진정한 힘을 발휘하지 못한다. 있는 그대로 자연의 흐름에 따라 살다 보면 어깨 힘이 빠져 오히려 만사가 잘 풀린다.

* 모든 인간적 영위에서 벗어나, 있는 그대로의 천지자연에 따라 노니는 삶을 말한다. '소요'는 '목적 없이 자유롭게 거닐다.'라는 뜻이다. 이는 후에 선인 사상으로 이어졌다.

고대·예지편

《주자어류》

주희의 어록을 제자들이 편찬

책의 난이도
★★★☆☆

이 책의 배경

공자와 맹자가 전파한 유학은 생활에 밀착된 실천적인 내용이
었다. 이를 이어받은 송나라 주희는 형이상학적 원리를 도입
해, 우주와 인간의 관계를 '이기이원론'으로 설명했다. 이를 바
탕으로 인간이 살아가는 데 꼭 지켜야 할 윤리를 제시한 대우
주 차원의 도덕서가 바로 《주자어류》다.

주희(1130~1200)

중국 송나라의 유학자이자 철학자. 시호는 문공文公, 존칭은 주자
다. 주자학은 동아시아에 커다란 영향을 끼쳤으며, 일본 에도 시대
에는 막부의 관학으로 봉건제를 지탱하는 역할을 했다. 《주자어
류》는 주자가 제자들과 나눴던 대화를 훗날 수정·분류한 책이다.

이와 기로 우주의 모든 것을 설명하는 장대한 철학

'주자학'은 남송 시대에 주희^{朱熹}가 체계를 잡은 유교의 새로운 형태라 할 수 있습니다. 주희는 성즉리^{性卽理}* 설을 바탕으로 하늘이 곧 이^理라는 천리 사상과 불교 사상, 도교의 정좌^{正坐} 등의 명상법을 도입하고, 개인과 우주가 연결되어 있다는 장대한 학문 체계를 구축했습니다. 이런 주자의 가르침과 어록들을 모아 후에 제자들이 편찬한 것이 바로《주자어류^{朱子語類}》입니다.

주희에 따르면 '이'는 형이상적, '기^氣'는 형이하적 존재입니다. 이를 이기이원론^{理氣二元論}*이라 합니다. 이와 기는 밀접하게 연결되어 있으며, 기는 이 세상 만물을 구성하는 요소로서 모든 곳에 있습니다.

기가 활발하게 움직일 때를 '양^陽', 그 반대는 '음^陰'이라 합니다. 음양의 두 가지 기가 응집되어 목화토금수^{木火土金水}라는 오행^{五行}이 되고, 오행의 조화로 만물이 생겨납니다.

여기에서 더 나아가 주희는 '성즉리'를 주장했습니다. '성'에

• 인간이 가지고 태어나는 본성인 '성'이 즉 '이'라는 개념. 우주의 원리인 '이'가 자기와 사회 전체를 관통한다.

⁝ '이'는 형이상적 존재이자 우주의 원리이다. '기'는 형이하적 존재로, 이와 기는 서로 연결되어 있다. 기는 이 세상 만물을 구성하는 요소로서 끊임없이 운동한다. 이 움직임 속에서 음양이 '목화토금수'라는 오행의 형태로 나타나고, 오행의 조화로 만물이 생겨난다. 이러한 배경에서 '이'는 원리적인 작용을 한다.

인 의
예 지
123…
우주의 '이'

'기'의 힘

'이'의 힘으로 인내하고 또 인내하여
욕심을 억누르고 덕德을 달성하자!

'이'가 있다고 생각한 것이죠. 성즉리에서 성은 마음이 고요한 상태를 말합니다. 이 성이 움직이면 '정情'이 생기고, 정이 지나치게 발현되면 '욕欲'이 됩니다. 그렇기 때문에 정을 통제해서 본래의 성을 유지해야 하며, 성으로 되돌아가는 것을 '수기修己'라 합니다.

이처럼 자기를 통제하고 학문을 수양하는 방법을 주희는 '거경궁리居敬窮理'라는 말로 설명했습니다. 거경의 마음을 가지고 우주의 원리인 이를 탐구하며, 우주와 하나가 되어 이 자체가 되는 것이 궁리의 경지입니다. 달인으로서 깨달음을 얻는 경지라 할 수 있습니다.

동아시아 전역에 걸친 주자학의 영향

주희의 학문은 중국의 과거제에 도입되면서 국가 공식 학문으로 인정받았습니다. 이에 중국 사회에서는 주자학을 배웠다는 게 하나의 스펙이었습니다. 주자학은 중국뿐 아니라 13세기 조선에도 전해져. 조선왕조의 국가 통치이념으로 중요한 역할을 했습니다. 조선(1392~1910년)은 이전 왕조인 고려의 국교였던 불교를 배제하고, 주자학을 관학으로 삼았습니다. 16세기에는 퇴계 이황을 비롯한 위대한 유학자들이 등장했고, 지금도 한국 문화에는 주자학이 미친 영향과 흔적이 크게 남아 있습니다.

한편, 주자학은 일본에도 엄청난 영향을 끼쳤습니다. 주자학이 일본에 전래된 경위에 관해서는 의견이 분분하지만, 최고 권위의 다섯 사찰을 뜻하는 '고잔'을 중심으로 원나라에서 일본으로 건너온 승려 잇산 이치네이一山一寧가 전파했다는 주장이 유력합니다.

또한 고다이고 천황은 주자학의 대의명분론大義名分論*을 깊이 신봉했습니다. 그는 이 세상에 천지의 도리를 실현하기 위해 무

---

* 중국의 영향을 받아 일본 유학자들이 주장한 이론. 중국에서는 군신, 부자 등의 관계(명名)에는 그에 맞는 책임과 역할(분分)이 있다고 생각했다. 주자학에서는 위정자가 질서를 유지하기 위한 이념으로 삼았으며 봉건 도덕으로 발전했다. 일본에서는 에도 막부의 통치 이념이었으나, 막부 말기에 존왕양이론尊王攘夷論의 배경 사상이 되면서 막부를 무너뜨리는 이념으로 기울어졌다.

사 정권이었던 가마쿠라 막부를 무너뜨리고, 겐무신정建武新政 ⁝
으로 이상을 실현하고자 했습니다. 가마쿠라 막부를 무너뜨린
요인 중 하나가 주자학이라니, 정말 놀라운 일입니다.

에도 시대에 접어들면서 대의명분론은 유학자 하야시 라잔林
羅山에 의해 '상하 정분의 이理' ⁝라는 이름으로 봉건제의 기초 이
념이 되었습니다. 마쓰다이라 사다노부가 주도한 간세이 개혁
당시, 1790년 '간세이 이학의 금寬政異学の禁'을 발표하고 세이도
학문소 ⁝에서 주자학 이외의 모든 강의를 금지했습니다. 이 세
이도 학문소는 훗날 에도 막부의 직속 관할 교육기관인 쇼헤이
자카 학문소가 됩니다.

주자학의 사상은 근대 일본에도 영향을 끼쳤습니다. 1890년
에 발표된 '교육에 관한 칙어'를 보면 '육유六諭' ⁝를 근대 일본의
도덕 사상으로 받아들였음을 알 수 있습니다.

⁝ 가마쿠라 막부를 무너뜨린 고다이고 천황이 1333년에 수립한 겐무 정권의 정치 개혁. 그가
친정을 시작하며 중앙과 지방의 정치 조직을 개편했으나, 무사 계급의 반발로 실패했다. ─ 옮
긴이 주

⁝ 봉건 체제의 근간인 신분제를 정당화하는 이론으로, 우주의 원리인 이가 인간관계에서 상하
신분관계로 드러난다는 주장이다. ─ 옮긴이 주

⁝ 하야시 라잔이 운영했던 유학 교육기관으로, 공자의 묘지를 만들어 제사를 지내며 학생들을
가르쳤다. ─ 옮긴이 주

⁝ 중국 명나라 태조 홍무제가 1397년에 반포한 교훈으로, 주자학의 영향을 받았다. 부모에게 효
도하고, 윗사람을 존경하며, 향리를 화목하게 하고, 자손을 잘 교육시키며, 각자 삶에 만족하
고, 옳지 않은 것을 옳다고 하지 말라는 여섯 개 조목이다.

주희는 미국의 〈타임*Time*〉이 선정한 '20세기 위인'에서 동양
의 대표적 위인 중 하나로 평가했을 정도입니다. 일본에서는 서
양 철학이 인기가 높지만, 주자학처럼 뛰어난 동양 학문을 교육
에 더 적극적으로 반영해야 한다는 목소리도 있습니다.

고전이 나에게 건네는 말

우주의 원리는 이와 기로 설명할 수 있는데, 이는 선하지만
기로 인해 욕망이 생겨 악이 된다. 일상생활에서 문제가 생기
면, 내 안에 있는 이의 힘에 집중해 생각을 전환해 보자.

《법구경》

붓다의 어록을 원시 불교 편찬자들이 엮음

책의 난이도
★☆☆☆☆

이 책의 배경

불교의 시초인 석가의 본래 가르침은 어떤 것이었을까? 《법구경》은 '깨달은 자'인 붓다의 말씀을 시 형식으로 엮은 경전이다. 불교의 모든 것은 여기에서 시작되었다.

원시 불교 편찬자들

《법구경》은 붓다의 가르침을 짧은 시 형식으로 엮었다. 석가 입멸 후 부파部派불교 편집자들이 엮은 《숫타니파타》와 함께 현존하는 가장 오래된 경전으로 알려져 있다.

불교의 기본을 되짚어 보자

'진리의 말씀'이라는 뜻인 《법구경Dhammapada》은 불교의 가르침을 짧은 시 형식으로 엮은 불경입니다. 석가* 입멸入滅 후에 나온 경전 중에서도 《숫타니파타Suttanipata》와 더불어 비교적 빠른 시기에 편찬되었다고 알려져 있습니다. 그만큼 부처의 실제 육성에 더 가깝습니다. 《법구경》은 지극히 간결하면서도 마음을 깊이 파고드는 설교가 특징입니다.

"이 세상에서 원한은 원한에 의해서는 결코 풀리지 않는다. 원한을 버림으로써 풀린다. 이것은 영원한 진리이다."

"남의 허물을 찾지 말라. 남의 한 일과 하지 않은 일을 상관하지 말라. 다만 자신의 한 일과 하지 않은 일을 살펴라."

이처럼 우리 생활에서 바로 실천할 수 있는 교훈들이 담겨 있습니다. 또한 《법구경》 후반부에서는 사고四苦:인 '생로병사生老病死'에 관해 설명합니다. 생로병사란 태어나고 늙고 병들고 죽는 네 가지 고통을 뜻합니다.

"이 몸은 낡아지고, 질병의 둥지이고, 부서지기 쉽다. 썩은 몸은 흩어진다. 참으로 삶은 죽음으로 끝난다."

---

* 붓다라고도 하며, 본명은 고타마 싯다르타이다. 석가족의 왕자였다. 붓다는 '깨달은 자'라는 뜻으로, 고타마 싯다르타가 수행 끝에 깨달음을 얻고 해탈한 뒤에 얻은 이름이다.

: 고타마 싯다르타는 생로병사라는 인생의 고통에 직면하면서 출가를 결심했다. 6년 동안 혹독한 고행을 거쳤으나 깨달음을 얻지 못했고, 고행을 그만둔 후 보리수나무 아래서 명상을 하다 마침내 붓다가 되었다.

제행무상諸行無常

일체개고一切皆苦

열반숙정涅槃寂靜

제법무아諸法無我

인간은 요소의 합

오온五蘊

나는 여러 요소가 합쳐진 존재일 뿐, 나 자신의 것이 아니다.
하물며 모든 존재는 내 것이 아니다. 그러니 욕심을 부려 무엇 하랴.

이렇게 못 본 척하고 싶을 만큼 준엄한 가르침도 있죠. 하지만 이러한 진리를 되도록 빨리 자각해야 고통이 줄어듭니다.

고통에서 벗어나는 방법

인생의 근본은 고통이므로, 사법인四法印⋮에서는 이를 '일체개고一切皆苦'라 합니다. 너무 슬프지만 인생의 종착점은 '노병사'라는 것이 현실이지요. 그럼 어떻게 해야 고통에서 벗

⋮ 붓다의 가르침은 사법인으로 요약되는데, 이는 일체개고, 제행무상, 제법무아, 열반숙정을 뜻한다. 붓다는 사람의 인생이 뜻대로 되지 않는 고통의 연속이라 했다.

어날 수 있을까요? 우리를 고통에서 벗어나게 하는 길잡이가 '영원히 변하지 않는 네 가지 성스러운 진리', 즉 사제四諦*입니다. 사제는 ①고통, ②고통의 원인, ③고통의 초극超克, ④고통을 초극하는 방법을 말합니다.

먼저, 우리 인생이 고통스러운 까닭은 누구의 탓이 아니라 자신의 마음이 만들어낸 번뇌 때문입니다. 그래서 초기 불교에는 신과 같은 존재에 기대어 구원을 바라는 사상이 없습니다.

"모든 것은 마음이 앞서가고, 마음은 가장 중요하고 (모든 것은) 마음에서 만들어진다. 만일 나쁜 마음으로 말하거나 행동하면 그로 인해 괴로움이 따른다. 수레바퀴가 끄는 소의 발자국을 따르듯이."

이처럼 엄격한 가르침이 초기 불교의 특징입니다. 내가 뿌린 씨앗은 내가 거둬야 한다는 뜻이지요. 모든 존재는 연기緣起로 이어져 있으며, 원인과 결과가 밀접하게 연관되어 있습니다. '나'라는 존재 또한 내 것이 아닙니다. 따라서 모든 소유물은 환상입니다.

"어리석은 자는 '내 아들이다, 내 재산이다'라고 생각하며 괴로워한다. 참으로 자기 자신도 자기 것이 아닌데 어찌 아들이

---

* 영원히 변하지 않는 진리로 고제苦諦, 집제集諦, 멸제滅諦, 도제道諦를 말한다. ①고제: 삶이 곧 고통이다. ②집제: 고통의 원인은 번뇌이다. ③멸제: 번뇌를 없애면 고통이 사라진다. ④도제: 해탈에 도달하는 길(팔정도八正道)

며, 재산일까?"

불교에서 '나'는 본질이 없는 존재이며, 이를 '무아無我'∶라고 표현합니다. 내 안에서 아무리 나를 찾으려 애써 봐야 아무데도 없다는 뜻입니다. 인간의 존재를 구성하는 요소는 '색色, 수受, 상想, 행行, 식識'의 오온五蘊입니다. 나는 요소의 집합이며, 모든 것은 연기법을 따릅니다. 그리하여 수행 끝에 번뇌를 없애면 윤회에서 탈출해(해탈) 열반에 드는 것입니다. 이러한 초기 불교는 대승불교(64쪽《반야심경》참고)가 탄생하면서 폭넓게 발전합니다.

고전이 나에게 건네는 말

내 안을 아무리 뒤져도 나는 존재하지 않는다. 내가 없다면, 모든 일에 집착할 필요가 없다. 번뇌를 억누르고 집착을 끊어 내는 게 쉬운 일이 아니지만, 이를 실천하면 그 어느 때보다 행복한 삶이 찾아올 것이다.

∶ 아트만과 대비되는 말. 불교 이전. 고대 인도의 우파니샤드 철학에서는 초월적인 자아인 아트만을 불멸의 실체로 여겼다. 그러나 연기 사상에 따르면 '나'는 오온의 집합체일 뿐, 영원불멸한 실체인 '나'는 존재하지 않는다. 윤회는 영혼의 환생이 아니라 집착이 여러 요소를 모아 현생에 다시 데이니는 것이다.

《반야심경》
반야부 사람들 엮음

책의 난이도
★★☆☆☆

이 책의 배경

《반야심경》은 출가를 하지 않아도 글을 읽거나 씀으로써 공덕을 쌓을 수 있다는 사상이 담긴 궁극의 요약판 경전이다. '모든 고통은 끊어낼 수 있다.'라는 고마운 가르침이 담겨 있다.

반야부 사람들

훗날 소승불교로 발전하는 상좌부 불교에 대항해, 대중부에서 대승불교 운동이 일어났다. 대승불교의 대표 경전은 《법화경法華經》이다. 그 외에도 새로운 불교 이론이 생겨났지만, 반야부 사람들은 지혜의 완성을 목표로 삼았다.

262글자만으로 얻는 깨달음

262자(혹은 266자)로 이루어진 《반야심경般若心經》[*]은 우리에게 가장 친숙한 불교 경전입니다. 이렇게 짧은 경전임에도 인생의 모든 고통에 대처하는 불교의 지혜가 가득 담겨 있습니다. 늘 가지고 다닐 수 있는 상비약이라고나 할까요? 물론 외워두면 더 좋을 것입니다.

《반야심경》에는 특별히 거론할 부분이 많지만, 가장 놀라운 점은 '초기 불교의 교리를 부정하는' 내용이 담겨 있다는 사실입니다. '아니, 불교를 창시한 석가의 말씀을 부정하다니, 정말 불교 맞아?' 하고 생각할지 모르지만, 석가의 가르침이 발전해가는 과정 전체가 곧 불교이기도 합니다.

《반야심경》은 "관자재보살 행심반야바라밀다시 조견오온개공 도일체고액 사리자[:] 觀自在菩薩 行深般若波羅密多時 照見五蘊皆空 度一切苦厄 舍利子"로 시작됩니다. 이는 관세음보살이 깊은 명상에 들어 이 세상이 '공空'임을 깨닫고 모든 고통에서 해방된다는 뜻입니다.

그다음으로는 "색불이공 공불이색 색즉시공 공즉시색 色不異空

---

[*] 흔히 삼장법사라 부르는 현장삼장이 중국에서 인도로 건너가 산스크리트어 경전을 중국어로 번역한 것이 우리가 알고 있는 《반야심경》이다. 이 외에도 여러 버전이 있다.

[:] 사리자는 석가의 10대 제자 중 가장 지혜가 뛰어났다는 사리푸트라를 뜻한다. 《반야심경》에서는 대승불교에서 수행자로 등장하는 관자재보살이 소승불교의 수행자 가운데 가장 높은 경지에 오른 아라한에게 새로운 불교의 진리를 설명하는 형식으로 대승불교가 우위에 있음을 느러낸다.

아제아제
바라아제…

《반야심경》은 무척 짧은 문장으로 '공'을 설명하며,
마지막은 만트라, 즉 진언으로 끝난다. 뜻을 알면 더 좋겠지만,
모르더라도 열심히 외거나 듣기만 해도 삶에 보탬이 된다.

空不異色 色即是空 空即是色"으로 이어지는데, 이는 '물질色이 공'임을
설명하는 말입니다. 석가가 주장했던 '연기'는 상호 관계 또는
상호 의존을 뜻했지만, 이 사상이 발전하면서 물질의 실체는 존
재하지 않는 것이 되었고, 이것이 대승불교˚에서 '공'으로 표현
됩니다.

그렇다면 이 물질 세계에서는 아무것도 생겨나지 않고 없어

˚ 석가 입멸 후, 제자들은 석가의 가르침을 엮어 경전을 편찬하고 계율을 만들며 불교 교단을
지켰다. 그러나 교단에서 내부 분열이 일어나 보수적인 상좌부와 진보적인 대중부로 쪼개지
고 말았다. 훗날 상좌부가 소승불교, 대중부가 대승불교로 발전한다. 소승불교의 특징은 출가
주의이며, 수행하면 어느 정도 깨달음을 얻지만 붓다가 되지는 못한다. 반면, 대승불교에서는
평범한 사람도 열심히 수행하면 붓다의 경지에 오를 수 있다.

지지 않으며, 더럽지 않고 깨끗하지도 않으며, 늘거나 줄지도 않습니다. 모든 것은 허울뿐인 착각에 지나지 않기 때문입니다 (불생불멸 불구부정 부증불감 ^{不生不滅 不垢不淨 不增不減}).

읽기만 해도 마음이 편해진다

그다음으로는 '물질적 현상도 없고, 감각도, 표상도, 의지도, 지식도 없다. 나아가 만질 수 있는 대상도 없고, 마음의 대상도 없다. 물질 영역에서 의식 영역에 이르기까지 아무것도 없다. 즉, 모든 것은 가상이다.'라는 설명이 이어집니다. 이를 원문으로 보면 무색무수상행식 무안이비설신의 무색성향미촉법 무안계 내지무의식계 ^{無色無受想行識 無眼耳鼻舌身意 無色聲香味觸法 無眼界 乃至無意識界}라고 합니다.

또한 무무명 역무무명진 내지무노사 역무노사진 무고집멸도 ^{無無明 亦無無明盡 乃至無老死 亦無老死盡 無苦集滅道}라는 구절에서는 석가가 그토록 강조한 십이연기 ^{十二緣起} *에 대해 '무명(무지 ^{無知})이 사라지면 늙고 죽음도 소멸한다.'라고 표현했으며 고집멸도의 사제 또한 없다고 말합니다. 그러므로 우리는 번뇌를 없애고 열반

---

* 12가지 인과관계로 인연을 설명하는 불교 교리. 무명無明, 행行, 식識, 명색名色, 육처六處, 촉觸, 수受, 애愛, 취取, 유有, 생生, 노사老死를 말한다 ─ 옮긴이 주

에 드는 혹독한 수행을 하지 않아도 괜찮다는 뜻입니다.

무지역무득 이무소득고無智亦無得 以無所得故라는 구절이 이어지는데, "고집멸도가 없으므로 알아야 할 지혜가 없고 지혜 자체가 없으므로 얻을 것도 없으리니 얻을 것도 없는 것은 깨칠 것이 없기 때문이다."라는 뜻입니다. 바로 여기가 석가의 가르침을 가장 부정하는 대목이라 할 수 있습니다. 이렇게 깨달음을 추구하는 수행자인 보리살타菩提薩埵는 반야바라밀다般若波羅蜜多*, 즉 '지혜의 완성'에 머물러 있으므로 마음에 어떠한 거리낌이나 두려움도 없습니다. 이를 고심무가애 무가애고무유공포故心無罣碍 無罣碍故無有恐怖라 합니다. 지혜를 완성하면 가장 완벽한 깨달음인 '아뇩다라삼먁삼보리阿耨多羅三藐三菩提'⁑를 얻기 때문입니다.

핵심은 '만트라'라고 불리는 마지막 주문(진언)인데, 거기까지 이끄는 문장 또한 절묘합니다. "모든 소원 이루어 줄 신비로운 주문이고, 세상 실체 남김없이 환히 밝힐 주문이며, 무엇보다 최상 공덕 갖고 있는 주문이니, 이 세상에 으뜸가는 신령스러운 주문이라. 중생들의 온갖 고통 없애주고 달래주는 진실되고 헛됨 없는 부처님의 주문일세."라고 분위기를 고조시키며 "아제아제 바라아제 바라승아제 모지사바하揭諦揭諦 波羅揭諦 波羅僧

* 산스크리트어 '프라즈냐 파라미타'를 음역한 말로, '지혜의 완성'이라는 뜻이다.
⁑ 산스크리트어 '아눗따라삼먁삼보디'를 음역한 말로, '더 이상 위上가 없는 평등하고 올바른 깨달음'을 뜻한다.

揭諦 菩提娑婆訶"라는 산스크리트어 음역으로 끝이 납니다. 보통 음으로만 발음하지만, 굳이 해석하자면 "가자, 가자, 저 피안의 세계로 가자. 모두 함께 저 피안의 세계로 가자. 오, 깨달음이여, 축복이어라."라는 뜻입니다.

《반야심경》 전체가 하나의 주문이라고 생각하는 사람도 있으며, 주문 중에서도 가장 으뜸가는 주문으로 마지막을 장식했다고 볼 수 있습니다. 이 마지막 주문을 외기만 해도 삶에 보탬이 될 것입니다.

고전이 나에게 건네는 말

반야심경을 외우거나 필사하면 명상과 같은 효과를 발휘한다. 바쁘고 지친 현대인에게 꼭 맞는 경전이다. 모든 것이 가상 현실이라 생각하고 살면 마음이 조금 더 편해지지 않을까?

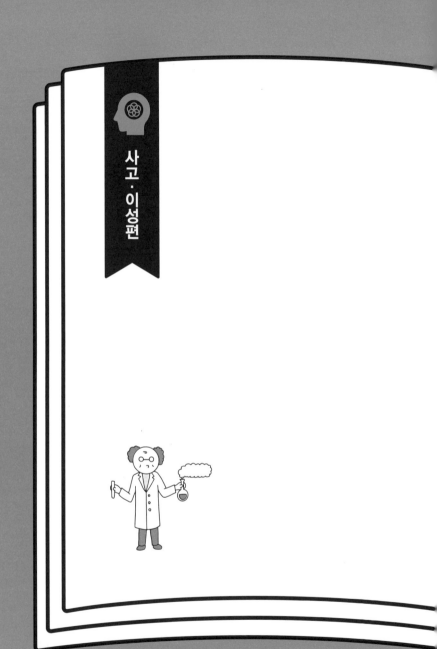

사고 · 이성편

제 2 장

생각에 생각을
거듭해 인생을
바꾸는 책

《신기관》

프랜시스 베이컨 지음(1620년)

책의 난이도
★★☆☆☆

이 책의 배경

자연을 실험적으로 탐구해서 얻은 지식은 잘 이용하면 인류의
진보에 공헌하는 힘이 된다. 지금은 당연하게 느껴지는 말이
지만, 세계 최초로 그런 생각들을 방법론으로 정리한 사람이
프랜시스 베이컨이다. 우리가 과학 기술에 둘러싸여 쾌적하게
생활하는 건 이 책 덕분이다.

프랜시스 베이컨(1561~1626)

영국의 철학자이자 정치가. 스콜라 철학을 비판하고, 경험과 실
험을 중시하는 귀납법을 주창했다. 과학 사상에 그치지 않고 문
학, 정치, 법률, 역사 등 폭넓은 분야에서 활약했다. 경험론의 선구
자이며, 저서로는 《수필집*Bacon's Essay*》, 《새로운 아틀란티스*New
Atlantis*》 등이 있다.

과학적 지식으로 자연을 지배한다는 생각의 출발점

프랜시스 베이컨Francis Bacon의 사상은 현대 과학 기술에 큰 영향을 주었습니다. 베이컨은 르네상스 시대 속에서 낡은 생각들을 철저하게 물리치고, 새로운 실험 과학에 따른 학문 방법을 확립하려 했습니다(대혁신 사상).《신기관Novum Organum》은 수많은 잠언을 모은 미완의 논리학 책으로, 실험 과학 창출 방법과 문명 혁신을 주창했습니다. 예로부터 아리스토텔레스가 쓴 이론학 저작들을 학문 연구에 쓰는 '기관(도구)' 혹은 '방법'이라는 뜻에서 '오르가논Organon'이라 불렸습니다. 여기에서 베이컨은 새로운 논리학을 수립한다는 의미로 책 제목을 '신기관新機關', 즉 '노붐新, Novum 오르가눔機關, Organum'이라 했습니다.

《신기관》에는 "인간의 지식과 힘은 같다."라는 말이 있습니다. 흔히 "아는 것이 힘이다."라는 말로 널리 알려져 있죠. '아는 것이 많으면 여러모로 힘이 생긴다.'라는 자기계발 표어처럼 이해하기 쉬운데, 실은 그런 뜻이 아닙니다.

여기서 '아는 것'은 과학적 지식, '힘'은 자연을 다루는 힘이라고 베이컨은 정의합니다. 과학적 지식으로 다양한 실험을 하면 자연의 법칙을 발견할 수 있고, 거기서 개발한 기술로 우리 생활을 풍족하게 만들 수 있다는 것입니다. 한마디로 '과학적 지식으로 자연을 지배한다.'라는 생각입니다. 컴퓨터, 자동차와 전철, 건축, 의료 등은 모두 과학 기술로 자연을 지배한다는 근

아는 것이 힘이다

자연의 법칙을 알면 그 법칙을 이용해 자연을 지배하고,
인류를 풍족하게 할 수 있다.

본 사상에서 출발했습니다. 또한 베이컨은 네 가지 우상(편견)*
을 버림으로써 올바른 지식을 얻을 수 있다고 주장했습니다.

치우친 관점을 배제하는 과학적 방법

우선 베이컨은 진리와 효과가 하나로 결합된 신기
축新機軸 학문(지금으로 말하면 실험 과학)에 관해 설명했습니다.

---

* ①종족의 우상: 인간이라는 종족이 공통으로 갖고 있는 편견. 인간의 감각이 만물의 척도라고
주장한다. 모든 지각은 개인마다 다른데, 만물의 본성에 자신의 성질을 뒤섞어서 이해한다.
②동굴의 우상: 각 개인이 갖고 있는 편견. 개인은 성격이나 교육 등의 영향으로 편견을 갖게
된다. ③시장의 우상: 언어를 잘못 사용해서 생기는 편견. 잘못된 언어를 사용하면 사고가 한
쪽으로 기운다. ④극장의 우상: 권위 있는 학설을 그대로 믿어서 생기는 편견. 극장에서 진짜
처럼 연기하는 모습을 보고 관객이 실제라고 믿어버리는 것과 유사하다.

당시의 스콜라 철학(크리스트교 철학)은 마치 거미가 자기 안에서 거미줄을 자아내듯 근거가 빈약한 원리에서 출발한 무모한 논리를 펼치고 있다며 비판했죠.

또한 연금술사와 같이 단편적 경험을 개미처럼 모으는 방법도 비판하면서, 종류가 다른 여러 꽃에서 똑같은 꿀을 만들어내는 꿀벌을 본받아야 한다고 주장했습니다.

이처럼 실험과 관찰을 통해 수많은 사실을 모으고 정리해서 일반적인 원리를 이끌어내는 방법을 '귀납법'이라고 합니다.

베이컨이 말하는 귀납법에서는 우선 어떤 속성이 나타나는 사례인 '존재표'와 유사한 상태에서 어떤 속성이 나타나지 않는 사례인 '부재표'를 작성합니다. 그리고 각종 조건이 다른 사례인 '정도표(혹은 비교표)'를 만들어 서로 비교해 가며 과학적 결론을 이끌어냅니다. '열의 본질 탐구'를 예로 들면, 우선 열 현상이 나타나는 사례를 모으고 다음으로 열이 발생하지 않는 사례를 모읍니다. 그러고 나서 둘을 비교하며 열을 발생시키는 원인이 아닌 것들을 소거해 나가는 방식입니다.

베이컨은 "자연은 오로지 복종함으로써만 복종시킬 수 있다."라고 주장했습니다. 자연에 복종한다는 것은 곧 자연을 관찰하는 것을 말합니다.

"과학의 진정한 목표는 새로운 발견과 그 성과를 통해 인류의 삶을 윤택하게 하는 것이다."

스마트폰, 컴퓨터, 자동차부터 건축, 냉장고, 약품, 콘택트렌즈, 샴푸 등 우리가 사용하는 모든 것들은 사실 "아는 것이 힘이다."라는 말의 은혜를 받고 생겨났습니다. 지금 누리고 있는 일상이 당연하게 느껴지겠지만, 내 주변에 있는 모든 것들이 과학의 힘으로 만들어졌다고 생각하면 조금 놀랍지 않나요?

고전이 나에게 건네는 말

지금 우리가 당연하게 여기는 과학적 방법들은 사실 그 자체가 새로운 철학이었다. 요즘에는 과학이 관여하지 않는 것을 찾기가 더 힘들 정도이다. 편의점에 진열된 제품들을 보며 "아는 것이 힘이다."라는 말을 실감해 보자.

《방법서설》

르네 데카르트 지음(1637년)

책의 난이도
★ ☆ ☆ ☆ ☆

이 책의 배경

수학자였던 데카르트는 철학을 수학처럼 엄밀한 학문으로 발전시키려고 했다. 그러기 위해서는 확실하고 절대적인 제1원리를 찾아낸 뒤, 그로부터 연역적으로 학문이라는 나무의 가지와 잎을 다시 확립할 필요가 있었다. 그 나무의 토대는 '나', 곧 '정신'이었다.

르네 데카르트(1596~1650)

근대 철학의 아버지. 프랑스 중부에서 귀족의 아들로 태어났다. 스콜라 철학과 법률, 의학을 공부하고 합리주의 철학을 확립하는 한편, 수학과 물리학 분야에서도 업적을 남겼다. 저서로는 《성찰 *Meditationes de Prima Philosophia*》, 《정념론 *Les Passions de l'ame*》 등이 있다.

나는 생각한다, 고로 존재한다

《방법서설方法序說》*은 그 자체로 한 권의 책인 양 알려져 있지만, 실은 굴절광학과 기상학, 기하학의 세 논문을 엮은 책의 서론입니다. 여기에는 데카르트René Descartes의 사상이 어떻게 형성되었는지를 설명하는 자서전과 데카르트가 제시한 학문의 방법론이 담겨 있습니다.

그는 철학을 '지혜의 탐구'라 보고, 이를 한 그루 나무에 비유했습니다. 나무뿌리는 형이상학, 줄기는 자연학, 가지는 기계학과 의학, 도덕입니다. 나무뿌리에는 철학의 '제1원리'가 있습니다. 이는 모든 학문의 토대가 되는 부분이므로, 절대적이고 확실한 진리여야 합니다.

여기서 데카르트는 절대적이고 확실한 진리를 발견하는 방법으로 '방법적 회의懷疑'†를 활용합니다. 방법적 회의란 모든 것을 극단까지 의심하고 그럼에도 더는 의심할 여지가 없는 것이 남으면, 그것을 진리로 받아들이는 사고법입니다.

우선, 감각은 반드시 의심해 봐야 합니다. 감각 정보에는 착

---

* 《방법서설》 제1부에는 데카르트가 다양한 학습을 거친 후 '세상이라는 커다란 책' 속에서 이끌어낼 수 있는 학문을 찾아 여행을 떠나는 과정이 서술되어 있다. 제2부에는 학문과 진리를 탐구하는 네 가지 법칙이 담겨 있으며, 제3부에서는 잠정적 도덕, 제4부에서는 제1철학, 제5부와 제6부에서는 자연 과학의 연구 등을 다루고 있다.

‡ 방법적 회의는 시험 삼아 의심해 보는 행위만 뜻하지는 않는다(끊임없이 의심하는 것은 회의주의라고 한다). 데카르트에게 회의는 확실한 원리에 도달하는 수단이자 방법이었다.

'나는 아무 생각도 안 하는 것 같은데?'라고 생각하고 있네.
아니, 그것도 아무 생각 안 하는 거 아니야? 아니, 아니. 생각하고 있어.
뭐지, 이 연결고리는….

'생각하는 나'란 존재는 의심하지 못한다.
생각하는 존재 자체가 없으면 생각노 하시 못하기 때문이다.

각이 섞여 있기 때문입니다. 또한 내 눈앞에 있는 물체도 의심
할 여지가 있습니다. 꿈일지도 모르니까요. 2+3=5와 같은 수
학적 진리도 마찬가지입니다. 신(또는 악마)이 계속 우리가 틀리
게끔 유도하고 있을지도 모른다고 의심해 보는 것이죠. 물론 그
럴 리 없지만, 일종의 사고 실험입니다.

　이렇게 의심스러운 것을 빠짐없이 의심하고 허위라며 소거
해도, 끝내 의심할 수 없는 한 가지가 있습니다. 바로 '의심하는
나라는 존재'입니다. 하늘과 땅, 색과 모양, 심지어 내 몸까지 악
령이 덫을 놓은 환영일지라도, 의심하는 나는 분녕히 존재합니
다. 그렇기 때문에 "나는 생각한다, 고로 존재한다."라는 말을

가장 흔들림 없는 철학의 제1원리*로 인정할 수 있다고 데카르트는 결론지었습니다.

몸과 마음의 연결고리라는 수수께끼

이처럼 의심스러운 것을 전부 의심해도 '생각하는 나'란 존재만은 의심할 여지가 없는데, 여기서 다음과 같은 원리를 도출할 수 있습니다.

바로 '나'의 본질은 사유라는 것입니다. '생각하는 것', 즉 정신이며, 물체와는 근본적으로 다른 존재입니다.

또한 '생각하는 나'라는 존재를 절대 의심할 수 없는 이유는, 그것이 '명석하고 판명한 인식'이기 때문입니다. 따라서 우리가 명확하게 인식한 모든 것은 참이며 진리입니다. 더불어 생각하는 내가 가진 관념 속에는 '신의 관념'이 있습니다.

데카르트가 정의한 신의 관념은 영원, 무한, 절대, 보편 등을 내포합니다. 신이라는 완전자의 관념이 있기 때문에, 우리는 인간의 불완전함을 인식할 수 있습니다. 그러나 신의 관념은 그 의미와 내용이 자아 관념보다 훨씬 폭넓기 때문에 자아가 만들

---

* 데카르트는 "나는 생각한다, 고로 존재한다."라는 확실한 진리를 철학의 제1원리로 삼고, 이를 토대로 자연학과 정치학, 의학 등 다양한 학문의 기초를 다지려 했다.

어낸 것이 아니라 외부에서 심어졌다고 간주됩니다. 이렇게 신이 실재한다는 것을 논리적으로 증명할 수 있습니다(신의 존재 증명).

신의 존재까지 증명해 내면 방법적 회의를 통해 의심했던 것은 모두 해소됩니다. 신은 '성실', 즉 속이지 않는다는 관념을 포함하고 있으므로, 외부 세계에 물체가 확실하게 존재한다는 것을 알 수 있습니다. 따라서 지성이 명석하고 판명하게 인식하는 삼차원의 양量으로서 물체는 몽환이 아니라 확실하게 존재합니다.

이렇게 데카르트는 정신과 물체가 각기 독립적으로 존재하며, 둘 다 '달리 아무것도 필요로 하지 않는 존재', 즉 '실체'라고 생각했습니다. 정신의 속성은 사유이고, 물체의 속성은 연장延長(펼침)입니다. 여기에서 데카르트는 '물심이원론物心二元論'*을 확립했습니다.

물체의 본질은 기하학적으로 규정된 공간을 차지하는 것이므로, 물체는 스스로 운동하는 힘이 없습니다. 세계는 거대한 기계이고, 인과관계의 지배를 받습니다. 요즘에는 몸과 마음의

＊ 데카르트는 정신과 물질 모두 실체라고 생각했다. 실체는 자신을 원인으로 하며 무엇에도 의존하지 않고 영향 또한 받지 않는 존재다. 따라서 신체가 소멸해도 정신은 존재하는데, 이를 '영혼 불멸의 증명'이라 한다.

연결고리를 뇌 과학[*]으로 설명하지만, 아직도 수수께끼가 많은 분야입니다.

고전이 나에게 건네는 말

당연하다고 믿었던 것들을 철저하게 의심해 보자. 그럼에도 의심할 여지가 없다면, 그건 참이다. 논리적 사고를 몸에 익히려면 우선 의심하고 계속 곱씹어야 한다.

[*] 데카르트는 인간 정신의 자발성과 자유는 인정했지만, 물체에 관해서는 기계론과 결정론의 입장을 취했다. 그러나 물심이원론은 몸과 마음의 관계성을 설명하지 못해 심신 문제를 불러일으켰다. 지금도 뇌 안에서 일어나는 화학적 반응이 어떻게 생생한 주관적 경험으로 이어지는지는 명확히 밝혀지지 않았다.

《인간 지식의 원리론》

조지 버클리 지음(1710년)

책의 난이도
★ ☆ ☆ ☆ ☆

이 책의 배경

인식론이라는 학문은 영국에서 생겨났다. 인간이 세계를 올바르게 인식하는 방법은 무엇일까? 사실 물체는 존재하지 않고, 그 물체의 정보를 우리 마음이 직접 파악하고 있다고 생각한 철학자가 있었으니, 바로 조지 버클리다. 우리가 사는 이 세계는 가상의 공간일까?

조지 버클리(1685~1753)

아일랜드의 철학자이자 성직자. 영혼의 불멸과 신의 존재를 연결짓기 위해 《인간 지식의 원리론》을 썼다고 한다. 미국 캘리포니아 대학교 버클리 캠퍼스는 그의 이름을 딴 것이다.

이 세상에 물질이 존재하지 않는다면?

우리를 둘러싸고 있는 이 세계는 정말 존재할까요? 18세기, 성직자이자 철학자였던 조지 버클리George Berkeley는 《인간 지식의 원리론A Treatise Concerning the Principles of Human Knowledge》에서 외부 세계에 물질이 존재한다는 확증이 없다고 주장했습니다. 영화 〈매트릭스The Matrix〉*나 〈인셉션Inception〉‡을 앞서가는 이야기지요.

버클리에 따르면 물체에는 색이나 부피 등의 속성이 있지만, 그것들은 지각되고 나서야 비로소 '존재하고 있다.'라는 자각을 우리에게 안겨줍니다. 즉, 색이나 모양 등의 시각 정보, 딱딱함과 부드러움 등의 촉각 정보, 냄새라는 후각 정보 등이 우리 마음에 주어지면 가상 세계가 펼쳐지는 것입니다.

모든 감각적 실체는 그것을 지각하는 마음속에만 존재한다고 버클리는 주장했습니다. 감각을 뛰어넘어 외부에서 물체의 존재‡를 찾을 필요가 없다는 것입니다. 하지만 보통은 '내 방

---

* 1999년에 개봉한 워쇼스키Lilly Wachowski 감독의 작품으로 키아누 리브스Keanu Reeves가 주연을 맡았다. 가상 공간에서 벌어지는 싸움을 그렸다.

‡ 2010년에 개봉한 SF 액션 영화. 크리스토퍼 놀란Christopher Nolan이 감독과 각본, 제작을 맡았다. 레오나르도 디카프리오Leonardo DiCaprio 주연. 계층적 꿈의 세계에서 벌어지는 싸움을 그렸다.

‡ 보통 인간이 인식하는 물체는 외부에 실재한다고 간주된다. 바다, 산 등의 자연물부터 책상이나 의자 같은 인공물까지, 모두 외부에 실제로 존재한다고 생각하는 것이 상식이다.

세계는 가상 현실

존재는 '지각되는 것'이므로,
외부 세계에 물질은 존재하지 않는다.

책상은 내가 외출했을 때도 기기에 존재하잖아?'라는 의문이 들기 마련입니다. 이 물음에 버클리는 "증명이 불가능하다."라고 대답했습니다.

내 방에 책상이 있다는 것은, 만약 내가 방 안에 있다면 책상을 지각할 수 있다는 뜻에 지나지 않습니다. 또한 다른 주체가 지각했다면, 지각한 동안만 존재한 것입니다. 즉, 물체는 우리 인간이 주관적으로 지각하는 색과 소리, 냄새 등의 '관념'이 있기 때문에 존재하며, 물체가 외부에 실제로 존재할 필요가 없습니다. 이 세계는 실체 없이 정보뿐인 가상 현실VR 공간이라는 뜻입니다.

정말 그런 세계가 있을지도 몰라

"냄새가 난다는 것은 그것을 맡았다는 뜻이고, 소리가 난다는 것은 그것을 들었다는 뜻이다."

버클리는 《인간 지식의 원리론》에서 위와 같이 말했습니다. 이렇듯 그는 만물은 '지각된다는 것'을 떠나 존재할 수 없다고 규정하고, '존재한다는 것은 지각된다는 것'* 이라는 명제를 이끌어냈습니다.

그렇다면 이러한 가상 현실을 만드는 주체는 무엇일까요? 만약 인간이 가상 현실을 만들어내고 있다면, 바라는 세계를 전부 창작할 수 있을 겁니다. 하늘을 나는 일도 가능해집니다.

하지만 인생은 그리 쉽지 않습니다. 인간은 물리적 법칙이 통하는 범위 안에서만 행동할 수 있기 때문입니다. 그렇지 않으면 사람마다 마음속에 있는 것이 달라져, 모두 다른 망상을 품게 될 테니까요. 여기서 버클리는 사람들의 마음에 데이터를 보내주는 '서버Server'와 같은 존재, 즉 신神‡을 상정했습니다. 유한한 인간의 정신이 아니라 무한한 정신, 즉 인간의 정신을 비롯해 만물을 창조하는 거대한 시스템이 존재한다는 뜻입니다.

---

* 사과를 예로 들자면 빨갛다, 둥글다, 새콤달콤하다 등의 지각이 곧 사과라는 존재다. 그러한 관념은 분명히 마음속에 있다.

‡ 버클리가 말하는 신은 인간을 구원하거나 벌하는 인격신이 아니라, 인식의 토대가 되는 보증 같은 존재다.

이러한 주장들은 얼마 전까지만 해도 인정받지 못했습니다. 그러나 지각이 곧 존재라는 것은 현대 디지털 사회에서 VR 세계의 관점으로 보면 일리 있는 주장일 수 있습니다. 가까운 미래에 컴퓨터를 활용해 현실 세계와 꼭 닮은 가상 공간을 만든다면, '실제로 있다.'라는 존재의 의미는 다양하게 해석될 테니까요. 그야말로 영화 〈레디 플레이어 원*Ready Player One*〉┊의 세계가 펼쳐지는 것이지요.

나아가 이 세계가 애초부터 어떤 물리적 시스템에 따라 만들어진 가상 기계Virtual Machine라는 가설 또한 부정할 수 없을지도 모릅니다. 한 번쯤 그런 공상 과학 세계를 상상해 보는 것도 재미있지 않을까요?

고전이 나에게 건네는 말

이 세계가 인간과 상관없이 실제로 존재한다는 단순한 생각을 버리고, 가상 현실이라고 생각해 보면 어떨까? 그러면 내가 인식하고 있는 것들이 무척 협소하다는 사실을 깨닫게 된다.

┊ 스티븐 스필버그Steven Spielberg 감독의 영화다. 인류가 고글 하나로 모든 꿈이 실현되는 VR 세계 '오아시스'를 손에 넣게 되는데, 그 오아시스에 숨겨진 세 가지 수수께끼를 둘러싼 쟁탈전을 그렸다. 주연은 타이 쉐리던Tye Sheridan이 맡았으며, '현실 세계가 가장 리얼하다.'라고 강조한다.

《에티카》

베네딕투스 데 스피노자 지음(1677년)

책의 난이도
★★★★☆

이 책의 배경

데카르트 철학에서는 몸과 마음이 각기 다른 실체였다. 반면 스피노자는 둘을 하나로 묶어 '자연(신)'이라 생각했다. 모든 정신과 물체는 자연(신)이라는 에너지체가 서로 다른 양태로 나타난 것이다. 이를 명석하게 설명하기 위해 스피노자는 유클리드 기하학의 방법을 활용했다.

베네딕투스 데 스피노자(1632~1677)

네덜란드 암스테르담에서 유대인 상인의 아들로 태어났다. 24세 때 모독죄로 유대교 교단에서 파문당했다. 철학과 자연학, 정치학을 연구했으며, 렌즈를 연마하며 생계를 유지했다고 한다. 저서로는 《에티카》, 《데카르트 철학의 원리 *Principia philosophiae cartesianae*》 등이 있다.

기하학으로 세계를 설명하는 독특한 책

네덜란드 철학자 베네딕투스 데 스피노자Benedictus de Spinoza는 참신한 방법으로 치밀한 철학 체계를 만들었습니다. 그는 데카르트 이후에 남겨진 정신과 신체, 즉 심신心身 문제*, 기계론과 자유, 기하학적 정신과 종교적 정신 등의 분열을 모두 통합하려 애썼습니다.

《에티카Ethica》는 유클리드 기하학 체계를 따르며, 정의定義와 공리公理, 정리定理의 체계로 구성되어 있습니다. 이를테면 "신:, 즉 제각각 영원하고 무한한 본질을 표현하는 무한히 많은 속성으로 구성된 실체:는 반드시 존재한다."라는 정리를 제시하고, 이를 수학처럼 증명해 나갑니다. 데카르트가 철학에 수학의 방식을 도입했다면, 스피노자는 유클리드 기하학 형식을 그대로 철학에 도입했습니다.

---

* 데카르트는 물심이원론에 따라 정신과 물체가 각기 다른 실체라고 주장했다. 그러나 물심이원론으로는 정신과 신체가 연동하는 현상을 설명하지 못한다(82쪽 '뇌 과학' 주석 참고). 지금도 뇌와 마음의 연동은 설명할 수 있지만, 뇌 속에서 일어나는 반응과 생생한 주관적 경험의 관계는 명확히 밝혀지지 않았다. 그래서 뇌로 마음 전부를 설명하려 하면, 둘은 결국 평행선을 달리게 된다.

: 스피노자의 신은 '산출하는 자연'이자, '산출되는 자연'이다. "삼각형의 본성에서 내각의 합이 180도라는 것이 필연적으로 도출되듯이" 이 세계 역시 신에게서 필연적으로 생겨났다. 이를 신즉자연神卽自然이라 한다.

: 데카르트는 정신과 물체를 각기 다른 실체로 보았다. 스피노자는 거기서 한 단계 더 나아가 신을 실체라 하고, 정신과 물체를 그 성질(속성)이라 했다.

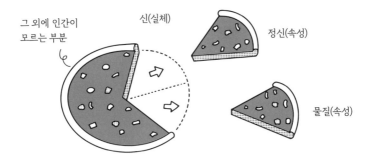

신(실체)

그 외에 인간이
모르는 부분

정신(속성)

물질(속성)

모든 것은 하나의 실체에서 나온다.
같은 것이 다른 각도에서 표현되어 둘로 보일 뿐이다.

"(신이 존재한다) 이것을 부정하는 사람은, 가능하다면 신이
존재하지 않는다고 생각해 보라. 그러면 공리 7 '존재하지 않는
다고 파악할 수 있는 것의 본질에는 존재가 포함되지 않는다.'
에 따라 신의 본질에는 존재가 포함되지 않는다. 그런데 이것은
정리 7 '실체의 본성에는 존재가 속한다.'에 따라 부조리하다.
그러므로 신은 존재한다."

《에티카》에서는 이러한 증명이 꼬리를 물고 이어집니다. 신
은 유일한 실체이며, 그 본질에는 사유(정신)와 연장(물체)이라
는 속성이 있습니다. 사유(정신)와 연장(물체)은 신이 다른 모습
으로 나타난 것에 지나지 않습니다. 바닷물이 다양한 형태의 파
도로 표현되듯이 말입니다.

과거를 후회해 봐야 의미가 없다

범신론(이원론)에서는 모든 존재가 하나에서 나온 다른 표현이기 때문에, 정신과 물체 양자 사이의 대응관계를 설명하기 쉽습니다. 즉, '걷자' 하고 생각하면(정신의 작용) '걸을 수 있는'(신체·물체의 작용) 싱크로 현상은 근원적 실체가 두 방향에서 표현되고 있음을 뜻합니다. 본디 하나인 원리가 다양한 형태로 나타난다는 견해는 현대 물리학*과 접점이 있습니다.

그런데 신(자연)은 어떤 목적이 있어서가 아니라 필연적으로 움직입니다. 이를 기계론적 세계관이라고 합니다. 이것에 따르면 모든 것은 원인과 결과로 이어져 있어서, 만사가 전부 결정되어 있습니다(결정론*). 이 세계에서 일어나는 일은 전부 결정되어 있기 때문에, 현재 세계와 다른 형태의 세계는 존재하지 않습니다. 마찬가지로 미래도 전부 결정되어 있습니다. 세계 전체가 드라마처럼 완결되어 있다는 뜻으로, 우리는 흘러가는 시간 속에서 그 드라마를 슬쩍슬쩍 엿보고 있는 것입니다.

그래서 이 세계관에 따르면 '만약 그때 …이었다면' 혹은 '만약 그때 …했더라면' 하고 후회하는 게 아무 의미가 없습니다.

* 아인슈타인은 하나의 원리에서 모든 사물과 현상을 설명하려는 《에티카》의 태도를 높이 평가했다.

‡ 자연은 인과관계에 따라 기계적으로 움직일 뿐이며, 원인과 결과는 모두 결정되어 있다. "사물들은 산출된 것과는 다른 그 어떤 질서나 방식으로도 신에 의해 생산될 수 없다."(《에티카》 1부 정리 33)

또한 우리 인생에는 자유가 없다는 뜻이기도 합니다. "지붕에서 돌이 떨어졌다면, 돌이 스스로 자유롭게 떨어졌다고 생각할 뿐"이죠. 이 주장을 그대로 받아들이면 인생에는 아무 의미가 없다는 절망감에 사로잡힐 수 있는데, 사실은 그렇지 않습니다. "이 세계에 자유가 없음을 아는 것이 자유"이기 때문입니다.

뭔가 후회스러운 일이 생겼을 때는 내가 우주에 존재하는 하나의 파동이라 생각하고, 현재를 받아들이세요. 그리고 나와 신이 하나임을 이해하고, 이 세계 전체를 감싸 안으세요. 스피노자는 이를 '영원의 상相 아래에서'• 신을 인식하는 것으로 표현했습니다.

"증오는 외부 원인의 관념을 동반하는 슬픔"이기에, 이성을 바탕으로 생각하면 인생의 고통에서 벗어날 수 있습니다.

고전이 나에게 건네는 말

> 만물은 하나의 존재가 다양한 각도에서 홀로그래피holography로 표현된 것이다. 나라는 존재도 그중 하나이므로, 스스로를 긍정적으로 받아들이면 세계 전체를 긍정적으로 인식할 수 있다.

• 우리 몸과 마음은 무한히 연장되는 자연(신)의 일부다. 모든 것이 신의 일부임을 이성적으로 인식하고 영원의 상 아래에서 파악하면 행복에 이를 수 있다.

《실천이성비판》

임마누엘 칸트 지음(1788년)

책의 난이도
★★★★☆

이 책의 배경

칸트는 《순수이성비판》에서 인간의 인식에는 한계가 있다고 주장했다. 하지만 그 주장에 따르면 자유의 존재, 영혼의 불멸, 신의 존재 등에 관한 철학이 전부 부정당하고 만다. 그래서 이번에는 도덕 철학으로 그것들을 회복해 보려 하는데….

임마누엘 칸트(1724~1803)

독일의 철학자. 1740년 쾨니히스베르크 대학교에 입학했다. 훗날 같은 대학교 교수로 활약하며 총장을 역임하기도 했다. 《순수이성비판》, 《실천이성비판》, 《판단력비판 *Kritik der Urteilskraft*》을 집필해 비판 철학을 완성했다.

도덕에도 보편적인 법칙이 있다

임마누엘 칸트Immanuel Kant는 《순수이성비판*Kritik der reinen Vernunft*》* 에서 인간의 인식 구조를 설명했습니다. 그에 따르면, 직접 경험하지 못하는 신이나 영혼 등의 영역은 인간이 헤아릴 수 없습니다. 신이나 영혼에 관해 생각해 봐야 결국 알 수 없다는 뜻입니다. 칸트는 이처럼 이론적으로 증명 불가능하다고 했던 것들을 새롭게 설명하기 위해 도덕적인 형이상학을 정립하려 했습니다. 그 내용이 바로 《실천이성비판*Kritik der praktischen Vernunft*》입니다.

자연 과학에는 뉴턴Isaac Newton이 제시한 만유인력의 법칙이 있습니다. 칸트는 자연 세계와 마찬가지로 도덕 세계에도 보편적 법칙이 있으리라 생각했습니다(도덕 법칙**). 도덕 법칙은 자연의 인과 법칙과는 달리 우리 의지를 규정하는 명령이며, "~해야 한다."라는 형태를 띱니다. 또한 행복(쾌락)을 얻기 위한 조건부 명령이 아닙니다. '만약 돈을 받을 수 있다면 사람을 구해라' 같은 조건부 명령은 도덕 법칙에 해당하지 않습니다. 이를 '가언假言 명령'이라 합니다. 진정으로 도덕적인 명령은 내 행복을

* 칸트는 이 책에서 이성이 인식하는 능력과 그 적용의 타당성을 이성 자신이 판정하고 비판한다는 철학을 확립했다. 이 세계에서 인간이 어디까지 알고 어디까지 모르는지, 인식 능력의 경계를 명쾌하게 증명했다.

** 도덕적 행위는 '의무에서 나온' 것으로 행위의 결과가 의무에 들어맞았을 뿐이라면 '적법성'을 갖춘 것에 지나지 않는다.

현상계는 인과율에 구속받지만,
도덕 법칙 안에서는 자유가 확보된다.

계산에 넣지 않고 행위의 결과를 고려하지 않으며, 언제 어떤 경우라도 '~하라'라고 명하는 무조건적 명령입니다. 이를 '정언定言 명령'이라고 합니다. '만약 돈을 받을 수 있다면'이라는 부분을 잘라내고 '사람을 구해라'만 남기면 정언 명령이 됩니다.

　도덕 법칙이 명령 형태인 이유는 우리 인간이 이성적 존재자이자 욕망에 지고 마는 감성적 존재자여서, 반드시 도덕 법칙에 따라 행동할 것이라고 장담할 수 없기 때문입니다. 그래서 우리는 늘 '무조건 ~해야 한다.'라고 되뇌면서 살아가야 합니다. 무심결에 늦잠을 자거나 과식을 한다면 본능에 따라 살아가는 감성적 존재인 동물과 다름없습니다. 하지만 인간은 이성을 갖추고 있기 때문에 스스로 욕망을 절제할 수 있습니다.

영혼 불멸과 신의 존재를 증명하는 방법

도덕 법칙이라는 인생의 공식은 원래 인간이 갖추고 있는 실천이성이 나에게 부여하는 법칙입니다(이성의 자기입법). 스스로 나를 통제하기 때문에, 이를 '자율'˙˙이라 합니다. 칸트는 인간이 자율적 존재라는 것은 곧 인간이 자유롭다는 뜻이라고 말했습니다. 스스로 법칙에 따르는 행위, 즉 '무조건 ~하라'라는 명령에 따르는 건 자유입니다.

언뜻 보면 '자유가 없는 거 아니야?'라는 생각이 들 수 있습니다. 그러나 '다른 어떤 권위에도 타율적으로 구속당하지 않고, 실천 원리를 통찰해 그에 맞게 자기의 실천 생활을 스스로 규제할 수 있다.'라는 말이므로 자유입니다. 내 욕망을 스스로 통제할 수 있다는 뜻이죠. 칸트는 이것이 바로 인간의 '존엄'이라 했습니다.

《순수이성비판》에서는 인간의 자유 의지를 증명할 수 없다

˙ 칸트는 《순수이성비판》의 초월론적 변증법과 '순수이성의 이율배반', '순수이성의 이상'이라는 흐름 속에서 '오류 추리', 즉 잘못된 추론을 비판했다. 데카르트 이후로 자아와 영혼을 동일시하는 논리는 전통적 논리학에서 말하는 '매개념 애매의 오류(삼단 논법의 대전제와 소전제에 공통된 개념이 모호하기에 생기는 오류)'라며 부정했다. 또한 현상 세계는 '만약 ××라면 ○○다.'처럼 뉴턴 역학적 인과율을 따르기 때문에 자유가 없다는 뜻이 된다. 이를테면 배가 고파야 먹을 수 있는 것이다. 이처럼 현상 세계의 물리 법칙에는 자유가 없지만, 인간의 도덕 법칙 측면에서는 자유가 있다. 왜냐하면 '무조건 ~하라'의 경우, '만약'이 없어서 인과율에 제한을 받지 않기 때문이다. '만약 ~라면'이라는 망설임 없이 내 의지가 출발점이기에 인과 관계에 얽매이지 않는다. 즉, 자유롭다.

고 했지만,《실천이성비판》에서는 도덕적 명령이라는 개념을 통해 인간의 의지가 자유로움을 설명했습니다. 마찬가지로 영혼 불멸이나 신의 존재도《순수이성비판》에서는 증명할 수 없었으나,《실천이성비판》에서는 '최고선最高善'이라는 개념을 도입함으로써 그것들이 실천적으로 요청된다고 했습니다. 증명은 할 수 없지만, 영혼과 신 모두 존재한다는 뜻입니다. 최고선은 인간이 감성적 존재자인 이상, 현실에서 실현되리라 기대할 수 없습니다. 그래서 내세에 미칠 무한한 도덕적 노력, 즉 '영혼 불멸'이 요청됩니다. 또한 최고선이 실현되어야 한다면, 덕과 행복의 완전한 합치를 보증하는 전능한 '신의 존재'가 반드시 요청됩니다. 이처럼 실천이성은 사유의 존재, 영혼 불멸, 신의 존재라는 세 가지 개념에 실재성을 부여했습니다.

고전이 나에게 건네는 말

"도덕 기준은 사람마다 다른 거 아니야?"라고 말하지 말고, 수학이나 물리 공식처럼 '도덕 법칙'이 존재한다고 생각하며 일상에 적용해 보자. 그러면 내 행동을 자율적으로 결정하고 자기계발할 수 있다.

《의지와 표상으로서의 세계》

아르투어 쇼펜하우어 지음(1819년)

책의 난이도
★★☆☆☆

이 책의 배경

이 세계는 우선 '나'의 표상으로 시작된다. 그 표상 깊은 곳에는 뭔가가 존재하는데, 그게 뭔지 나는 알 수 없다. 다만, 내 안에 '의지'라는 현실성이 있다는 것은 안다. 그렇다면 이 세계의 원리는 의지가 아닐까?

아르투어 쇼펜하우어(1889~1976)

단치히 자유도시(현 폴란드령 그단스크)에서 태어났으며, 독일 예나 대학교에서 학위를 취득했다. 베를린 대학교에서 강의했으나, 헤겔에 대항하다 반년 만에 사직했다. 훗날 평가가 높아지면서 리하르트 바그너Wilhelm Richard Wagner, 프리드리히 니체, 레프 톨스토이에게 커다란 영향을 끼쳤다.

CC BY-SA Scewing

이성도 좋지만 '욕망'의 힘을 잊지 마라

《의지와 표상으로서의 세계*Die Welt als Wille und Vorstellung*》는 "세계는 나의 표상˚이다."라는 구절로 시작합니다. 이 구절을 쉽게 설명하자면, 세계를 '나만의 극장'으로 생각하는 것입니다. 쇼펜하우어Arthur Schopenhauer는 이러한 나만의 극장을 잘 들여다보면 주관과 객관이 확실하게 구분되어 있다고 주장했습니다.

주관은 세계를 떠받치며 모든 현상의 전제가 되는 기본적인 장場입니다. "모든 것을 인식하면서 어떤 것에 의해서도 인식되지 않는 것이 '나'라는 주관"입니다. 쇼펜하우어는 '주관은 결코 객관이 될 수 없는 것'이라 정의했습니다.

이렇게 주관으로 세계를 파악하는 철학의 학설을 관념론이라 합니다. 쇼펜하우어는 주관이 '신체를 통해 매개된다.'라고 설명했습니다. 신체는 인식 주관에 이중의 방식으로 주어집니다. 내 신체는 내면과 외면, 양쪽으로 인식되기 때문입니다.

예를 들어 객관적 실체인 머그컵이 있다고 할 때, 우리가 그 내면을 직접 아는 것은 불가능합니다. 인간이 실제로 머그컵이라는 물체의 입장이 될 순 없으니까요. 이건 다른 물체도 마찬

˚ 이 세계는 실재하지 않고, 다만 인식 주관과의 관계 속에서 객관으로 표상된다. 마음에는 의지만 존재하며, 의지가 개체화의 원리에 따라 다양한 현상을 낳는다.

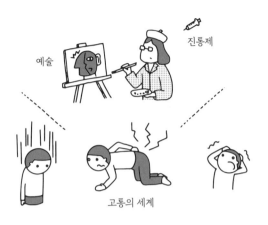

이 세계는 고통이 사라지지 않는 구조라서 최악이다.
진통제로 고통을 누그러뜨리며 마지막에는 의지의 소멸을 노린다.

가지입니다.

　그런데 단 하나, 예외인 물체가 바로 내 신체* 입니다. 신체라는 물체(객관적 대상)는 손과 발 등의 부위가 외부에서 보입니다. 그와 동시에 내면에서 관찰되는 감각이나 욕망, 즉 통틀어서 의지라 부르는 것들 또한 직접 알 수 있습니다. 즉, 신체만이 주관과 객관이라는 전혀 다른 두 가지 방식으로 관찰 가능한 동일물입니다.

---

* 신체는 표상인 동시에 직접 인식되는 의지가 드러난다. 즉, 객관과 주관을 모두 포함하고 있다. 신체 각 부위는 의지의 욕망에 대응하고, 고통이나 쾌락은 주관으로서 직접 자각된다.

이 세계는 끝없는 고통 그 자체다

쇼펜하우어는 내부에서 파악할 수 있는 주관적 힘을 '의지'라 했습니다. 보려는 의지가 눈, 들으려는 의지가 귀, 먹으려는 의지가 입, 집으려는 의지가 손이라는 형태로 나타나 있는 것이죠.

그런데 이 의지는 이성이 결여된 '삶을 향한 맹목적 의지'입니다. 늘 '이게 필요해, 저게 필요해' 하면서 끝없이 욕심을 부립니다. 《의지와 표상으로서의 세계》에서는 모든 식물이나 동물에게 이러한 의지가 있다고 말합니다. 심지어는 무기물도 의지를 가지고 운동한다고 했죠. 그러나 안타깝게도 의지는 아무리 애써도 어떤 목적을 달성할 수 없습니다. 의지는 끊임없는 영구적 힘으로 나타나기 때문입니다. 배부르게 먹어도 시간이 지나면 배가 고파서 다시 먹고 싶어지는 순환이 계속되는 것과 같습니다.

그런데 이 현상 세계는 시간과 공간이라는 형식이나 다양한 인과율에 따라 규정되어 우리에게 인식됩니다. 이 유한한 세계에서 무한한 의지는 억눌릴 수밖에 없습니다. 그래서 《의지와 표상으로서의 세계》에 따르면 '산다는 것은 고통'이며, '이 세계

---

‡　의지와 신체의 관계는 물리 현상이나 생명 현상에 확대해서 적용할 수 있다. 물질 내부에도 의지가 있고, 그 움직임이 현상이다. 이것이 복잡해지면 생물이 되고, 고도로 발달하면 인간이 된다. 가장 복잡한 인간(천재)은 가장 고통이 많을 거라 추측된다

는 최악의 세계'입니다. 아무리 노력해도 결국 좌절하고 늘 고통 속에서 허우적거리는데, 그건 그 사람이 잘못해서가 아니라 이 세계의 구조가 원래 나쁘기 때문이라서 어쩔 도리가 없습니다. 의지는 끝없이 뭔가를 바라고 이 세계는 유한하니 전쟁이 끊이지 않는 것입니다. 쇼펜하우어는 이 세계의 구조상 살육과 전쟁은 영원히 사라지지 않을 거라 주장했습니다.

이러한 삶의 고통에서 벗어나는 방법으로는 예술 정도를 들 수 있겠지만, 그것은 진통제* 효과만 있을 뿐이고, 근본적인 해결책은 되지 못합니다. 그래서 《의지와 표상으로서의 세계》에서는 타인의 고통을 내 것으로 여기는 '동고同苦(동정)'의 감정을 가지고, 고통을 잠재우기 위해 의지 그 자체를 소멸시켜 고통의 근본 원인을 없애야 한다고 결론짓습니다. 늘 '금욕'함으로써 의지를 소멸시키는 방법이죠. 그대로 실천하기는 어렵지만, 이 책에는 삶의 고통을 누그러뜨리는 힘이 있습니다.

---

* 인간은 예술을 통해 이데아를 파악할 수 있다. 예술은 플라톤이 영원히 변치 않는다고 주장했던 이데아를 엿보는 행위라서 마음이 평온해진다. 그러나 인생의 고통을 잠시 잠재우는 진통제일 뿐, 근본적인 해결책은 아니라는 뜻이다.

내 몸 안에서 일어나는 갈등을 관찰하다 보면, 이 세상에 그와 비슷한 구조가 존재한다는 사실을 알게 된다. 세상은 채워지지 않는 욕망과 투쟁의 세계다. 의지를 소멸시키고 평정심을 유지하며 살아가는 자세 또한 필요하다.

사고·이성편

《현상학의 이념》
에드문트 후설 지음(1907년)

책의 난이도
★★☆☆☆

이 책의 배경

진리란 무엇일까? 진리는 주관이 객관을 올바르게 알아맞히
는 것이다. 그런데 주관이 올바르게 알아맞히고 있다는 것을
어떻게 스스로 확인할 수 있을까? 우리 삶은 착각의 연속인데
그 안에 절대적으로 옳은 것이 과연 있을까? 현상학에 그 답
이 있다.

에드문트 후설(1859~1938)

오스트리아의 철학자이자 수학자. 오스트리아 빈 대학교에서 프
란츠 브렌타노 교수에게 철학을 배우고, 독일 마르틴 루터 할레-
비텐베르크 대학교 등에서 학생들을 가르쳤다. 원래 수학 기초론
을 연구하다 철학으로 전향해 엄밀한 학문으로서의 현상학을 탄
생시켰다.

외부 세계가 존재한다는 것을 어떻게 증명할까

앞서 소개한 영화 〈매트릭스〉는 가상 현실을 다뤘습니다(84쪽《인간 지식의 원리론》각주 참고). 같은 맥락에서 철학에도 우리가 사는 세계가 가상이 아님을 증명하려는 분야가 있습니다. 대상의 실재성을 추구하는 분야로, 인식론이나 존재론이 이에 속합니다.

"우리 주변에 있는 컵이나 책상 같은 사물은 정말 존재할까? 꿈이나 환각이 아님을 증명하라." 같은 말에 어떻게 대답하면 좋을까요?(관념론 혹은 유물론?*)

에드문트 후설Edmund Husserl의 철학은 앞서 말한 철학들과는 다른 방식으로 접근합니다. 보통은 누구나 세계 혹은 사물이 외부에 실제로 존재한다고 생각합니다. 이것을 '자연적 태도'라고 합니다. 자연적 태도는 지금 내 눈앞에 있는 컵이나 책상은 나를 떠나 실제로 존재하고, 나는 그것들을 동영상으로 촬영하는 중이라고 생각하는 순수한 태도를 말합니다. 그러나 이러한 객관(대상)과 주관(인식하는 나)의 도식에서는 '내 인식과 세계가 어긋나 있을지도 모른다.'라는 의문이 생깁니다. 착각이 일어날

---

* 관념론은 세계의 존재는 인간의 마음에 달려 있다는 입장이다(대표 철학자 조지 버클리, 83쪽 《인간 지식의 원리론》참고). 반면 유물론은 우선 물질이 실재하고, 사고는 뇌의 파생물이라고 주장한다. 지금은 자연 과학이 발달해서 굳이 세계가 물질만으로 이루어져 있다고 강조할 필요는 없을 듯하다.

'에포케'
판단 중지

현상학적 환원

외부에 실제로 세계가 존재한다는 상식을 판단 중지하고,
의식에 떠오르는 진짜를 관찰해 보자.

수 있다는 뜻입니다.

이에 후설은 외부 세계가 실존하느냐는 물음에 일단 판단 중지(에포케^{Epoche})*를 하라고 주장했습니다. 우리가 늘 '저기에 실제로 존재한다.'라고 확신하던 것을 단순한 착각일지도 모른다고 의심하며, 일단 '괄호 안에 넣어보자'라는 말입니다.

지금 눈앞에 있는 컵이 실제로 외부에 존재한다는 생각을 버리고, 그 컵이 진짜인지 몽환인지는 모르지만 일단 멍하니 바라보면서 의식의 흐름을 관찰하는 것이 바로 판단 중지입니다.

---

* 사물과 의식의 관계를 추출하기 위해 아무런 반성 없이 객관 세계가 실제로 존재한다고 받아들이는 입장을 판단 중지(에포케)하고, 객관적 세계를 괄호에 넣는다. 그럼으로써 '누군가의 의식'이라는 지향성의 본질적인 구조를 지닌 선험적 의식과 그 주체인 선험적 자아를 이끌어 낼 수 있다.

예를 들어 신호등이 파란불인 줄 알았는데 실은 빨간불이었다면, '파란불'이라는 판단과 '빨간불'이라는 사실이 착각 때문에 어긋난 것입니다. 그러나 판단을 중지하면 파란불에서 빨간불로 의식이 흘러간 그 자체는 반드시 옳습니다. 실제로 착각이라는 체험을 한 것입니다.

이렇게 주관이 객관에 적중했는지는 잠시 제쳐두고 의식 위에 흘러간 것만 관찰하면, 그 내용은 반드시 옳습니다. 후설은 여기에서 엄밀한 학문의 체계가 정립된다고 했습니다. 이러한 의식의 조작을 '현상학적 환원'[※] 이라 합니다.

"인식 작용이라는 나의 체험만 존재하지 않고 인식되는 것, 즉 객관으로서 인식에 대립해 정립되어야 할 무언가가 원래 존재한다는 것을 인식자인 나는 어디서부터 알고, 어디서부터 확신할 수 있을까?"(《현상학의 이념*Die Idee der Phänomenologie*》)

이러한 의문을 제기한 후설은 물질적 세계에서 의식 세계로 무대를 변경했습니다. 그러면서 우리의 의식 위에 나타나는 것들에 의미를 부여하는 작용이 일어나고 있음을 알아챘습니다

[※] 본질을 아는 형상적 환원(본질 직시)과 판단 중지를 포함한 선험적 환원을 합친 것이다. 물론 환원되었다고 해서 세계의 존재가 부정되거나 사라지지 않는다. 환원 후에는 외부 세계에 실재한다고 생각했던 존재가 의식의 스크린에 출현하므로 그것을 가만히 관찰하면 된다.

(노에시스와 노에마*의 상관관계).

후설은 사고하는 작용을 '노에시스^{Noesis}', 펜과 책상 같은 대상을 '노에마^{Noema}'라 불렀습니다. 우리는 마음 내부에서 의미를 부여해 그 사물이 실재한다고 확신했던 것입니다. 현상학을 공부하기 시작하면, 보이고 들리는 전부가 학문의 대상이 됩니다. 그야말로 우리 마음을 인터뷰하는 철학이죠. 다만, 후설의 현상학은 타자他者 문제를 매끄럽게 해결하지 못했습니다. 타자가 눈앞에 있어도 그것을 판단 중지하면 내 의식으로 편입되기 때문에 타자는 허수아비 같은 존재가 됩니다. 이 문제에 관해서는 마르틴 하이데거(141쪽《존재와 시간》참고), 에마뉘엘 레비나스(136쪽《전체성과 무한》참고) 등이 훗날 현상학적으로 새로이 접근했습니다.

고전이 나에게 건네는 말

> 세계를 있는 그대로 바라보고, 내 의식의 흐름을 관찰해 보자. 거기선 늘 사물에 의미를 부여하는 작용이 일어나고 있다. 그 의미 자체를 체험할 때, 그것이 생생한 진실임을 알게 된다.

* 자아가 여러 체험이나 감각 여건을 통일하고 의미를 부여하며, 자기에 대해 존재한다고 규정하는 작용을 노에시스라고 한다. 사과의 색과 모양, 향기 등을 통합해서 '사과라는 의미', 즉 노에마를 추출하는 작용이 노에시스이다.

사고 · 이성편

《역사 철학 강의》

게오르크 빌헬름 프리드리히 헤겔 지음(1838년)

책의 난이도
★★★★☆

이 책의 배경

예로부터 사람들은 역사를 사건의 연속이라 여겼다. 그런데 사실 역사는 일정한 법칙에 바탕을 두고 어떤 목적을 향해 전개된다는 사상이 등장한다. 이 사상은 훗날 이 세계가 공산주의 사회라는 목적을 가지고 있다고 해석되는 등, 현대 사회에 커다란 영향을 끼쳤다.

게오르크 빌헬름 프리드리히 헤겔(1770~1831)

독일의 철학자. 변증법에 기초해 논리학과 법학, 도덕학, 종교학, 역사학, 철학 등 과학을 포함한 여러 학문을 장대한 체계로 확립했다.

CC BY-SA FreeArt1

처음으로 세계사에 법칙성을 부여한 책

흔히 역사는 예측 불가능한 사건의 연속처럼 느껴집니다. 그러나 헤겔Georg Wilhelm Friedrich Hegel은《역사 철학 강의》에서 역사의 흐름에 일정한 법칙이 있다고 생각했습니다. 요즘도 일부 물리학자들은 이 세계가 홀로그램* 구조를 띠고 있다고 주장합니다. 헤겔은 그러한 생각을 앞서가기라도 하듯, 이 세계는 정교하게 설계된 하나의 패키지이며, 시간의 흐름에 따라 그것들이 조금씩 전개되어 가는 현상이 역사라고 정의했습니다. 그러한 우주의 원리를 '절대정신'‡이라고 명명했는데, 역사란 절대정신이 자기본질을 실현해 가는 과정(자기전개)입니다.

"철학이 제공하는 유일한 사상은 이성이 세계를 지배하고 세계사 역시 이성적으로 진행된다는 단순한 이성의 사상이다."

"이성의 목적은 궁극 목적인 동시에 그 궁극 목적의 실현이며, 내면적인 궁극 목적을…… 자연적 우주와 정신적 우주의 현상 속에 실현해가는 것이기도 하다."

즉, 우주의 정보가 그 로직에 따라 게임처럼 시시각각 조금

* 우주는 '광대하고 복잡한 홀로그램'이며, 현실은 가상 공간이라는 이론이 있다. 가설로서 큰 지지는 받지 못하고 있으며, 아직 연구 단계이다.

‡ 우주의 원리(신)를 말한다. 스스로 자연 속에서 그 자연까지 계기로 품고 있는 고차원의 정신이며, 범신론 체계의 중심이다. 절대정신은 세계의 배후에서 침묵하지 않고, 변증법에 따라 이 세계에 자기전개를 한다.

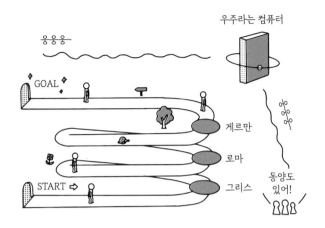

역사는 법칙에 따라 진행된다.
마치 프로그램이 전개되듯 목적을 향해 나아간다.

씩 실현된다는 뜻이죠. 그러한 근본 원리는 제약이 없는(제한을 받지 않는) 존재이기 때문에 '자유'라 불립니다. 따라서 세계사의 목적은 이성적 자유가 시간이 흘러감에 따라 역사로 차례차례 실현되는 과정입니다. 자유의 실현이 곧 목적이죠.

세계사를 훑어보면 민중이 자유를 실현해 가는 과정임을 알게 됩니다. 헤겔은 그러한 과정이 우연이 아니라, 엄연히 법칙에 따라 진행되었다고 보았습니다.

세계사는 변증법이라는 법칙에 따라 전개된다

역사는 '자유 의식의 진보'*입니다. 헤겔은 이것을 몇 단계로 나눠 다음과 같이 정리했습니다.

① 왕만 자유로운 고대 단계

② 공화국에서 일부 사람들만 자유로운 단계

③ 게르만 제국에서 인간의 자유가 실현되어 가는 단계

게르만 제국에서 사람들이 자유에 눈을 떴던 시기는 실제로 헤겔이 생존했던 시기입니다. 이 자유 원리에 따라 국가 조직을 수립하는 것이 역사가 도달해야 할 목표였습니다.

또한 이 세계의 공식이자 규칙은 '변증법'입니다. 변증법은 인식과 존재의 근본 원리이기 때문에, 모든 존재는 빠짐없이 변증법에 따라 전개됩니다. 즉, 모든 것은 '즉자卽自', '대자對自', '즉자대자卽自對自'라는 세 단계를 거칩니다.

변증법의 세 단계 공식은 다음과 같이 정리할 수 있습니다 (인식의 변증법 사례).

① 어떤 대상을 규정하고, 고정시켜 고집하는 단계(예: 식물이 그 전체를 표현한다.)

---

* ①동양의 고대 국가에서 인간은 자신이 자유롭다는 사실을 알지 못했고, 전제군주만이 자유로웠다. ②그리스 로마 공화국 시대에 처음으로 자유 의식이 싹텄으나, 일부 사람들만이 자신이 자유롭다는 사실을 알고 있었을 뿐이다. ③게르만 제국에서 인간은 모두 자유롭다는 자각이 생겨났다.

② 그 규정된 것이 전체가 아님을 깨닫는 단계(예: 식물이 양분과 물을 필요로 한다는 새로운 사실을 깨닫는다.)

③ 대립하는 두 가지 규정을 종합함으로써 대상에 관한 이해가 촉진되는 단계(예: 그것이 그것이 아닌 존재와 함께 있는 전체를 이해한다.)

역사도 이처럼 ① 어떤 안정된 단계에서 ② 모순이 발생하고 ③ 다음 시대로 넘어가는(예: 절대왕정 → 혁명 → 민주 국가 등) 세 단계를 거쳐 전개됩니다.

헤겔에 따르면 역사 발전 단계에서 큰 몫을 한 대표적 위인들 또한 역사의 목표를 실현하는 수단(도구)입니다. 나폴레옹 같은 영웅은 이른바 꼭두각시에 지나지 않으며, 일정한 역할을 마치고 나면 몰락한다고 주장했죠. 지금은 역사에 법칙성이 있다는 것이 낡은 생각처럼 느껴지지만, 어쩌면 일리가 있는 주장일지도 모릅니다.

고전이 나에게 건네는 말

세계사를 어떤 섭리에 따른 목적론적 과정이라고 이해하면, 역사 전체가 일정한 목표를 향한 필연적인 발걸음임을 알게 된다. 이러한 관점에서는 역사를 추상화해서 파악할 수 있기 때문에 아직도 유효한 사고방식이다.

인생·고뇌편

제 3 장

고단한 인생에 관해
생각하는 책

《죽음에 이르는 병》

쇠렌 키르케고르 지음(1849년)

책의 난이도
★★★☆☆

이 책의 배경

키르케고르는 시대를 앞서 요즘 우리가 겪는 고통들을 탐구했다. 대중 속에서 평균에 맞추느라 개성을 잃고 가십에 열을 올리는 사람들. 현대 사회에서 흔히 볼 수 있는 이러한 광경들을한발 앞서 해명한 철학자이자 신학자가 바로 키르케고르이다.역사를 통틀어 '절망'에 관해 이보다 더 자세히 설명한 책이있을까? 《죽음에 이르는 병》은 그야말로 절망의 바이블이다.

쇠렌 키르케고르(1813~1855)

덴마크의 철학자이자 종교사상가. 코펜하겐에서 태어났다. 차례로 가족을 잃는 불운을 겪고, 스스로 '대지진'이라고 칭한 경험들을하게 된다. 레기나 올센이라는 약혼녀와 파혼을 하는 등 심적 고통을 겪으며 익명으로 수많은 저서를 남겼다.

절망도 병이 될 수 있을까

쇠렌 키르케고르Søren Aabye Kierkegaard의 저서 《죽음에 이르는 병The Sickness Unto Death》*은 무척 난해한 문장으로 시작됩니다. "인간은 정신이다. 정신이란 무엇일까. 정신이란 자기이다." 갑자기 무슨 말인지, 난감하기 이를 데 없죠?

여기서 말하는 '자기'는 지금 살아 있는 나 자신을 말합니다. 그래서 자기 자신이려고 하지 않는 상태가 곧 '절망'‡의 시작입니다. 자신을 속인다고나 할까요? 또한 키르케고르는 사람이면 누구나 절망에 빠진다고 했습니다. 인간은 평생 자기와 더불어 살아가는 존재이기 때문입니다. 타인이 아니라 자기와의 관계가 순조롭지 않아서 자포자기하거나 무너졌을 때 절망이 생겨납니다. 키르케고르는 이러한 절망이 인간이 가장 두려워해야 할 '죽음에 이르는 병'이라 했습니다.

이는 '절망'해서 '죽는다'는 뜻이 아닙니다. 키르케고르가 말

* 원래는 제1부 〈죽음에 이르는 병〉과 제2부 〈근본 치료〉를 함께 엮어 출간할 계획이었다고 한다. 그런데 제1부를 먼저 출간했고, 제2부는 훗날 《그리스도교의 훈련 Indøvelse i Christendom》이란 제목으로 출간되었다. 키르케고르는 절망을 극복하려면 진정한 크리스트교 교인이 되어야 한다고 했다. 신앙인의 겸허한 태도를 설명한 《그리스도교의 훈련》은 루터에 이어 제2의 종교 개혁 선언의 서書라 불리기도 한다. 또한 《죽음에 이르는 병》에서 말한 절망을 해결하는 방법이 담겨 있다.

‡ 현실의 자기가 본래의 자기와 관계할 때 생기는 엇갈림이 절망이다. 자기는 자기 자신과 관계하고, 자기 자신과 관계한 것처럼 타자와 관계한다. 절대타자는 신이며, 신 앞에서의 자기라는 관계 속에서 절망이 생겨난다.

죽고 싶은데
죽지도 못한다고요~

절망

스스로 고쳐, 야옹~

못 고쳐, 멍멍!

의식이 높아질수록
절망한다.
절망은 사람만
걸리는 병이다.

절망이라는 '죽음에 이르는 병'은 누구에게나 찾아온다.
하지만 그런 경험을 통해 한 계단 더 올라설 수 있다.

하는 절망은 죽고 싶어도 죽지 못하고 연명하는 상태입니다. 육체의 죽음마저 뛰어넘는 고뇌가 절망이죠. 즉, 살아 있지만 죽은 것이나 다름없는 좀비 상태를 죽음에 이르는 병이라 합니다. 이 책은 그러한 절망에 집중했으며 이 세상에 절망에 관해 이보다 더 자세히 파고든 책은 없을 겁니다.

　키르케고르는 절망을 ① 무한성의 절망, ② 유한성의 절망, ③ 가능성의 절망, ④ 필연성의 절망으로 구분했습니다(절망의 여러 형태*).

* ①무한성의 절망: 자기가 유한하다는 사실을 잊어버리고 관념론이나 신비주의로 속이는 절망 ②유한성의 절망: 자기를 평균에 맞춰 집단의 일부가 되는 절망 ③가능성의 절망: 현실에서 도망쳐 이상 세계에서 자기를 상실하는 절망 ④필연성의 절망: 현실만 보며 운명론이나 결정론에 빠지는 절망

오직 인간만이 절망한다

절망에는 여러 단계가 있는데, 내가 절망하고 있음을 모르는 데서 첫 번째 단계가 시작됩니다. '내가 절망하고 있다는 것을 모르는 절망'*은 가장 수준이 낮은 절망입니다. 활력이 넘칠 때가 오히려 위험한 상태인 것과 같습니다. 절망하지 않는 동물처럼 아무 생각이 없더라도 나중에는 반드시 절망을 자각하게 되지만, 그땐 이미 늦습니다. 한마디로 절망 예비군이라 할 수 있습니다.

다음 단계는 '내가 절망하고 있음을 자각하고 있는 절망'인데, 이는 다시 '나약함의 절망'과 '반항의 절망'으로 구분됩니다. 나약함의 절망은 쾌락이나 행운을 얻지 못한 자신에게 설망해서 현실 도피를 꾀하거나 혹은 자신의 나약함에 분노합니다.

반항의 절망은 자아가 절대성을 띠는 오만한 태도를 보입니다. 내 수준이 너무 높아서 세상이 알아보지 못한다고 고집스럽게 핑계를 대며, 남의 말은 듣지 않고 방 안에 틀어박혀 다람쥐 쳇바퀴 돌 듯 살아갑니다. 아무도 지적해 주지 않기 때문에 무척 슬픈 절망입니다.

또한 '죄로서의 절망'에 빠지는 경우도 있습니다. 여기서 죄

---

* 본래의 자기를 되찾아야 절망을 극복할 수 있다는 관점에서 보면 크게 어긋난 삶이다. 이런 상태에서는 자기성장을 위한 운동이 일어나지 않는다.

는 신에 대한 관념을 가지고도 절망한 채로 있는 죄를 말합니다. 마지막 남은 희망마저 놓치고 말기 때문에 '죽음에 이르는 병'에서 가장 심각한 상태라 할 수 있습니다.

키르케고르는 이처럼 절망을 상세하게 분석한 뒤, 인간은 절망하는 편이 낫다는 결론을 내립니다. 인간은 동물보다 고등하고 자의식이 있기에 절망할 수 있습니다. 의식을 높이고 자기를 응시해야 여러 좌절을 겪고, 이대로 살아선 안 된다는 초조함이 강해집니다. 그럴 때 더 나은 사람으로 다시 태어나자고 결심하지 않거나, 절망에 빠져 자신을 증오하면서 못난 모습에 안주하려는 태도는 좋지 않습니다. 절망을 성장의 과정으로 받아들이는 것이 중요합니다.

고전이 나에게 건네는 말

절망은 인간만 걸리는 병이며, 인간이 동물보다 고등한 존재라는 증거다. 따라서 절망을 피하지 않고 주체적으로 대응하는 태도가 중요하다.

《차라투스트라는 이렇게 말했다》
프리드리히 니체 지음(1885년)

책의 난이도
★★☆☆☆

이 책의 배경

이 세계의 궁극적인 존재는 신이었다. 하지만 그 신은 죽은 지 오래다. 인류는 지금껏 있지도 않은 존재를 믿어온 것이다. 신이 없다는 것은 이 세계의 최고 가치가 존재하지 않는다는 뜻인데, 그렇다면 인간은 무엇을 위해 살아야 할까?

프리드리히 니체(1844~1900)

독일의 철학자이자 고전문헌학자. 스위스 바젤 대학교에서 고전문헌학을 가르쳤으며, 사직한 후에는 재야에서 많은 저작을 남겼다. 아포리즘을 통해 산문적 표현을 시도했으며, 허무주의가 도래할 것이라 예언했다. 지병과 깊은 고독감으로 정신 질환을 앓다 56세의 나이로 사망했다.

"신은 죽었다"라는 말에 숨겨진 의미

《차라투스트라는 이렇게 말했다*Also sprach Zarathus-tra*》•는 니체Friedrich Nietzsche의 분신인 차라투스트라‡가 신의 죽음, 허무주의, 초인超人 등의 사상을 전하는 이야기 형식으로 구성되어 있습니다. 여기서 신은 크리스트교의 신이자, 모든 피안적(신·이데아) 가치와 이상을 뜻합니다.

차라투스트라는 사람들 앞에서 "신은 죽었다."라고 말합니다. 지금껏 최고라 여겼던 여러 가치, 즉 진眞, 선善, 미美가 그 힘을 잃고, 현실과 이상이라는 도식이 붕괴했다는 뜻이죠. 이 세상 어딘가에 진실이 존재한다는 신화가 붕괴되었다고 할까요?

이처럼 최고의 가치 근거와 삶의 지향점이 없으면 '왜 살아야 할까?', '무슨 목표를 가지고 살아야 할까?'라는 인생에서 가장 큰 문제의 정답이 사라지고 맙니다. 즉, '이 세계와 인간은 왜 존재할까? 어떤 의미와 가치가 있을까?'라는 모든 형이상학

• 니체가 40세 무렵에 집필한 책으로, 총 4부로 구성되어 있다. 잠언(아포리즘) 형식의 철학서이자, 문학 작품으로 분류되기도 한다. 제1부는 니체의 분신인 차라투스트라가 10년 동안 산속에서 고독하게 살다가 인간 세상으로 내려와 신이 죽었음을 알리는 이야기이다. 허무주의, 초인 사상, 크리스트교 비판 등 니체의 주요 사상이 설명된다. 제2부에는 '지복至福의 섬에서' 활동한 이야기, 제3부에는 '영원 회귀' 사상이 담겨 있다. 제4부에서는 신의 죽음에 괴로워하는 '더 높은 인간'과의 만남을 그리고 있으며, 클라이맥스에 이르면 운명을 사랑하고 삶을 긍정하자고 외친다.

‡ 고대 페르시아 조로아스터교(불을 신성하게 여겨 배화교拜火敎라고도 함) 창시자인 조로아스터의 별칭. 그렇다고 이 책이 조로아스터교의 사상을 전파하지는 않는다. 조로아스터는 세상을 선과 악으로 구분했기 때문에 도덕을 강조한 점과 참된 인품을 빌린 것으로 추측된다.

무엇을 위해…

신의 죽음

허무주의

신이 죽었다는 것은 최고 가치가 존재하지 않는다는 뜻이다.
'무엇을 위해 살아야 할까?'라는 물음에 정답이 없는 상태이다.

적 의문이 무의미해집니다. 이를 허무주의라 합니다.

　이야기의 시작에서 차라투스트라는 사람들에게 '신의 죽음'
을 고하며 무의미한 현실과 마주하라고 말하지만, 아무도 귀담
아듣지 않습니다. 또한 크리스트교의 가치관인 '이웃 사랑'은
위선이므로 미래에 나타날 초인, 즉 "가장 멀리 있는 자를 사랑
하라."라고 말하지만, 역시 받아들여지지 않습니다. 실제로 당
시 대중은 니체의 철학을 이해해주지 않았습니다. 실망한 차라
투스트라는 산을 오르내리며 신이 죽었다는 사실을 설파하기
위해 갖은 노력을 합니다.

가까운 미래에 나타날 초인이란 뭘까?

최고 가치를 잃어버린 인간에게 차라투스트라는 허무주의*의 가장 극단적 형태인 '영원 회귀'를 주장합니다. 제4부에서 '초인'을 가르치기 위해 영원 회귀와 운명애運命愛 사상을 널리 알리려 하지요. 이 세계에는 '신의 창조'에 따른 시작도, '최후의 심판'이라는 끝도 없습니다. 크리스트교에는 신의 나라를 향해 과거에서 미래로 향하는 직선적 세계관이 있습니다. 그러나 신이 죽은 허무주의 세계에서 삶은 어떤 의미나 목표도 없이 창조와 파괴가 끝없이 반복되는 둥근 고리 형태를 띱니다. 헝가리 영화감독 벨라 타르Bela Tarr는 2011년 개봉한 영화 〈토리노의 말The Turin Horse〉을 통해 허무주의 세계관을 독특한 영상미로 표현하기도 했습니다.

"너는 지금 살고 있고 이제껏 살아온 이 삶을 다시 한번, 수없이 반복해서 살아야 할 것이다. 그 삶에는 어떤 새로운 것도 없으며 모든 고통과 쾌락, 사상, 탄식, 네 삶에서 크고 작은 모든 것들이 다시 네게 찾아올 것이다. 모든 것이 같은 차례와 순서로."(《즐거운 지식Die fröbliche Wissenschaft》)

무의미하게 같은 일이 반복되는 영원 회귀의 세계에서는 미

---

* 허무주의는 여기서 처음 등장하는 사상이 아니다. 니체에 따르면, 감성계(현상계)와 영지계(이데아계)를 구분하는 플라톤주의 및 이안과 피안을 구분하는 '민중을 위한 플라톤주의'인 크리스트교는 처음부터 허무주의의 산물이었다. 모두 현실을 부정하는 사상이기 때문이다.

래에 대한 희망이 없고 전부 허무해집니다. 그래서 영원 회귀는 허무주의의 가장 극단적 형태입니다.

하지만 차라투스트라는 의미 없는 세계에서 도망치지 말고, 세계를 있는 그대로 긍정하자고 말합니다. 몇 번이고 반복되는 무의미한 인생을 "이것이 삶이었던가… 그렇다면 다시 한번!" 하고 받아들이는 것이죠. 니체는 그런 태도를 운명애라 부르고, 그렇게 살아가는 사람을 초인이라 명명했습니다. 니체는 초인을 "그 사람은 언젠가 우리 곁에 나타날 것이다. 세상을 구원하고 대지에 의미를 부여하는 사람을 초인이라 부른다."라고 정의했습니다.

신이 없는 시대에 초인은 새로운 가치를 부여하는 존재입니다. 우리는 가까운 미래에 나타날 초인을 기다리며 그 거름이 되어(자기를 몰락시켜) 살아가야 합니다.

고전이 나에게 건네는 말

괴로운 일이 생기면 '이걸 끝없이 반복할 수 있을까?' 하고 스스로에게 질문을 던져보자. 몸서리치게 싫겠지만 그럴수록 힘을 내서 '인생이 이런 거였구나, 좋아 다시 한번!' 하고 긍정적으로 생각하는 습관을 길러보면 어떨까?

《실용주의》

윌리엄 제임스 지음(1907년)

책의 난이도
★☆☆☆☆

이 책의 배경

철학은 인간이 있든 없든 변하지 않는 '절대적 진실'을 좇았다. 하지만 윌리엄 제임스는 그런 생각을 180도 전환해, '결과의 유용성'이라는 관점에서 진리를 탐구했다. 그런 철학이 바로 미국의 실용주의이다. 그런데 정말 결과만 좋으면 다 괜찮을까?

윌리엄 제임스(1842~1910)

미국 하버드 대학교 의학부를 졸업하고 같은 대학교 생리학 강사, 심리학 조교수로 일했다. 미국에서 처음으로 실험 심리학 연구실을 창설했으며, 다원론적 경험론자이다. 저서로는 《근본적 경험론에 관한 시론 *Essays in Radical Empiricism*》 등이 있으며, 종교에 관한 저서로는 《종교적 경험의 다양성 *Relegious Experience*》이 있다.

결과에 따라 의미를 결정하는 철학

윌리엄 제임스William James는 《실용주의pragmatism》에서 기존의 철학과 방향성이 180도 다른 독특한 주장을 펼칩니다. 근대까지의 철학은 어딘가에 이미 진리가 존재하고, 인간이 그것을 올바르게 파악한다는 공식이 주류였습니다. 그런데 제임스는 인간이 '기질'에 따라 사상을 선택한다고 주장했습니다. 《실용주의》에서는 인간의 특성을 마음이 무른 기질인 '연심파'●와 딱딱한 기질인 '경심파'ᐧᐧ로 구분하여 설명합니다.

'세계는 하나일까, 여럿일까? 숙명적일까, 자유로울까? 물질적일까, 정신적일까?' 등등 대립하는 사상이 많지만, 그러한 논쟁을 뿌리째 해결하는 것이 바로 실용주의 철학입니다.

제임스는 '결과에 따라 관념 또는 이론의 의미를 결정하는' 방식을 활용했습니다. 핵심은 관념이나 이론의 본질이 아닙니다. 오히려 '결과'가 본질이죠. 이에 따르면 대립하는 견해도 결국엔 모두 똑같아집니다. 책에 등장하는 예처럼 "효모로 인해 빵이 부풀 때 요정이 부풀린다, 아니 마귀가 부풀린다.' 하며 논쟁하는 것"과 비슷한 수준이죠. 제임스는 과거의 철학 문제도 이처럼 가공된 내용이라 했습니다.

● 합리론적, 주지주의적, 관념론적, 낙관론적, 종교적, 자유의지론적, 일원론적, 독단적

ᐧᐧ 경험론적, 감각론적, 유물론적, 비관론적, 비종교적, 숙명론적, 다원론적, 회의적

각자의 신념은 실재성을 띤다.

할 수 있다!

할 수 있다!

할 수 있다!

못 해

못 해

신념을 가지고 행동하느냐, 신념 없이 행동하느냐에 따라
결과는 천지 차이다. 그러니 긍정적으로 살자!

따라서 참다운 관념, 참다운 이론은 우리가 자기 것으로 받아들이고 유효함을 인정하며, 확인하고 검증할 수 있어야 합니다. 즉, 모든 학설은 언제나 '실제적 효과'라는 관념에서 다시 생각하고 갱신해야 합니다.

옳음은 사람마다 다르다

실용주의는 뭔가를 주장하는 철학이 아니라, 세계의 수수께끼를 푸는 방법적 철학입니다. 원래 미국 철학자 찰스 샌더스 퍼스Charles Sanders Peirce* 가 결과에서 관념을 명석하게 하

는 실용주의를 창시했는데, 제임스가 이를 긍정 철학으로 끌어
올렸습니다.

우리가 무언가의 의미를 결정할 때는 개인의 선호나 만족감
에 따라 판단이 달라지기 때문에, 제임스의 실용주의는 다원론
적이라 할 수 있습니다. 즉, 옳음은 '사람마다 다르다'라는 상대
주의에 바탕을 두고 있습니다. 그것도 각자의 옳음이 꽤 뚜렷한
상대주의입니다.

예를 들어, 어떤 종교를 믿어 결과적으로 효과가 있었다면
그 종교는 진리 입니다. 반대로 효과가 없었다면 그만두면 될
일입니다. 나아가 어떤 사람이 신을 믿는다면, 단순히 믿는 것
(착각)이 아니라 정말로 신이 존재한다는 뜻이 됩니다. 물론 신
을 믿지 않는다면 실제로도 존재하지 않습니다.

"진리가 추앙받는 이유는 그것이 유용한 수단이기 때문이다.

---

* 실용주의의 창시자. '사고의 작용은 의심Doubt이라는 자극에 따라 생기고, 신념Belief이 생길
  때 정지한다.'라고 주장했다. 신념을 굳히는 일이 사고의 유일한 기능이라는 것이다. 제임스
  는 퍼스의 실용주의를 독자적으로 해석해, 심리 작용도 실제적 효과에 포함시켰다. 또한 관념
  이 실제 문제를 해결할 수 있다는 결과를 중시했으며, 진리는 실제로 유익을 가져다주는 유용
  성(현실적 가치)을 지닌다고 생각했다.

⋮ 믿는 사람에게 만족을 주고 인생에 유익한 종교적 신념은 진리이다. 과학과 종교 모두 결국에
  는 신념에 바탕을 두고 있어서 서로 모순되지 않는다. 그러나 진리는 결과에 따라 달라지기
  때문에 둘 다 도중에 변경되는 경우가 있다.

⋮ 제임스는 단순하게 진리와 유용성을 동일시하지 않았다. 문제 해결이라는 경험에서 어떤 역
  할을 수행하는 유용성을 강조했다. 즉, 실험과 검증이 중요하다는 뜻이다. 제임스는 실험과
  검증을 거친 진리는 '가치를 가리키는 명칭'이라 했다

…… 진리는 선의 일종이다."

"만약 신학의 관념이 구체적 생명에게 가치를 지니는 것이 사실로서 자명하다면, 그 관념은 그에 한해 선이다."

이처럼 제임스는 진리이거나 혹은 허위인 것은 사실에 관한 명제이지, 사실 그 자체가 아니라고 했습니다. 우리는 머릿속에 있는 명제만 이해하며, 외부에 존재하는 '그것 자체(실체)'는 알 수 없습니다.

제임스의 철학은 '신념을 강하게 가지면 실현된다.'라는 현대 비즈니스 철학에도 영향을 끼쳤다고 볼 수 있습니다. 제임스도 행동하기 전에 '꼭 잘 될 거야!'라는 신념을 가져야 한다고 말했으니, 한번 실천해 보면 어떨까요?

고전이 나에게 건네는 말

어떤 일의 옳고 그름은 '실제로 효과가 있는가, 없는가'라는 결과로 판단하면 된다. 그 자체가 정말 옳은지를 떠나, 효과가 있으면 진리이다. 그러니 자신 있게 행동하자!

《철학》

카를 야스퍼스 지음(1932년)

책의 난이도
★★★★☆

이 책의 배경

철학에는 인식론, 존재론, 언어론 등 여러 분류가 있는데, 카를
야스퍼스의 《철학》은 그야말로 '살아가는 것'과 밀접하게 연
관된 철학다운 철학이다. 특히 철학과 정신 의학을 하나로 묶
고 있어서, 인간의 고통을 낫게 하는 특효약이다.

카를 야스퍼스(1883~1969)

독일의 철학자이자 정신과학자. 실존주의 철학을 연구했으며,
유신론적 실존주의 사상을 펼쳤다. 저서로는 《정신병리학 총
론*Allgemeine Psychopathologie*》(1913), 《철학》(1932) 등이 있다. 현대
철학과 정신병리학에 큰 영향을 끼쳤다.

한계 상황에 직면하면 진짜 자기를 발견한다

《철학*philosophie*》이라니, 제목이 참 단순하죠? 여기에서 철학은 학문 이름이 아니라, 카를 야스퍼스Karl Jaspers의 '실존철학'*을 뜻합니다. 학문으로서의 철학을 파악하려면 철학사나 철학 개론서를 읽는 편이 좋습니다.

야스퍼스는 과학적 지식이 반드시 옳다고 믿는 태도를 반성해야 한다고 주장했습니다. 과학은 공리와 가설로 이루어져 있기 때문에, 공리에서 한 발 깊이 들어간 근거는 제시하지 못합니다. 이를테면 "이 세계는 왜 존재할까?"라는 물음에는 대답할 수 없다는 뜻입니다. 또한 과학은 자신의 내부에서 완결되는 체계를 이루려 하기 때문에 인생 전체를 설명하지는 못합니다.

그에 반해 철학은 과학보다 한 발 깊이 들어간 부분을 알고자 하는 욕구에서 출발합니다. 그러므로 과학적 지식에 철학적 지식이 성립되도록 할 수 있습니다.

야스퍼스는 실존주의 입장을 취합니다. 여기서 '실존'은 결코 객관이 될 수 없는 나의 전체이며, 키르케고르가 말한 '타인과 맞바꿀 수 없는 나'라는 관점임을 강조했습니다(116쪽 《죽음에

---

* 실존에는 여러 정의가 있으나, 여기서는 그저 존재하는 무언가가 아니라 '지금 살아있는 나'를 뜻한다. 야스퍼스는 객관과 주관으로 구분하는 방식을 비판했다. 우리는 세계를 객관으로 파악하기 때문에 진실을 모른다. 세계는 객관이 아니라 우리 앞에 나타나지 않을 '포괄자'이다. 그 속에 내가 있는 것이다. "실존은 가능적可能的이라서 선택과 결단을 통해 스스로의 존재를 향해 나아가거나, 그 존재에서 무無로 물러난다."

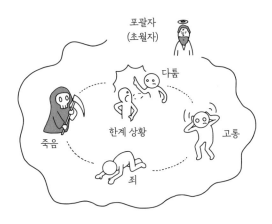

인간에게는 뛰어넘을 수 없는 한계 상황이 있다.
그 한계 상황에 직면함으로써
나의 유한성을 자각하고 무한한 존재를 깨닫는다.

이르는 병》 참고). 또한 실존이 발전되는 단계를 제시했으며, 특히 실존이 나를 일깨우는 요인으로 '실존적 교제'와 '한계 상황'을 꼽았습니다.

실존은 언제나 일정한 역사적 상황:에 놓여 있다는 한계 상황을 자각함으로써 자기를 깨달을 수 있습니다. 한계 상황이란 가까운 사람의 죽음이나 나의 죽음, 고통, 다툼, 죄책 등 인간이 피할 수 없는 상황을 말합니다.

: 야스퍼스는 기원전 500년 전후 수백 년 동안을 기축 시대Axial Age라 했다. 그 기간에 중국과 인도, 서양은 각자 한계 상황에 식면했고, 사람들의 사의식이 높아졌다.

사람과 교제하는 것이 실존이다

야스퍼스에 따르면, 이 한계 상황 속에서 실존은 존재의 전체인 '포괄자'로 초월합니다. 포괄자는 이성에 따라 '현존재, 의식 일반, 정신' 또는 '세계, 초월자'로 구분됩니다. 이성은 제각각 포괄자에 적합한 형태로 세계를 비추는데, 차례차례 단계를 뛰어넘으며 '초월자(신)'를 지향합니다.

신을 안다는 것이 곧 특정 종교로 연결되지는 않습니다. 이성의 한계성을 알면, 인생이 그처럼 말로 설명할 수 없는 영역에 노출된다는 뜻이지요. 그렇기 때문에 역사 속에 신이 출현했다고 볼 수 있습니다.

실존은 이러한 초월자를 어떻게 알아낼까요? 야스퍼스는 초월자의 언어가 암호로 나타난다고 했습니다. 초월자의 언어는 '직접적인 말', '신화나 계시' 또는 '실존 상호 전달', '철학적 전달'이라는 형태로 실존에게 표현됩니다. 이 음성은 암호이므로 구체적으로 어떤 것인지는 설명되어 있지 않습니다.

"형이상학을 통해 우리는 초월자인 포괄자의 음성을 들을 수 있다."

이 주장에 따르면 철학을 탐구하는 것 또한 우리에게 보이지 않고 들리지 않는 무언가와 대화하는 방법입니다. 야스퍼스는 좌절 속에서 천천히 자기를 향상시키면 결국에는 누구나 그 음성을 들을 수 있다고 했습니다.

더불어 야스퍼스는 '실존적 교제'*를 강조했습니다. 우리는 여러 상황에서 다른 사람과 교제함으로써 서로를 이해하고 자기를 확인합니다. 이렇게 상호를 승인하는 과정에서는 자칫 남과 나 사이에 다툼이 일어나기 쉬운데, 야스퍼스는 이를 '사랑하는 투쟁'이라고 표현했습니다. 투쟁 속에 연대가 생길뿐더러 투쟁하면서도 실존 상호 간의 깊은 인연을 깨달을 수 있기 때문입니다.

고전이 나에게 건네는 말

누구나 뛰어넘기 힘들어 보이는 벽을 만날 때가 있다. 하지만 그때가 바로 기회! 나를 지금보다 더 높은 곳으로 데려다줄 메시지일지도 모르니 말이다. 지금 눈앞에 있는 컵이나 내 옆에 앉아 있는 사람에게도 뭔가 의미가 있을 거라 생각해 보면 어떨까?

* 우리는 타자와의 정신적 교제, 즉 실존적 교제를 나누며 비로소 본래 자기를 달성한다. 타자가 타자임을 인식하지 못하면 나는 내가 될 수 없고, 타자가 자유롭지 않으면 나 또한 자유로울 수 없다. 즉, 상호 승인에 따라 우리는 본래의 자기로 되돌아간다. 실존은 '객관일 수 없으며 사유하고 행동하는 근원'이다.

《전체성과 무한》

에마뉘엘 레비나스 지음(1961년)

책의 난이도
★★★★★

이 책의 배경

타자(타인)는 대세 뭘까. 타자라는 존재는 내가 전혀 파악할 수 없다. 나는 내 바깥으로 나갈 수 없고, 타자 또한 내 안으로 들어오지 못한다. 그런데 기존의 전체적 세계관을 뒤집고 현상학을 응용한 놀라운 타자론이 출현했다.

에마뉘엘 레비나스(1906~1995)

프랑스의 철학자. 리투아니아 태생의 유대인으로, 1931년 프랑스로 귀화했다. 독일에서 억류 생활을 했으며, 계모는 행방불명에 아버지와 형제 등 리투아니아에 살던 가족들은 나치에게 몰살당했다. 현상학을 응용해 독자적인 타자관계 윤리학을 주창했다.

타자가 있기 때문에 내가 존재한다

《전체성과 무한*Totalité et infini*》, 이 책의 난해함은 이루 말할 수가 없는데, 주제가 '타자'와 '얼굴'이기 때문입니다. "얼굴?" 하고 의문을 갖는 단계에서 좌절하는 경우가 태반이지요. 이 책의 핵심을 말해보자면 '나는 타자에 관해 절대 알 수 없다.', '나는 타자에 의해 형성된다.', '타자에게 한없이 봉사하라.'입니다.

우리는 보통 '타인에 관해 모르는 건 당연하지. 그래도 어쨌든 마음은 전해지잖아.'라고 생각하지만, 현상학* 측면에서 보면 '타자†는 절대적이고 초월적인' 존재입니다.

유대인 철학자 에마뉘엘 레비나스Emmanuel Levinas는 나치에게 가족이 거의 몰살당하고 자신은 강제 수용소에 감금되었다가 홀로 살아남는 경험을 했습니다. 그래서 타자와 살인에 관한 생각이 말로 다하기 힘들 정도로 깊습니다.

---

* 레비나스는 에드문트 후설과 마르틴 하이데거에게 가르침을 받고 현상학을 연구했다. 현상학은 104쪽 《현상학의 이념》 참고.

† 철학 용어로 '타자'는 타인을 뜻하긴 하지만, 타인이라고 하면 범위가 너무 넓어져서 이와 같이 표현한다. 우리는 보통 '나와 타자'라고 하면, 두 인형이 마주보고 있는 구도를 떠올린다. 하지만 그건 높은 곳에서 내려다보는 시점이다(신의 시점). 실제로 내가 타자를 보는 시점은 스크린처럼 장면이 눈앞에 펼쳐져 있을 뿐, 나는 보이지 않는다. 현상학의 관점에서 운전할 때를 예로 들자면 핸들과 내 손, 앞 유리에 펼쳐진 풍경 등이 보이는 것이다. 마치 쌍안경으로 들여다보고 있는 것과 같다. 즉, 현상학의 관점에서 타자는 나와 완전히 동떨어진 초월적 존재이다. 전혀 소통이 안 되고, 아무것도 공유하지 못한다. 왜냐하면 나는 타자로 옮겨갈 수 없기 때문이다, 옮겨간다면 더 이상 타자가 아니라 내가 된다.

타자와 대면하지 않을 때, 인간은 타자를 죽인다.

나도 끼워줘. 야옹~

죽이지 말지어다…

난 안 돼?
멍멍!

나에게 절대 동화될 수 없는 타자를 이해하기는 어렵다.
이해란 나의 내면으로 끌어들이는 것이므로 이미 '폭력'이다.

강제 수용소에서 풀려난 레비나스에게는 아무것도 남아 있
지 않았습니다. 그런데도 세상은 '존재'했죠. 나에게 아무것도
아닌 세계가 존재한다니, 애초에 존재 자체가 무의미하고 두려
운 것이란 뜻 아닐까요? 그래서 레비나스는 크리스트교적인 전
체성으로 세상을 설명하는 방법을 비판했습니다. 전체성 속에
단순히 인간이 '있을' 뿐인 게 아니라고 생각했습니다.
　이 책에서 특히 어려운 키워드는 '존재(일리야^{llya})'입니다. 일
리야는 나도 타인도 아닌 상태로(익명성) '그저 존재한다.'라는
뜻입니다. 어둠 같은 존재가 먼저 있고, 그 안에서 내가 솟아나
오는 느낌이죠.

그래서 사람은 '내가 존재하고 있구나.'가 아니라 '내가 존재하고 말았구나.', '내가 왜 존재하지?' 같은 공포를 느낍니다.

타자의 얼굴이 내게 말하는 것

일리야에서 출현한 나는 '절대적으로 고독'합니다. 그렇게 고독한 내가 타자를 만납니다. 타자는 나와 절대 섞이지 않는 존재이기 때문에 타자의 의식 속에 들어갈 순 없습니다.

예를 들어 친구가 "이 라면 맛있네." 또는 "배가 너무 아파."라고 말해도, 그 친구의 내면적 경험을 직접 이해할 수 없고 그저 나의 내부에 그 현상이 펼쳐질 뿐입니다. 마치 나만의 극장처럼 말입니다. 즉, 타자는 나에게 절대 이해 불가능한(초월적) 존재입니다.

여기서 등장하는 용어가 바로 '얼굴'입니다. 타자와 직면한다는 것은 얼굴을 직면한다는 뜻입니다. 무척 난해한 대목이긴 한데, 쉽게 생각하면 타자와 직면했을 때 갑자기 손이나 발, 배를 먼저 보지 않는 것과 같은 맥락입니다. 우리는 우선 얼굴과 직면하고, 그 배후에 있는 초월적 타자의 존재를 느낍니다. 타자는 세계를 뛰어넘은 곳에 있는 초월적 존재이므로 세계 속에는 없지만, 우리는 얼굴을 통해 타자를 알 수 있습니다.

얼굴은 타자가 나타난 것이기 때문에 무언가를 호수하며, 그러한 타자가 나를 형성합니다. 얼굴과 대면하면 타자를 알 수 있습니다. 레비나스는 "얼굴이란 나에게 무한한 책임을 부여하는 타자."라고 말했습니다.

또한 '타자의 존재가 곧 윤리'입니다. 타자는 내 뜻대로 되지 않는 존재인데, 그런 마음을 억누르지 못하면 살인*으로 발전합니다. 죽이면 타자는 더 이상 남이 아니게 되죠. 이것이 살인입니다. 얼굴은 '죽이지 말지어다.'라는 메시지를 표현하고 있습니다. 따라서 타자의 무한성無限性에 책임을 다해서 응답하는 것이 윤리입니다. 타자가 있어 내가 있다면, 얼굴을 대면할 때마다 상대방에게 뭔가를 계속 줄 수밖에 없습니다.

고전이 나에게 건네는 말

나는 존재하지만, 어둠 속에 내던져진 것과 같다. 거기에 타자가 얼굴로 나타나면서 빛을 비춘다. 타자가 있어서 나도 있다. 그러니 타자에게 끝없이 봉사하자.

* 타자는 타자이기에, 그의 자존을 부정하는 것은 폭력이다. 타자를 소유하려는 것 또한 폭력이다. 나는 윤리를 따르기 위해 타자를 이해하려 하지만, 레비나스는 '이해하려는 것 자체가 폭력'이라 했다. 타자는 절대 나에게 동화되지 않고, 그것은 타자가 타자이길 그만둠으로써 해소된다. 타자를 부정하는 것이 곧 살인이다. 따라서 '말함'을 통해 얼굴과 대면함으로써 살인을 피할 수 있다.

《존재와 시간》

마르틴 하이데거 지음(1927년)

책의 난이도
★★★★★

이 책의 배경

니체가 "신은 죽었다."라고 선언한 다음, 기댈 곳을 잃은 인류에게 남겨진 최후의 보루는 '존재(있음)'였다. 신이라는 최고 가치관이 사라졌어도, 무언가가 존재한다는 것만은 틀림없으니 말이다. 그러므로 존재를 파고들면 인생의 비밀이 풀릴지도 모른다.

마르틴 하이데거(1889~1976)

독일 남서부의 추운 도시 메스키르히에서 태어났으며, 1909년 프라이부르크 대학교에 입학했다. 38세에 《존재와 시간》을 발표하며 학계의 찬사를 받았다. 프라이부르크 대학교 총장으로 취임하면서 한때 나치에 입당하기도 했다. 전후에 교단에서 추방되었으며, 말년에는 산장에서 집필 활동에 몰두했다.

세계가 '있다'니, 놀라워라!

마르틴 하이데거Martin Heidegger의 대표 저서인《존재와 시간Sein und Zeit》은 '있다'라는 것이 무엇인지 현상학적 분석을 통해 규명한 철학서입니다. "컵이 있다." 혹은 "펜이 있다."라고 할 때, '있다'가 무슨 뜻인지 설명해 보라고 하면 누구나 막막할 겁니다. 이는 말 그대로 '있다'는 뜻이니까요. 그러나 하이데거는 이 '있다'에 관해 빈틈없이 설명했습니다. 그것도 제1부 제2편 만으로요(나머지는 미완).

하이데거는 존재자*와 존재를 구별했습니다. 이를 존재론적 차이:라고 합니다. 컵을 예로 들자면, '컵(존재자)'과 '컵이 존재하는 것(존재)'은 다릅니다. 컵과 노트, 연필 등은 존재자입니다. 이들은 손으로 집을 수도 있는데, 공통점은 '존재한다는 것'입니다. 존재 그 자체는 눈에 보이지 않습니다. 그래서 존재자(컵이나 노트 등) 속에서 존재 그 자체를 찾아 헤매봐야 아무 소용 없습니다.

그렇다면 존재자를 존재하게 하는 작용의 기저에는 무엇이 있을까요? 하이데거는 그것을 '현존재(존재를 문제 삼는 존재자,

---

* 존재를 탐구하는 철학이며, 시작은 고대 그리스 철학자 아리스토텔레스가 말한 존재론으로 거슬러 올라간다. 존재 그 자체를 사색한다. (24쪽 《형이상학》 참고)

‡ 존재자와 존재는 별개라는 뜻이다. 존재자는 인간뿐 아니라 존재하는 모든 것을 말한다. 존재는 모든 존재자의 토대가 된다. 존재자는 보거나 만질 수 있지만, 존재는 어디에도 없다. 그러나 존재는 존재하고 있다.

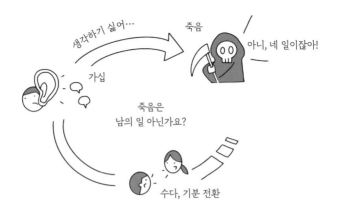

생각하기 싫어…

죽음

아니, 네 일이잖아!

가십

죽음은
남의 일 아닌가요?

수다, 기분 전환

존재는 시간으로 설명할 수 있다.
시간의 끝에는 오로지 나 혼자 받아들여야 하는 죽음이 있다.
시작과 끝은 한 묶음이다.

즉 인간)'라고 했습니다. 인간이 망상으로 외부 세계를 만들어내고 있다는 뜻이 아니라, 모든 존재자를 존재하게 하는 '존재 그 자체'에 관해 고찰한 것입니다.

하이데거는 '있구나!' 하고 생생하게 느끼는 존재가 인간(현존재)이기 때문에, 그런 인간을 분석하면 존재에 얽힌 수수께끼가 풀릴지도 모른다고 생각했습니다. 인간은 자기 존재와 더불어 인간이 아닌 존재자의 존재를 이해하는 유일한 존재자이기 때문입니다.

'있음'은 시간에 따라 서서히 알게 된다

그렇다면 현존재는 어떻게 존재할까요? 우선 우리는 존재해야겠다고 마음먹은 것도 아닌데, 자신의 의지와 상관없이 이 세상에 내던져져 있었습니다(피투성被投性). 이는 마치 돌이 상자 안에 들어 있듯, 내가 세상 안에 들어 있다는 뜻이 아닙니다. 현존재를 둘러싼 세계는, 자신의 '마음씀Sorge'에서 출발한 현존재와 떼려야 뗄 수 없습니다. 세계 전체가 한 묶음이어서 인간만 쏙 끄집어낼 수 없다는 뜻입니다. 이처럼 자신이 늘 일정한 세계 안에 있다는 것을 기정사실로 받아들일 수밖에 없는 인간을 '세계-내-존재'*라 합니다.

그런데 우리 일상을 둘러싸고 있는 환경 세계에 가장 먼저 나타나는 요소는 도구입니다. 도구는 '○○을 하기 위한' 것으로, 어떤 것이 또 다른 어떤 것을 지시하며 하나의 연관을 짓습니다(도구 연관). 이러한 도구 연관이 성립되는 이유는 현존재가 자신의 가능성에 마음을 쓰고 있기 때문입니다(마음씀).

'내일은 비가 올 것 같다. 우산을 챙기자. 왜 우산을 챙겨야 할까. 젖지 않기 위해서. 그리고 내일도 이 우산을 쓰며 존재할 수 있기를.'

---

* 주관과 객관이라는 이원론적 관점에서 벗어나, 이미 세계 속에 기정사실로서 존재하고 있다는 관점을 말한다.

즉, 내일도 무사하고 싶다고 내 존재 가능성에 마음을 쓰고 있기 때문에 도구가 의미 있는 것입니다(유의의성有意義性).

이러한 마음씀은 타인을 고려하는 태도로 이어집니다. 타인을 고려하면 내가 사라지고 타인이 기준이 되죠. 호기심이 이끄는 대로 가십거리를 좇으며, 그걸 가지고 친구와 수다를 떨기도 합니다. 그럴 때 인간은 나로서가 아니라, 세상의 기준에 맞춰 사는 것입니다(세인世人, das Man ⋮).

하이데거는 인간이 그러는 이유를 '죽음'⋮을 회피하고 싶어서라고 설명했습니다. 인생의 끝이 죽음이므로, 존재는 시간으로 설명할 수 있다고 보았죠. '인간은 결국 죽는구나.' 하고 남의 일처럼 방관하지 않고, 인간이 '죽음을 향한 존재'임을 직시하고 내 죽음을 받아들이는 것을 '선구적 결의성'이라 합니다. 그래서 존재의 의미는 '시간성'에 있습니다.

⋮ 자기를 상실한 '일상적 현존재'라는 뜻으로, 인간이 가십거리와 호기심에 휘둘리는 이유다.

⋮ 선구적 결의성은 현존재의 가장 고유한 존재 가능성(죽음)을 받아들이는 것을 말한다. 그러한 일이 가능한 이유는 현존재가 장래의 가능성을 알고, 그것에 도달할 수 있기 때문이다. 이 현상을 '도래到來'라 한다. 장래의 가능성은 말 그대로 장래의 가능성이자, 인간이 태어날 때부터 가지고 있는 가능성이다. 따라서 죽음 또한 이미 '있었던' 것이디(기제旣在).

주관과 객관이라는 낡은 공식을 버리고 거기에 펼쳐진 세계를 있는 그대로 받아들이면, '있다'는 것의 신비함이 시간 속에서 생생하게 느껴진다. '있다'는 것에 초점을 맞춰 살아가자.

《존재와 무》

장 폴 사르트르 지음(1943년)

책의 난이도
★★★★☆

이 책의 배경

독일에 점령당한 파리의 카페에서 이 책을 완성한 사르트르는 '의식' 문제를 인간의 '존재' 문제로 파악했다. 제2차 세계대전으로 모든 것이 무너져버린 분위기 속에서 새로운 관점을 제시하며, 인간은 무無라서 '미래를 선택할 수 있다'라고 주장했다.

장 폴 사르트르(1905~1980)

프랑스의 철학자. 무신론적 실존주의를 대표하는 사상가이자 작가이다. 프랑스에서 처음으로 현상학을 방법으로 삼는 철학을 확립했다. 《존재와 무》를 비롯한 철학서 외에도, 소설 《구토 *La Nause'e*》를 집필하기도 했다. 1960년 《변증법적 이성 비판 I *Critique de la raison dialectique*》을 통해 실존주의와 마르크스주의를 통합하려 했다.

의식이 '무'라고?

장 폴 사르트르Jean Paul Sartre의 《존재와 무L'être et le néant》라는 책 제목은 '사물과 의식'을 뜻합니다. 돌멩이 같은 사물은 아무 의식 없이 그 자체로 놓여 있는 존재, 곧 즉자卽自 존재입니다. 그에 반해 인간은 대자對自 존재입니다. 인간은 '의식'과 함께 있는 존재이자, 자신을 대상으로 삼는 존재입니다. 스스로 자신을 들여다보기도 하니까요.

그렇다면 인간은 돌멩이처럼 편하게 존재할 수 없습니다. 인간은 보는 주체이자 보이는 객체로서 끊임없이 의식에 '틈새'를 만들기 때문이죠. 의식인 인간은 세계 속의 틈새, 세계 속의 무無입니다. "무언가를 의식한다는 것은 그것을 내가 아닌 것으로, 동시에 나를 그것이 아닌 것으로 의식하는 것"이기 때문입니다.

이처럼 '이것은 이것이 아니다.'가 계속되기 때문에, 존재는 무無를 만듭니다. 이를 무화無化*라고 합니다.

인간이 자기 안에 틈새*를 품고 있는 존재라면, '항상 과거의 나에게서 벗어나 새로운 내가 되어가는 존재'라 정의할 수 있습

* 인간은 세계와 관계를 맺을 뿐, 인간이 곧 세계는 아니다. 인간이 세계와 관계를 맺는다는 것은 내가(의식이) 사물이 아니란 뜻이고, 거기에서 무의 균열이 생긴다.

‡ 사물(즉자 존재)은 그 자체로 있는 존재이다. '그것이자, 그것이 아닌 것이 아니다'라고 표현한다. 반면 인간(대자 존재)은 '그것이 아닌바 그것이며, 그것인바 그것이 아니다'라고 표현한다. 이는 인간이 '과거의 나'에 틈새를 만들고 새로운 내가 되어가는 존재임을 뜻한다.

실존은 본질에 앞선다.
자유라는 형벌에 처해 있다.

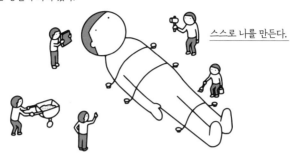

스스로 나를 만든다.

인간은 세계에 내던져진 다음, 무엇인가가 되어간다.
자유롭게 나를 만들어나가기 때문에 뭐든 될 수 있지만, 그만큼 불안도 크다.

니다. 인간은 과거와 현재를 초월해 미래를 향해 자기를 내던집니다(투기投企). 과거의 나에게서 벗어나 새로운 내가 되어가는 존재이기 때문에, 세계와 어떻게 관계를 맺을지 스스로 선택하고 자신을 만들어갑니다. 사르트르는 이를 탈자적脫自的 존재라고 설명했는데, 인간은 과거와 현재의 자기를 부정하고 미래를 향해 자기를 내던지는 존재라는 뜻입니다.

그는 이것을 '자유'라 했습니다. 사물에는 자유가 없지만, 인간에게는 스스로를 만들어나가는 자유가 있습니다. 다만 그

사르트르에 따르면 인간에게 '자유롭지 않을 자유'는 없다. 대자 존재는 자유로운 한, 스스로 선택에 따라 자신을 만들어간다. 즉, 자기에게 책임이 있다. 대자 존재는 세계에 내던져졌다는 우연적 사실을 힘껏 받아들이고 투기함으로써 세계에 의미를 부여한다.

자유를 포기할 수는 없습니다. 사르트르는 또 다른 저서《실존주의는 휴머니즘이다 *L'Existentialisme est un humanisme*》에서 "인간은 자유라는 형벌에 처해 있다."라고 표현했습니다.

타인이 지옥인 이유

인간이 자유롭다는 것은 내가 동일하게 유지되지 않는다는 뜻입니다. 대자 존재는 늘 변해가므로 혼자 전부 짊어져야 하고, 스스로 미래를 선택하기 때문에 '불안'을 느낍니다.

그런 까닭에 인간은 일상 속에서 '자유와 불안'을 회피하려고 합니다. 이를 자기기만이라고 하는데, 이것에 빠진 인간은 돌멩이와 같은 즉자 존재가 되고 싶다고 생각합니다. 이 세계에서 사라지고 싶다는 것이나 마찬가지죠.

사르트르는 인간이 규칙을 따르는 이유가 불안을 감추기 위해서라고 했습니다. 사실 규칙은 인간 스스로 의미를 부여했기에 규약으로서 힘을 갖습니다. 그런데 내가 규칙을 성립시키고 있다는 사실을 자각하면 불안이 생깁니다. 내가 전부 책임져야 할 것만 같은 기분이 들기 때문이죠. 그래서 인간은 규칙이 외부 세계에 실재하고, 내가 거기에 구속되어 있다고 믿음으로써 안심합니다(윤리적 불안).

사르트르는 철학의 주요 주제인 타자 문제에 관해서도 의견을 제시했습니다. 타자가 나에게 '시선'°을 보낼 때, 나는 시선을 보낸 타자를 대자 존재로 인지합니다. 타자도 자유로운 의식을 가진 존재임을 깨닫는 것이죠.

"타인은 지옥이다."(《닫힌 방*Huis Clos*》)

타자의 시선에 노출되면 나도 모르게 몸이 경직됩니다. 자유를 잃고 사물인 즉자 존재가 되죠. 타자가 나를 대상으로 삼으면서 사물이 되어버리기 때문입니다(대타 존재). 그래서 '나도 의식이 있어!' 하고 시선을 되돌려 줘야 합니다.

이처럼 인간관계는 서로 끊임없이 시선을 주고받는, 자유로운 주체 간의 상극적相剋的 관계입니다. 사르트르는 또 다른 저서인 《실존주의는 휴머니즘이다》, 《변증법적 이성 비판 I》에서 이러한 관계에 대한 실천법을 제시했습니다.

고전이 나에게 건네는 말

인간은 늘 새로운 자기로 향하는 존재다. 스스로 자신을 만들어가기 때문에 무이자, 자유이다. 그러니 부자유할 수 없다는 숙명을 짊어지고 앞으로 나아가야 한다.

• 대자 존재의 자유가 다른 자유를 향할 때, 반드시 타자를 객체로 만들고 만다. 그래서 대타對他 관계는 상극석이다.

인생·고뇌편

《팡세》

블레즈 파스칼 지음(1670년)

책의 난이도
★☆☆☆☆

이 책의 배경

파스칼은 물리학자이자 수학자로 '파스칼의 정리'를 발견했다. 더불어 신학자이자 철학자로서 문과 영역까지 탐구했는데, 이에 대한 자신의 생각을 메모한 것이 《팡세》이다. 이 책은 "클레오파트라의 코가 조금만 낮았더라도 세계의 역사는 달라졌을 것이다."라는 명언으로 유명하기도 하다.

블레즈 파스칼(1623~1662)

프랑스의 수학자이자 물리학자, 철학자. 어린 시절부터 여러 분야에서 천재적인 자질을 드러냈다. 특히 유소년기에는 수학과 자연과학에 재능을 발휘해 16세에 《원뿔곡선 시론 *Essai pour les coniques*》을 발표했다. 또한 최초로 계산기를 고안하고 제작했으며 확률론 창시 등 과학과 수학 분야에 많은 업적을 남겼다.

CC BY-SA Janmad

《팡세》는 크리스트교 책이었다

블레즈 파스칼Blaise Pascal의 《팡세*Pensées*》*는 '사상' 또는 '남겨진 문장'이라는 뜻입니다. 약 350년 전에 프랑스의 과학자이자 수학자 그리고 철학자이자 종교사상가였던 파스칼은 '크리스트교 변증법'이란 책을 쓰기 위해 떠오르는 생각들을 틈틈이 적어두었습니다. 그 메모들을 엮은 책이 《팡세》라서, 장르를 한 단어로 규정하기에는 어려운 측면이 있습니다.

보통은 인생론이나 모럴리스트Moralist 문학으로 분류하는데, 크리스트교를 향한 깊은 믿음이 담겨 있습니다. 그래서 도입부는 읽기 쉽지만, 후반부로 갈수록 크리스트교 사상이 중심이 되면서 난해하게 느껴지기도 합니다. 하지만 토막글이기 때문에 책장을 술술 넘기면서 마음에 드는 부분만 골라 읽어도 가슴에 파고드는 문장을 발견할 수 있습니다.

《팡세》의 기본 내용은 인간의 불안정한 상태에 관한 것입니다. 인간은 두 가지 무한의 한가운데 놓여 있는데, 여기서 두 가지 무한은 거시적Macro 세계와 미시적Micro 세계라 할 수 있습니다. 파스칼에 따르면 인간은 거대한 자연의 '외딴 구석에서 헤매는' 무無나 다름없는 존재입니다. 그러나 진드기 한 마리와 비

---

* 파스칼 사후에 남겨진 서류 속에서 초고가 발견되어 《종교 및 기타 주제에 관한 파스칼의 사상》이란 제목으로 출간되었다. 일정한 사상과 체계를 서술한 책이 아니어서 다양한 측면에서 읽을 수 있다.

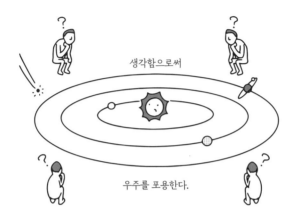

"인간은 생각하는 갈대다."
우주는 인간을 갈대처럼 쉽게 꺾을 수 있다.

생각함으로써

우주를 포용한다.

그래도 인간은 그것을 알고 있다. 우주는 모른다.

교하면 인간의 신체는 '거대한 것'이자 '한 세계의 전체'입니다.

따라서 인간은 무한에 관해서는 '무'이며, 무에 관해서는 '전체'입니다. 파스칼은 이를 두고 "인간은 무와 전체의 중간자˙" 라 했습니다. 무한과 무라는 두 심연에 의존하는 불안정한 존재란 뜻으로 이해하면 됩니다.

---

* 인간은 위대함과 비참함, 무한과 허무 사이에 놓여 있으며, 그 중간을 뒤흔드는 존재이다. 나의 비참함을 모르면 거만해지고 신을 깨닫지 못한다.

인생의 여러 고민을 해결하는 처방전

인간은 '생각하는 갈대'[1]이자, 자신이 작고 비참하다는 사실을 알고 있다는 점에서 위대합니다. 파스칼은 인간이 비참함과 동시에 위대하다는 것을 "우주의 광영이요, 우주의 쓰레기"라고 표현하기도 했습니다.

"약한 인간을 죽이는 데 전 우주가 무장할 필요는 없다. 한 줄기 증기, 한 방울 물만으로도 그를 죽이기에 충분하다. 그러나 인간은 자기를 죽이는 자보다 고귀하다."

또한 《팡세》에는 파스칼이 관찰한 인간상[2]이 흥미롭게 묘사되어 있습니다. "우리는 너무 자만해서 전 세계에 알려지고 싶어 한다. …… 그러면서 자신을 둘러싼 대여섯 사람에게 칭찬을 받으면 기뻐하고 만족한다." 등의 냉정한 평가를 내리기도 합니다.

"사람은 이지理智를 많이 가질수록 세상에 특이한 사람이 많다는 사실을 알게 된다."

"그들이 거짓말을 하고 있지 않다고 규정할 순 없다. …… 이 세상에는 그저 거짓말을 하기 위해서 거짓말을 하는 사람도 있으니 말이다."

---

[1] 인간은 자신이 무한한 우주 속에서 고독하고 무력하며 비참한 존재임을 알기 때문에 위대하다. 생각함으로써 무한한 우주를 포용하는 것이다.

[2] 파스칼은 인간의 거만함이나 호기심에 관해 여러 차례 날카롭게 지적했다. "호기심은 허영에 지나지 않는다. 내개 사람은 말하기 위해서 알고자 할뿐이다."

또한 "사람이 언짢아지는 것은 후에 알게 되는 이유 때문이 아니라, 언짢아지기 때문에 그 이유를 발견하는 것 같다."처럼 생각을 깨우쳐주는 토막글이 많다는 점도 《팡세》의 큰 매력입니다.

원래 인간은 한가하면 고민이 많아지고 '방 안에 가만히 틀어박혀 있지 못하는 존재'입니다. '자신이 우위를 점하길 바라는 허영덩어리'지만, 한편으로는 '자신의 비참함에 고민하는 존재'이기도 합니다.

그래서 인간은 '기분 전환'을 해야 합니다. 그런데 파스칼은 기분 전환이 "자기를 생각하는 일에서 회피하는 것이기 때문에, 인간이 지닌 최대의 비참함"이라고 주장했습니다.

"일도, 기분 전환도, 열의도 없이 완전한 휴식 속에 있는 것만큼 인간이 참기 어려운 일은 없다.", "자택에서 유쾌히 지낼 수 있다면 아무도 담화나 내기 따위의 오락을 찾지 않을 것이다." 등의 문장을 보면 인간은 예나 지금이나 참 변함이 없구나 하고 고개를 끄덕이게 됩니다.

고전이 나에게 건네는 말

인간은 무한대와 무한소 사이에서 흔들리는 중간자이며, 늘 자신의 입장을 고민한다. 고민이 있을 때는 기분 전환으로 얼버무리지 말고 스스로를 들여다보자.

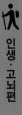

《행복론》

알랭 지음(1925년)

이 책의 배경

알랭은 자타공인 긍정적 사고의 원조다. 행복해지기 위한 마음가짐과 기분을 전환하는 방법이 가득 담긴 《행복론》을 읽으면 누구나 행복해질 수 있다. 물론 약간의 수행이 필요하긴 하지만.

알랭(1868~1951)

프랑스의 철학자이자 평론가. 노르망디 지방 출신으로, 후기중등학교(리세)에서 철학을 가르쳤다. 알랭은 철학 칼럼을 쓸 때 사용한 필명이며, 사망할 때까지 집필 활동에 몰두했다. '현대의 소크라테스'라 불리기도 한다.

어떻게 하면 행복해질까?

행복에 관해 쓴 수많은 책 중에서 흔히 '세계 3대 행복론'이라 불리는 책이 있습니다. 바로 스위스의 법학자 카를 힐티Carl Hilty의 《행복론Glück》(1891년), 알랭Alain의 《행복론Propos sur le bonheur》(1925년) 그리고 버트런드 러셀Bertrand Russell *의 《행복의 정복The Conquest of Happiness》(1930년)이죠. 이번 장에서는 알랭의 《행복론》을 살펴보겠습니다.

본명이 에밀 아우구스트 샤르티에Emile Auguste Chartier인 알랭은 프랑스 파리에서 학생들을 가르치며 프로포Propos라 불리는 짧은 철학 칼럼을 썼습니다. 《행복론》은 그 프로포들을 모은 책인데, 전체 내용을 간단히 요약하면 '행복해지려 애써야 행복해진다. 그리고 행복은 몸과 마음을 어떻게 쓰느냐에 달려 있다.'입니다.

알랭에 따르면 '기분은 늘 나쁜 것'입니다. 특별히 불행한 일에 맞닥뜨리지도 않았는데 불행하다고 느끼는 사람이 있죠? 그건 원래 인간이 자연에 내맡겨 두면 불행해지고 마는 존재이기 때문입니다. 그래서 행복해지려면 '행복해져야지!'라는 의지를 가지고 스스로를 제어해야 합니다. 행복해지려면 꽤나 노력해

---

* 영국의 철학자이자 논리학자, 수학자. 《행복의 정복》에서 자신의 내면이 아니라 바깥으로 관심을 돌려야 행복해진다고 주장했다. 너무 나에게만 골몰하면 불행해진다. 열중할 수 있는 공부나 일, 취미 등에 의식을 쏟으면 행복해질 수 있다.

왜 행복해지지 않을까?

기분 좋다!

일단 말해보자

인간은 행복해지려 노력하지
않으면 행복해지지 않는다.

인간은 그냥 내버려 두면 불행해지는 존재다.
행복해지려 애써야 비로소 행복해진다.

야 한다는 뜻이지요.

알랭의 《행복론》에는 감정이나 정념에 휘둘리지 않는 방법
이 풍부하게 담겨 있습니다. 책에 담긴 내용을 그대로 실천하기
만 해도 확실히 효과가 있습니다.

"맑은 날씨도 폭풍도 내가 만들어낸다."

그의 말에 따르면 마음에 폭풍이 인다면, 내가 날씨를 그렇
게 만들었기 때문입니다. 또한 불평하지 않는 것(책에는 "내 불행
을 남에게 절대 이야기하지 않는 것"이라고 적혀 있습니다)도 행복해
지는 방법 중 하나라고 합니다. 이건 아무래도 완벽하게 실천하
기 어렵겠죠?

곧바로 '기분이 좋아지는 방법'을 활용하자

알랭은 또한 불쾌감은 정신이 아니라 신체 변화*에서 올 때가 많다고 강조했습니다. 같은 맥락에서 육체를 지배하고 단련함으로써 마음을 통제하는 것이 중요하다고 했죠. 그런 면에서는 요즘 웨이트 트레이닝이 유행하는 것도 근거가 있다는 생각이 듭니다.

알랭은 "누군가가 조바심을 내거나 짜증을 부린다면 너무 오래 서 있었기 때문이니 의자를 내어주라."라고 말했습니다. 또 다른 프로포에는 "싫증나는 사람을 만나면 먼저 웃어라."라는 글귀가 있습니다. 인정과 친절, 쾌활함을 비롯해 미소를 짓고 예의를 지키는 태도도 중요하니까요. 또한 우리는 '나 자신과 싸우지 않도록' 해야 합니다. 스스로 결단을 내리고 행동한 일에 관해 이리저리 고심하는 것은 나 자신과 싸우고 있다는 뜻입니다. 혼자서 씨름하는 꼴이니 확실히 쓸모없는 노력이긴 하지요.

나아가 알랭은 생활 속에서 지켜야 할 첫 번째 의무로 '유쾌함'을 꼽았습니다. 흔히 말하는 긍정적 사고의 원조라고 할 수 있습니다. 어떤 일이 일어났을 때 나쁜 면만 보지 않고 좋은 면에 초점을 맞추는 사고방식입니다.

---

* 우리가 행복하거나 불행해지는 이유는 신체에 있는 경우가 많다. 따라서 건강을 잘 살피고 평정심을 유지하려고 노력하면 우울은 대부분 사라진다.

'친절한 말을 하고 고마움을 전하며, 냉담한 바보에게도 친절을 베풀면' 유쾌함의 물결이 내 주변으로 퍼져나갑니다. 비가 와서 눅눅하면 누구나 불쾌하죠. 그럴 때 "또 비야? 싫은데…." 라고 하지 말고, "촉촉하니 딱 좋네!"라고 말하면 분명 기분이 달라집니다.

최근에는 자기계발을 할 때 자기선언Affirmations을 강조합니다. 그런데 사람은 입 밖으로 꺼내든 꺼내지 않든, 늘 자신과 이야기하고 있습니다. 그러니 내가 하는 말을 항상 의식하고, 긍정적인 말을 하고 있는지 확인해야 합니다. 그럼 지금부터 '행복해지기 위한 노력'❖을 해볼까요?

고전이 나에게 건네는 말

> 아무 노력도 하지 않고 행복해지고 싶다며 푸념해 봐야 절대 행복해지지 않는다. 오늘부터 행복해지자고 마음먹고, 일상 속에서 행복해지는 방법을 열심히 실천해 보자.

❖ 알랭에 따르면 인간은 주어진 쾌락을 따분하게 여기며 직접 얻은 쾌락을 훨씬 좋아한다. 무엇보다 행동하고 정복하는 일을 좋아한다. 싫은 것을 억지로가 아니라 기꺼이 하는 태도가 유쾌함의 기초이다. 그는 "삶이 고통스럽더라도 너무 평탄한 길은 걷지 않는 편이 낫다."라고 말했다.

정치 · 사회편

제 4 장

현대 정치사상과
그 기원을 배우는 책

《정의란 무엇인가》

마이클 샌델 지음(2009년)

책의 난이도
★☆☆☆☆

이 책의 배경

1980년내부터 존 롤스의 《정의론》을 중심으로 자유에 관한 논의가 펼쳐졌다. 리먼 쇼크 이후 빈부 격차 문제 등이 생겨나면서 더 많은 사람이 정치 철학에 주목하게 되었다. 그러한 정치 철학은 크게 자유주의Liberalism와 공동체주의Communitarianism로 나눌 수 있는데, 마이클 샌델은 존 롤스를 비판하고 공동체주의를 주장했다.

마이클 샌델(1953~)

미국의 철학자이자 정치 철학자, 윤리학자. 하버드 대학교 교수이다. 공동체주의를 주장하며 '공동선'을 제창했다. 저서로는 《정의란 무엇인가》, 《공정하다는 착각Tyranny of Merit》 등이 있다.

지금을 살아내기 위한 철학

마이클 샌델Michael J. Sandel의 《정의란 무엇인가Justice》는 유명한 철학자들, 즉 아리스토텔레스, 제러미 벤담(197쪽《도덕과 입법의 원리 서설》참고), 존 스튜어트 밀, 장 자크 루소, 임마누엘 칸트 등의 사상을 설명하고 있어서 철학사에 입문하는 데 도움이 됩니다.

그런데 이 책의 진가는 단순한 철학사가 아니라 지금을 살아가는 우리가 겪고 있는 다양한 문제를 예로 들어 철학이 무척 친근한 학문임을 일러준다는 것에 있습니다.

실제 책에 실려 있는 사례를 하나 살펴볼까요? 2004년 허리케인 '찰리'가 미국 플로리다를 휩쓸고 지나갔습니다. 그에 편승해 주유소에서는 하나에 평균 2달러였던 얼음주머니를 10달러에 팔았고, 집을 수리하는 업자는 지붕을 덮친 나무 두세 그루를 치우는 데 2만5천 달러를 요구했습니다. 또한 숙박 요금은 4배나 치솟았습니다.

자유주의 경제에서는 원래 수요가 늘면 가격이 급등하기 때문에, 특수한 상황에 편승해 가격을 올리는 것은 자연스러운 일일지도 모릅니다. 법을 어긴 것도 아닙니다. 그러나 폭리를 취한 업자들에게 쏟아진 사람들의 분노를 샌델은 '부정의'에 대한 분노라 했습니다.

영국의 공리주의사 제러미 벤담은 '최대 다수의 최대 행복'

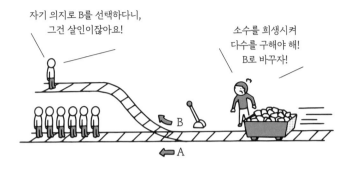

자기 의지로 B를 선택하다니,
그건 살인이잖아요!

소수를 희생시켜
다수를 구해야 해!
B로 바꾸자!

B

A

공리주의에서는 하나를 희생시켜 다수를 구한다.
의무론의 관점에서는 아무것도 해서는 안 된다.
과연 어느 쪽이 정의로울까?

을 주장했습니다. 또한 자유지상주의자^{Liberalian}* 들은 내가 번 돈은 내 것이기 때문에 남이 이래라저래라 할 문제가 아니라고 생각했죠. 존 롤스는 《정의론》에서 불우한 사람에게 가장 이익이 된다는 조건하에서만 자유 경쟁을 인정했습니다(207쪽《정의론》참고). 그러나 샌델은 이러한 자유주의 사상을 비판하며, '분배'보다 '미덕'을 되짚어 봐야 한다고 말했습니다.

* 자유지상주의^{Libertarianism} 를 주장하는 사상가를 말한다. 개인적 자유와 경제적 자유를 철저하게 인정한다. 타인의 구체적·물적 재산을 침해하지 않는 한, 개인은 자유롭게 행동할 수 있다. 빌 게이츠 같은 부호에게 세금을 걷고, 그들이 노력해서 정당하게 얻은 대가를 강제로 사회에 분배하는 것은 권리 침해이며, 빈곤자의 구제는 국가에서 강제하기보단 가진 자가 봉사 차원에서 행해야 한다고 주장한다.

사회 구성원이 추구해야 할 '공동선'

잘 생각해 보면, 인간은 돈을 잘 벌고 풍족하다고 해서 무조건 행복하지 않습니다. 샌델은 이 사회가 '미덕을 키우기 위해', 즉 우리가 더 나은 인간이 되기 위해 존재한다고 주장했습니다. 샌델이 2,400년 전에 그리스에서 활동했던 철학자 아리스토텔레스의 사상을 이어받았기 때문입니다(24쪽 《형이상학》 참고).

아리스토텔레스는 모든 것에 '목적Telos'이 있다고 주장했습니다. 이에 샌델은 공동체주의자의 입장에서 공동체 구성원이 공유하는 '공동선公同善, Common Good'을 목적으로 파악해야 한다고 주장했습니다.

일본 NHK 방송국에서 샌델의 하버드 대학교 강의를 모아 제작한 프로그램 '하버드 백열白熱 교실'을 보면, "제일 좋은 피리는 누가 불어야 할까?"라는 질문이 등장합니다. 보통은 "아무리 좋은 피리라 해도 누구나 평등하게 불 수 있어야 한다."라는 평등주의에 바탕을 둔 대답이 나오기 마련입니다. 또한 "제일 좋은 피리는 뛰어난 연주자가 불어야 많은 사람을 즐겁게 할 수 있다."라고 하면, '최대의 효용'을 중시하는 공리주의자의 대답이 됩니다.

아리스토텔레스의 '목적론'을 이어받은 샌델은 "제일 좋은 피리는 뛰어난 연주자가 가져야 한다."라고 대답했습니다. 형상론적 목적론에 따르면(24쪽 《형이상학》 참고), 피리는 뛰어난 연주자가 불어서 그 '미덕을 실현하는 목적'을 위해 존재하기 때문입니다. 현대 자본주의 사회를 살아가는 우리에게는 다소 생경하게 들리는 이 목적론을 바탕으로, 샌델은 존 롤스의 자유주의와 '무지의 베일' 개념을 비판* 했습니다. 한 인간의 자아를 이해하려면 그가 어떤 가족이나 지역공동체 안에 놓여 있는지 우선 알아야 하기 때문입니다. 또한 정의를 선택하는 자아는 삶의 올바른 목적과 도덕을 확실하게 터득하고 있어야 한다고 주장했습니다.

샌델을 비롯한 공동체주의자들의 생각은 많은 사람이 정치철학에 관심을 갖도록 만들었습니다. 미국 사회에서 철학의 중요성이 다시 확인된 셈이죠.

* 존 롤스의 주장에서 도출된 자아는 사회적 공동체와 동떨어져 있다. 샌델은 그러한 자아는 정의를 판정하지 못한다고 주장했다. 롤스에 따르면 인간은 가족이나 지역공동체와 동떨어진 곳에서 질서 있는 사회를 구상하는 절차에 들어간다. 하지만 샌델은 한 인간이 어떤 가족이나 지역공동체에 속해 있는지 알지 못하면 그의 자아를 이해할 수 없다고 했다. 샌델은 롤스가 말한 정의론 구상 절차에서 전제가 되는 자아를 '부담을 지지 않는(무연고적) 자아The Unencumbered Self'라 했다.

인간이 자유롭다는 생각에는 대다수가 동의하지만, 단순히 자유롭기만 해선 안 된다. 그 속에 '미덕'이라는 도덕적 관점을 도입해야 한다. 아리스토텔레스의 목적론적 자연관은 아직 가치가 있다!

《리바이어던》

토마스 홉스 지음(1651년)

책의 난이도
★★☆☆☆

이 책의 배경

홉스에 따르면 인간은 자기 목숨을 지키기 위해서라면 상대방을 죽여도 괜찮은 권리를 갖고 있다. 그런데 그 권리를 행사하면 반대로 내 목숨이 위험해진다는 모순이 생긴다. 이러한 상황을 어떻게 타개하고 평화로운 세계를 만들어나갈 것인가? 그 질문의 답을 철저하게 고찰한 끝에 나온 책이 《리바이어던》이다.

토마스 홉스(1588~1679)

영국의 철학자이자 정치사상가. 영국 옥스퍼드 대학교를 졸업했으며, 1651년에 《리바이어던》을 발표했다. 유물론으로 인간을 설명하고, 사회계약에 따라 국가가 성립되었다고 주장하면서 근대 정치 이론의 기초를 세웠다.

국가는 거대한 인공 인간이다

영국의 철학자 토마스 홉스Thomas Hobbes의 책 제목 《리바이어던Leviathan》은 구약성서에 등장하는 바다 괴물 이름에서 따온 것입니다.

"세상에는 그것과 비할 것이 없으니 그것은 두려움이 없는 것으로 지음 받았구나. 그것은 모든 높은 자를 내려다보며 모든 교만한 자들에게 군림하는 왕이니라."(개역개정 욥기 41장 33~34절)*

홉스는 국가라는 거대한 창조물을 이 가공의 괴수에 빗대어 표현했습니다. 책의 초반부에는 기계론적 세계관*에 입각해 인간을 여러 각도에서 탐구한 내용이 실려 있습니다. 또한 홉스는 국가가 '인공 인간Artificial Man'이라고 주장했습니다. 이를테면 주권은 국가라는 인공 인간의 신체에 생명과 운동을 부여하는 혼이라고 정의한 것입니다.

위정자와 사법행정 관리는 인공 관절에, 상벌은 신경에 해당하며, 각 개인의 부와 재산은 힘입니다. 또한 고문관은 기억이고 공평과 법은 인간의 이성과 의지이며, 화합은 건강, 소요는

---

* 한국어 성경에는 리바이어던이 아닌 '리워야단'으로 표기되어 있다. – 옮긴이 주

: 데카르트는(77쪽 참고) 물체는 직선 운동을 하며, 저항이 없는 한 영원히 운동한다는 관성의 법칙을 주장했다. 또한 입자 운동에 따른 역학적 법칙이 지배하는 객관적 세계관을 제시했는데, 훗날 스피노자가 이를 이어받았다. 홉스 역시 기계론적 세계관을 바탕으로 인간 기계론을 주장했다

이래서는 자기보존이
안 되겠는데…

이성의 목소리

사회계약

국가

자기를 보존하기 위해 투쟁한다.

자연 상태에서 일어나는 '만인의 만인에 대한 투쟁'을
극복하기 위해 자연권을 포기하고 사회계약을 맺는다.
그 사회계약에 기초한 주권으로 국가가 성립된다.

병, 내란은 죽음입니다.

이러한 인공 인간의 본성을 설명하고자 홉스는 《리바이어
던》 제1부에서 인공 인간의 소재이자 창조자인 인간이 어떤 존
재인지, 제2부에서는 어떤 계약에 따라 국가가 만들어졌는지
고찰했습니다. 또한 주권자의 권리들과 정당한 권력 혹은 권위
가 무엇인지, 그것을 유지하고 해체하는 것은 무엇인지 설명합
니다. 제3부에서는 크리스트교적 국가, 제4부에서는 어둠의 왕
국에 관해 이야기하며 여러 정치 이론을 펼칩니다.

만인의 만인에 대한 투쟁

홉스는 만물을 물체와 그 운동이라는 입장에서 고찰했습니다. 인간 역시 물체로 파악한 것입니다. 인간이 자동 기계*와 다를 바 없다고 주장하며, 인간의 지각과 감정, 행동을 기계적으로 설명했습니다. 외부 물체의 운동이 감각기관에 압력을 가하면 그 압력이 생리적으로 뇌에 전달되고, 기억이 성립되면서 판단이나 추리 작용이 일어난다는 것입니다.

또한 생활력이 증대될 때는 유쾌한 감정이 생기고, 반대 상황에서는 불쾌한 감정이 생긴다고 했습니다. 이처럼 인간이 갖추고 있는 심신 능력은 태어날 때부터 평등합니다. 더불어 인간의 본성에 관한 홉스의 분석을 따라가다 보면, '자기보존'이라는 원리가 도출됩니다. 인간의 자기보존이란 생명 존중을 가장 중요시하는 태도를 뜻합니다.

이렇게 평등한 능력을 가지고 태어난 인간이 목표를 달성하려는 희망을 품으면 서로 불신하게 되고, 그 불신이 깊어지면 전쟁으로 이어집니다. 그러면 "인간은 다른 인간에게 늑대"이기 때문에 만인의 만인에 대한 투쟁 상태가 나타나는데, 이것이 홉

---

* 이 세상에는 물체만이 실재하며, 모든 현상은 물체와 그 물체의 기계적·필연적 운동이다. 인간이라는 자동 기계가 운동하는 원천은 심장이며, 그에 따라 혈액 순환, 맥박, 호흡, 소화, 영양, 배출 등의 생명 활동이 이루어진다.

스가 말한 '자연 상태'˙입니다.

이 자연 상태에서는 어떤 일도 부정^{不正}하지 않고 옳고 그름, 선과 악이 존재할 여지가 없습니다. 또한 사람들은 고립되어 사회를 형성하지 않습니다. 자연 상태에서는 자연권이 인정됩니다. 자연권이란 자기보존을 위해 폭력을 행사할 수 있는 권리입니다.

그렇지만 자연권을 행사하다 보면 자기보존을 위한 투쟁이 벌어지므로 인간은 죽음의 공포를 느끼게 됩니다. 왜냐하면 스스로 좋아서 자연권을 행사하는 것이 아니기 때문이죠. 목숨을 지키려 하면 죽음의 공포에 위협당하는 것이 자연권의 모순입니다.

여기에서 이성에 따라 각자의 자연권을 제한하자는 '자연법'이 생겨납니다. 각자의 자연권을 하나의 공통 권력에 맡기고, 그것을 제한하는 협약을 체결하는 개념입니다. 그에 따라 국가라는 리바이어던이 탄생한다는 것이 핵심입니다. 이처럼 홉스는 절대주권을 주장함과 동시에, 근대적이고 민주주의적인 국가 이론을 펼쳤습니다.

˙ 사회계약설의 근거가 되는 상태. 원시적(원초적) 상태라고도 한다. 존 롤스는 이를 '무지의 베일'에 응용했다(207쪽 《정의론》 참고). 홉스의 자연 상태에서 인간은 자연권이 있는 자유롭고 평등하며 독립된 존재이다. 자연 상태를 탐구하면 사회의 성립 과정을 되짚어 볼 수 있다. 홉스를 비롯해 존 로크, 장 자크 루소(202쪽 《사회계약론》 참고) 등 여러 사상가가 이 자연 상태를 각기 달리 파악했다. 특히 존 로크는 자연 상태가 '이성적 상태'라 했다.

인간에게는 자기를 보존하려는 본능이 있으며, 자연 상태에서는 자기를 보존하기 위한 자연권이 있다. 우리에겐 이성이 있으므로 투쟁에서 벗어나 평화롭게 살 수 있다. 이러한 개념들을 정치 철학의 토대로 알아두면 살아가는 데 도움이 된다.

《군주론》

니콜로 마키아벨리 지음(1532년)

책의 난이도
★★☆☆☆

이 책의 배경

프랑스와 독일, 스페인까지 모두 이탈리아를 침공할 적절한
시기를 엿보고 있었다. 이탈리아를 부강하게 만들고자 했던
마키아벨리는 이탈리아의 존속과 발전을 꾀하기 위해 《군주
론》을 집필했다. 하지만 그 안에는 적의 공격에서 나라를 지키
려면 정치가는 좋은 사람인 척해서는 안 된다는 과격 발언이
들어 있었다.

니콜로 마키아벨리(1469~1527)

르네상스 시기에 활동했던 이탈리아의 정치사상가. 피렌체 공화국
외교관으로 근무했다. 이상주의가 주류였던 르네상스 시기에 현실
적인 정치론을 펼쳤다. 어떤 행동이 미덕처럼 보일지라도 실행했
을 때 국가의 파멸로 이어질 수 있고, 악덕처럼 보일지라도 국가의
안전과 번영을 가져올 수도 있다고 주장했다.

군주는 비윤리적인 일을 거침없이 해야 한다

'악마의 서書'라 불리며 가톨릭 교회 금서 목록에 올라 있었던 위험한 책. 그것이 바로 니콜로 마키아벨리Niccolò Machiavelli가 쓴 《군주론Il Principe》입니다. 왜 위험한 책이냐고요? 보통은 윤리적인 사상에 따라 정치를 하는 것이 상식인데,《군주론》에 담긴 내용은 '정치가는 현실을 똑바로 직시하고, 비윤리적인 일을 거침없이 해야 한다'라고 해석될 여지가 있기 때문입니다. 나폴레옹과 히틀러가 남몰래 읽었다는 설도 있죠. 지금도 '마키아벨리즘Machiavellism'*이란 말이 남아 있긴 하지만, 그다지 좋은 뜻으로 쓰이진 않습니다.

그렇다면 왜 이런 책을 썼을까요? 마키아벨리는 르네상스 시기에 활동한 정치사상가로, 원래 피렌체에서 고위 공직자로 일했습니다. 그러다 공직에서 추방되면서 시간적 여유가 생겨 이 책을 집필했다고 전해집니다. 피렌체의 권력자였던 메디치 가문에 헌정한 책이라 정계 복귀를 꾀하기 위해 썼다고 해석되기도 하지요. 아마 마키아벨리 본인도《군주론》이 역사에 거대한 영향을 끼치리라고는 꿈에도 생각지 못했을 겁니다.

당시 이탈리아는 많은 도시 국가로 분열되어 세력 다툼이 끊

---

* '목적을 달성하기 위해서라면 수단을 가리지 않는 권모술수 사상'을 마키아벨리즘이라 한다. 하지만 실제 《군주론》은 그리 단순한 내용이 아니어서, 읽는 사람의 입장에 따라 다양하게 해석할 수 있다. 마키아벨리는 애국자이자, 열렬한 공화주의자였다.

사자   여우   두렵지만 대단해!

왕의 자질

리더가 윤리에 너무 매달리면
정치를 현실적으로 파악하지 못해 나라가 무너진다.
모든 일에 선행으로 일관할 순 없다.

이지 않았습니다. 그런데 다른 유럽 국가들은 절대왕정을 바탕
으로 강력한 통일 국가를 형성했죠. 프랑스와 독일, 스페인 등
여러 국가가 이탈리아를 침공하려고 호시탐탐 기회를 노렸습니
다. 그래서 마키아벨리는 이탈리아 시민 중에서 지금까지 없었
던 주권자가 나타나기를 염원했습니다. 아주 독하게 마음을 먹
은 듯, 정치를 종교나 도덕에서 분리해* 실제 정치의 냉혹한 원
리를 철저하게 파헤쳤습니다.

* 마키아벨리는 특히 종교가 국가에 개입하는 것을 부정했다. 종교는 개인적 차원에 머물러야
  하며, 지배자의 유능함은 종교가 아니라 국가를 유지하는 '힘'에서 비롯된다고 주장했다. 모
  든 국가의 가장 중요한 토대는 훌륭한 법률과 군대라고도 했다.

좋은 지도자가 오히려 나라를 무너뜨린다?

군주는 민중을 제 편으로 만들어야 하지만, '선善을 수행하므로 훌륭한 군주다.'라고 잘라 말할 수 없습니다. 또한 군주는 외부의 적에게서 자기와 나라를 지키기 위해 힘을 동반한 지혜를 갖춰야 합니다. 이런 까닭에 군주가 냉혹한 상황을 무시하고 관대함을 가장하면, 스스로 파멸을 초래하게 됩니다. 마키아벨리는 플라톤이 말한 이상적 '국가'를 부정했습니다.

그때까지 공화국이나 군주국은 플라톤이 주장한 철인 정치의 영향을 받아 이데아론을(24쪽《형이상학》참고) 이상으로 삼았습니다. 때문에 이상 국가에서 군주는 당연히 좋은 사람이어야 했지요.

마키아벨리는 군주란 악덕 없이 지위를 지키기 어려울 때, 오명을 쓰는 것을 두려워하지 않고 나쁜 사람이 되어야 한다고 주장했습니다. 실제로 악인이 되라는 뜻이 아니라, 일부러 '나쁜 사람도 될 수 있는 기술'을 쓰라는 것이지요.

자고로 군주는 잔혹하다는 오명에 휘둘리지 않고, 민중이 마음을 다해 자신을 따르도록 해야 합니다. 군주가 지나치게 자비

⁞ 플라톤은 세계를 이데아계와 현상계로 구분했다. 플라톤의 제자인 아리스토텔레스는 '인간은 본래 정치적 동물'이며, 더 훌륭하게 살기 위해서 자연 공동체를 조직하는 본성이 있다고 했다. 성선설이 바탕에 깔려 있다고 볼 수 있는데, 마키아벨리는 도덕적 진리를 떠나 현실 세계에서 실천 가능한 방법을 탐구했다.

로우면 민중이 흐트러지고, 그로 인해 나라가 혼란에 빠지면 결국엔 민중이 고통을 떠안게 됩니다. 마키아벨리는 "민중은 머리를 쓰다듬든지 없애든지 둘 중 하나이다."라고도 했는데, 이 역시 민중을 아끼는 마음에서 비롯된 표현입니다. 따라서 군주는 마음을 독하게 먹고 과격하고 단호하게 행동할 필요가 있습니다. 즉, 신하가 '사랑하기보다 두려워하는' 대상이어야 합니다.

"군주는 여우의 교활함과 사자의 용맹함으로 국가를 다스려야 한다."

이것이 마키아벨리의 사상을 가장 잘 집약한 문장이 아닐까요? 현명한 군주라면 평화로울 때 앞으로 일어날 다툼들을 차분히 고려하고 유사시에 대비할 수 있어야 합니다. 마키아벨리는 국가를 지키고 유지하는 것이 군주의 역할이며, 어설프게 싸우면 국가가 멸망하기 때문에 이기기 위해 철저하게 싸워야 한다고 주장했습니다.

고전이 나에게 건네는 말

듣기 좋은 말만 하며 덕망을 쌓는 사람이 많은데, 진정한 리더는 나쁜 사람을 자처해 전체를 지킨다. 때로는 독하게 마음먹고 단호하게 행동하는 편이 좋다.

《계몽의 변증법》

테오도어 아도르노 & 막스 호르크하이머 지음 (1948년)

책의 난이도
★★★★☆

이 책의 배경

《계몽의 변증법》은 그때는 좋았던 것이 지금은 나쁜 것으로 뒤바뀌었다고 주장하는 책이다. 20세기 들어 이성은 문화산업에 의해 인간을 지배하고 조작하는 수단으로 전락하고 말았다. 두 사람은 우리가 살아가는 지금도 신화에 등장하는 시대와 다를 바 없는 야만성이 존재한다고 주장한다.

테오도어 아도르노(1903~1969)

독일의 철학자이자 사회학자. 프랑크푸르트학파 사상가.

막스 호르크하이머(1895~1973)

나치 독일에서 탈출해 미국으로 망명했으며, 1947년 네덜란드 암스테르담에서 《계몽의 변증법》을 발표했다. 저서로는 《도구적 이성 비판 *Zur Kritik der instrumentellen Vernunft*》이 있다.

이성적인 생각 때문에 전쟁이 일어났다

테오도어 아도르노Theodor W. Adorno, 막스 호르크하이머Max Horkheimer 공저 《계몽의 변증법Dialektik der Aufklärung》에는 '계몽'이나 '변증법' 같은 단어가 잇달아 등장하는 데다, 그리스 신화*부터 나치까지 폭넓은 주제를 다뤄서 읽기가 꽤 어렵습니다. 그러나 두 사람이 주장하는 핵심부터 파악하면 더 쉽게 이해할 수 있습니다.

계몽이란 '신화의 세계에서 빠져나와 이성적으로 세계를 이해하는 과정'입니다. 과학의 은혜를 받은 우리 생활도 말하자면 계몽의 결과입니다. 그런데 아도르노를 비롯한 프랑크푸르트학파: 사상가들은 우리가 그것을 제대로 제어하지 못한다고 비판했습니다. 인간이 스스로를 위해 만든 합리적 사회가 인간의 제어를 초월해 지나치게 거대해졌다고 했죠.

고대부터 이어진 신화는 인간의 마음에 안정감을 주기 위해

---

* 《계몽의 변증법》에서는 호메로스의 《오디세이》까지 거슬러 올라가 계몽의 역사를 비판한다. 이성은 인간이 자신을 지배하고 관리하는 위기 상황을 초래했으며, 자연과 인간을 규격화했다. 또한 기술적으로 조작 가능한 합리적 이성으로 변했다. 이것으로 나치 같은 새로운 야만이 왜 등장했는지 설명할 수 있다.

: 1930년대에 독일 프랑크푸르트 사회연구소에 모여 연구하던 학자 그룹을 말한다. 초대 소장이었던 막스 호르크하이머를 비롯한 프랑크푸르트학파 학자들은 나치를 피해 외국으로 망명했다가 전후 귀국해 1951년 사회연구소를 재건했다. 제1세대 학자로는 막스 호르크하이머, 테오도어 아도르노, 발터 벤야민, 허버트 마르쿠제, 에리히 프롬 등이 있으며, 제2세대로는 위르겐 하버마스가 있다. 유대인 학자들이 많아서 주요 타깃은 나치였지만, 미국 자본주의를 비롯해 현대 사회를 폭넓게 비판했다.

인간은 외부 자연을 지배하기 위해 내면의 자연을
지나치게 억눌러서 스스로를 제어할 수 없게 되었다.
비합리에서 해방되기 위한 이성은 폭력적이다.

만들어졌습니다. 폭풍우나 지진 같은 자연재해는 신이 분노해
서 일어났으니, 그 분노만 잠재우면 된다고 생각하면서 시름을
놓았던 것입니다.

"미지의 것이 더 이상 없을 때 인간은 공포에서 면제되었다
고 상상한다. 이것이 탈신화화와 계몽의 궤도를 결정한다."

책에 쓰인 이 구절은 현대에도 적용할 수 있는데, 자연을 과
학적으로 설명하면 다 이해한 것 같은 기분이 들어서 안심하는
게 그 예입니다.

17세기에는 자연을 수학화했고, 거기에서 한발 더 나아가 인
문 과학과 사회 과학에 폭넓게 적용한 것이 18세기 계몽주의였
습니다. 그런데 아도르노와 호르크하이머는 인간이 인간을 기

계처럼 생각해서 야만성과 짐승 같은 성질이 해방되었다고 주장했습니다. 계몽이 야만화한 결과, 세계대전이 두 차례나 일어났다는 것입니다.

계몽을 목표로 삼으면 오히려 망가진다?

어째서 이성적 계몽이 그런 비참한 결과를 불러왔을까요? 아도르노와 호르크하이머는 "계몽이 어떤 체계 못지않게 전체적이어서"라고 설명했습니다.

계몽은 공식처럼 '이미 결정되어 있기 때문에' 좋지 않은 일을 일으킬 수 있습니다. 이미 결정되어 있기 때문에 수학에서는 어떤 미지수가 방정식의 미지수가 되면 값을 대입해 보지 않아도 이미 알려진 것으로 인정되며, 물리학에서는 수학에 따라 세계를 이해합니다. 모든 것에는 꼭 그렇게 해야만 하는 법칙이 존재하는데, 이를 '계몽의 절대성'이라 합니다.

"물화된 사유는 스스로 움직이는 자동적 과정이 되어 이 과정이 만들어내는 기계와 경쟁을 벌이기도 한다. 그 결과로서 기계가 자동화된 사유 과정을 대체할 수 있을지도 모른다."

즉, 산업이 발전하면서 목적을 효율적으로 실현하는 수단만을 추구하게 된 것입니다. 아도르노와 호르크하이머는 여러 논문에서 이성의 작용을 '도구적 이성'으로 설명했습니다. 도구적

이성 개념에서는 인간도 도구적 존재로 취급합니다. 그래서 나치의 유대인 학살로 대표되는 야만이 생겨난 것이죠.

인류의 역사는 이성의 힘으로 야만 상태에서 벗어나고자 '야만'에서 '계몽', 다시 '야만'으로 이어지는 변증법을 따랐습니다.

"왜 인류는 진정으로 인간적인 상태에 들어서기보다 새로운 종류의 야만 상태에 빠졌을까."

문명화가 곧 계몽이라면 신화에서 빠져나와 합리적으로 세계를 이해할 수 있어야 하는데, 계몽이 다시 야만적인 신화로 전락하고 만 것이죠. 아도르노가 헤겔*에게서 이어받은 '부정변증법'‡의 핵심 개념은 '한정된 부정'입니다. "이건 아닌 것 같은데?" 하고 단순하게 부정하는 '형식적 부정'으로는 결국 아무것도 알아내지 못합니다. 그에 반해 한정된 부정은 부정의 악무한惡無限에 빠지지 않고 모순을 극복함으로써 긍정으로 전환될 가능성이 있습니다.

---

* 헤겔은 부정의 체계와 역사에 나타난 전체성을 절대자로 포장함으로써 스스로 신화화했다는 비판을 받고 있다.

‡ 아도르노는 저서인 《부정변증법》에서 나치즘에 대한 반성은 물론, 전후 독일에서 힘을 발휘했던 하이데거학파를 비판했다. 왜 인간은 '본래(고유) 자기'를 추구할까. 왜 전체적이길 바랄까. 그 이유는 인간이 동일하고자 하는 사고에 사로잡혀 있기 때문이다. 동일성에 따라 동일하지 않은 것들은 배제하기 때문에 민족의 순수성이 강조된다. 아도르노는 그것이 유대인 학살로 이어졌다고 주장했다.

불합리에서 합리로, 신화에서 문명으로 나아간다고 믿었는데 다시 야만적인 세계가 형성되고 말았다. 이러한 지식을 갖추고 있으면 또다시 야만 상태가 찾아오지 않도록 대책을 세울 수 있을지도 모른다.

정치 · 사회편

《자유로부터의 도피》

에리히 프롬 지음(1941년)

책의 난이도
★★☆☆☆

이 책의 배경

이 책은 제2차 세계대전이 한창일 때, 히틀러가 이끄는 나치
가 유럽 전체를 지배하려 했던 시기에 발표됐다. 왜 민중은 파
시즘에 빠질까? 왜 자유를 추구하는 대신 스스로 자유에서 도
피하는 길을 찾아 헤맬까? 그 심리를 파헤친 책이 바로 《자유
로부터의 도피》이다.

에리히 프롬(1900~1980)

독일 유대인 가정에서 태어난 사회 심리학자이자 정신 분석학
자, 철학자. 마르크스주의와 프로이트의 정신 분석을 결합했으
며, 독일 프랑크푸르트 대학교 정신 분석 연구소에서 학생들을
가르쳤다. 나치가 정권을 잡으면서 프랑크푸르트학파 주요 학
자들과 함께 미국으로 이주했다.

자유라는 것의 이중적 의미

프랑크푸르트학파 사상가 에리히 프롬Erich Fromm은 근대인이 중세 사회의 봉건적 속박에서 벗어나 자유를 얻었지만 고독감과 무력감에 빠졌다고 말했습니다.

"견디기 힘든 고독감과 무력감에서 개인을 도피°시키려는 것이다."

이처럼 《자유로부터의 도피Escape From Freedom》에서 쓰인 자유는 '~로의 자유'라는 적극적 의미가 아니라 '~로부터의 자유'라는 소극적 의미입니다. 즉 '행위가 본능적으로 결정되는 것으로부터의 자유'이므로, 고통에서 도망칠 자유를 뜻합니다.

프롬에 따르면 근대인에게 자유는 '이중적 의미'입니다. 우선 근대인은 전통적 권위에서 해방되어 자신을 자율적 '개인'으로 자각합니다. 그러나 한편으로는 개인이기 때문에 '고독'을 느끼게 되지요. 그 고독이 견디기 힘들어서 결국 "자유라는 무거운 짐에서 도피해 새로운 의존과 복종을 찾아가느냐 아니면 인간의 독자성과 개인성에 바탕을 둔 적극적인 자유를 실현하기 위해 나아가느냐." 하는 양자택일의 상황에 맞닥뜨리게 됩니다.

또한 대중 사회에서 펼쳐지는 경제적 정세가 과거보다 훨씬

• 《자유로부터의 도피》에서는 도피의 메커니즘을 심리학과 사회학으로 분석했으며, 도피의 양상을 세 가지로 구분했다. ①종교: 종교 개혁에 따른 새로운 종교 ②권위에 복종: 나치 정권 ③자동인형: 자본주의의 상식과 여론에 휩쓸림

권력

'~로부터의 자유'

근대 사회는 전근대적 사회의 속박에서 개인을 해방시켰다.
그러나 개인의 지적·감정적·감각적 능력을 표현하는 자유는 얻지 못했다.
불안하니까 권력에 기대고 마는 것이다.

복잡하고 규모가 크기 때문에 자연스레 불안도 커질 수밖에 없습니다. 프롬은 다음과 같은 말로 이를 설명합니다.

"개인이 실종되어 버린 도시의 거대함, 산처럼 높이 솟은 빌딩들, 끊임없이 청각적 포격을 퍼붓는 라디오, 하루에 세 번씩이나 바뀌어 무엇이 중요한지 분간하기 힘들게 만드는 신문 헤드라인, 백 명이나 되는 소녀가 개성을 버리고 시계처럼 정확함을 과시하면서 강력하지만 원활한 기계처럼 연기하는 쇼…."

사디즘과 마조히즘의 공존

프롬은 '새로운 형식의 권위에 복종'하는 것이 고독에서 도망치는 피난처가 되는 경우가 있다고 했습니다. 그 전형적인 예가 나치(파시즘 체제)입니다. 나치는 히틀러라는 현존하는 지도자에게 '몰아적 헌신'을 하고, 유대인 등 힘없는 자들을 '절대적으로 지배'했습니다. 이를 두고 '가학적(사디즘적) 충동과 피학적(마조히즘적) 충동이 동시에 존재한다.'라고 합니다. 프롬은 다음과 같이 설명했습니다.

"두려움에 사로잡힌 개인은 자신의 자아를 붙들어 맬 수 있는 사람이나 사물을 찾는다. 그는 자신이 개체적 자아로 존재하는 것을 더 이상 참을 수 없어서, 자아를 제거하고 이 부담에서 벗어나 다시 안전감을 느끼려고 미친 듯이 애쓴다. 피학증은 이런 목표에 이르는 하나의 길이다. 피학적 충동의 여러 형태는 한 가지 목적을 갖고 있다. 즉 개체적 자아를 제거하고 자기 자신을 잃는 것, 다른 말로 표현하면 자유의 부담에서 벗어나는 것이다. 이 목적은 개인이 압도적으로 강하다고 느끼는 사람이나 권력에 복종하려는 피학적 충동에서 분명히 드러난다."

즉, 권위˚에 의지하는 사람은 피학증에 갇혀 있다는 뜻입니다. 나아가 고도로 발달된 자본주의 국가에서 보이는 도피의 형식으로, 거대한 '기계의 톱니(자동인형)'가 되어버린 개인은 '익명의 권위'에 복종함으로써 고독과 불안에서 도피하려 합니다.

˚ 프랑크푸르트학파 학자들은 현대인의 사회적 성격을 '권위주의적 개인성'으로 규정했다. 현대인은 자신의 행동을 반성하지 않고, 명령과 복종 속에서 살아간다. 조직의 명령만 있으면 잔혹한 행동을 아무렇지도 않게 한다. 이러한 성격은 지금 우리와도 통하는 지점이 있다.

세상의 상식이나 여론에 따르는 것이죠.

《자유로부터의 도피》에는 '이건 지금 우리가 맞닥뜨린 고령화 현상과 나쁜 기업에 해당하는 이야기 아니야?'라는 생각이 들어 깜짝 놀라게 되는 문장도 있습니다.

"대다수 사람에게 실업은 심리적으로 매우 견디기 어려운 부담이고, 실업에 대한 두려움이 그들의 생활 전반에 그늘을 드리운다는 사실은 여전히 남아 있다. …… 실업은 노년의 위험도 증가시켰다. 많은 직장이 무경험자라도 새로운 환경에 적응할 수 있는 젊은 사람만 원한다. 이것은 그 특정한 조직에 필요한 작은 톱니로 쉽게 변형시킬 수 있는 사람을 원하는 직장이 많다는 뜻이다."

프롬은 '개인성의 완전한 실현'을 목표 삼아 자발적으로 행동하는 '적극적 자유(~로의 자유)'를 누리며 늘 사랑하고 창조적인 일을 해야 한다고 결론지었습니다.

고전이 나에게 건네는 말

고독하다고 해서 누군가에게 기대거나 세상의 상식이 시키는 대로 하는 피학적 행동은 그만둬야 한다. 나의 개인성을 되찾고 적극적인 자유를 누리자!

《전체주의의 기원》

한나 아렌트 지음(1951년)

책의 난이도
★★★★☆

이 책의 배경

1963년, 잡지 〈뉴요커〉에 《예루살렘의 아이히만 *Eichmann in Jerusalem*》을 발표하며 전 세계에 엄청난 논쟁을 불러일으킨 정치 철학자 한나 아렌트. 《전체주의의 기원》은 '어떻게 인간이 그런 행위를 할 수 있었을까?'라는 문제를 해명한 대저이다.

한나 아렌트(1906~1975)

나치의 박해를 피해 미국으로 망명한 유대인 정치 철학자. 전체주의를 낳는 대중 사회를 분석해 이름을 널리 알렸다. 나치 전범 아돌프 아이히만의 재판을 방청하고 《예루살렘의 아이히만》을 발표했다. 2014년에는 한나 아렌트의 일생을 다룬 영화 〈한나 아렌트〉가 개봉하기도 했다.

전체주의란 무엇일까

아돌프 히틀러Adolf Hitler가 이끈 국가 사회주의 독일 노동자당(나치)은 1933년 독재 체제를 확립한 이후, 독일을 전체주의 군사 국가로 성장시켰습니다. 전체주의는 개체보다 전체를 우선시하는 정치사상입니다. 국가 우선 이데올로기로 사상이 통일되며, 독재자가 이끌지요. 반자유주의·반민주주의·인종차별주의·배외주의 정책을 펼치는 경우가 많습니다. 히틀러의 독일은 주변 여러 국가를 침략해서 제2차 세계대전이 발발하는 데 방아쇠 역할을 했죠. 그뿐 아니라 유대인들을 박해하고, 아우슈비츠 수용소에서 대량 학살을 저질렀습니다. 유대인 정치 철학자 한나 아렌트Hannah Arendt는 그러한 만행이 어떻게 벌어졌는지 되짚어 《전체주의의 기원The Origins of Totalitarianism》을 썼습니다.

19세기 유럽은 문화적 연대로 결합된 국민 국가 형태를 띠었습니다. 문화를 공유하는 사람들의 집합체로서 국민과 국가의 통일을 목표로 삼았죠. 그런데 당시 국민들은 부유층과 빈곤층으로 양분되어 있었기 때문에 문화적으로 하나라고 우겨 봐도 생각처럼 되지는 않았습니다. 또한 유대인은 유대교로 단합해 계급 사회와 거리를 두고 있었습니다.

그런 시기에 나라 안에서 불만이 일자, 사람들은 유대인에게 화풀이를 하기 시작했습니다. 아렌트는 그러한 감정이 표출된

'악의 평범성'
《예루살렘의 아이히만》

합리적

살인 기계

국가에 불만이 생기자, 화살은 유대인을 향했다.
인종주의와 관료제 제국주의에서 전체주의로 이행하면서
개인성을 완전히 박멸하는 구조가 만들어졌다.

예로 드레퓌스 사건Dreyfus Affair*을 꼽았습니다. 그때 이미 사람
들은 유대인을 차별하는 의식을 갖고 있었다는 의미입니다. 또
한 자본주의가 제국주의로 이행하면서, 자본을 수출하는 정부
가 타국 지배를 추진하기 시작했습니다.

국민 국가는 영토와 국민, 국가를 역사적으로 공유하는 데
바탕을 두지만, 제국주의 단계에서는 다른 민족을 동화하고 '동
의'를 강제했습니다.

• 프랑스군 참모본부에 근무했던 유대인 장교 알프레드 드레퓌스가 스파이 혐의로 체포되어
유죄 판결을 받은 사건. 드레퓌스가 유대인이라는 이유로 처음부터 지나치게 강한 혐의를 적
용하고 비공개 심리를 통한 만장일치로 종신 유배 판결을 내렸다고 한다. 이 차별적 대우를
둘러싸고 엄청난 논쟁이 벌어졌다.

어째서 그런 악몽이 펼쳐졌을까?

그와 같은 상황에서 개인은 귀속 의식을 잃고 아톰적 자기Atomistic Self로 뿔뿔이 흩어졌습니다. 어떤 사회 집단에도 속하지 못한 대중※은 고립된 채로 무력감에 사로잡혀 소속감을 주는 공상적 인종주의에 끌리게 되었죠.

특히 제국주의 프로파간다에 따라 지배 인종과 노예 인종, 고귀한 혈통과 하등한 혈통이라는 구분이 생겼습니다. 그러면서 특정한 영역에 정주하고 역사적·문화적 통일체로서 자각을 가지고 있는 사람들의 국가, 즉 국민 국가는 독일인의 것이라는 도식이 만들어졌죠. 히틀러는 유대인을 독일인으로 인정하지 않고, 합법적으로 배제하기 시작했습니다. 전체주의는 타국을 침략할 뿐 아니라 정부의 프로파간다로 사고를 통제합니다. 히틀러가 퍼트린 유대인 음모론도 이에 해당합니다.

"운동의 허구세계를 구체적인 일상생활의 현실로 확립해야만 했고, 다른 한편으로 이 새로운 세계가 새로운 안정을 구축하는 것을 막아야 했다."

"자신의 민족이 유일무이하고 개성적이며 다른 민족들과 비교할 수 없다고 주장하며, 종족 의식이 인간의 본질을 파괴하는

※ 공적 문제에 무관심하고 모든 국가와 모든 시대에 존재하며, 고도로 발달한 문명 국가에서도 국민의 대부분을 차지한다. 정치면에서는 중립을 유지하고 투표를 하지 않으며 정당에 가입하려고도 하지 않는다.

데 사용되기 훨씬 전에 인류의 가능성을 이론적으로 부정했다."

"전체주의 운동은 원자화되고 고립된 개인들의 대중 조직이다. 다른 모든 당과 운동을 비교할 때 전체주의 운동의 가장 뚜렷한 외적 특징은 개인 성원에게 총체적이고 무제한적이며 무조건적이고 변치 않는 충성을 요구하는 것이다."

아렌트는 위와 같은 문장으로 전체주의 운동과 대중을 설명합니다. 대중은 평소엔 정치에 무관심하지만 경기가 나빠지거나 사회가 불안정해지면 갑자기 평화를 외치며 정권에서 희망을 찾습니다. 그럴 때는 유대인 음모론처럼 꾸며낸 이야기를 많은 사람이 믿게 됩니다. 아렌트는 《예루살렘의 아이히만》*를 발표하고 유대인 세력에게도 비판을 받을 만큼 객관적으로 사회를 분석하는 학자였습니다.

고전이 나에게 건네는 말

스스로 생각해서 판단하는 힘을 잃으면 권력자가 선동하는 거짓에 속게 된다. 정치 철학서를 많이 읽고 세계와 나의 관계를 이해하며 시야를 넓혀보자.

---

* 아돌프 아이히만의 재판에 관해 잡지에 발표한 글을 엮은 책이다. 아돌프 아이히만은 나치 정권 친위대 장교로, 유대인 수백만 명을 강제수용소로 이송하도록 지휘했다. 한나 아렌트가 공개 재판을 방청하고, 사형이 집행되기까지의 과정을 기록했다.

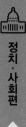

정치·사회편

《도덕과 입법의 원리 서설》

제러미 벤담 지음(1789년)

책의 난이도
★☆☆☆☆

이 책의 배경

"최대 다수의 최대 행복"이라는 표현은 모두에게 익숙할 것이다. 그런데 이 말에는 경제사를 뒤바꾼 엄청난 의미가 담겨 있다. 지금도 자본주의 사회에 커다란 영향을 끼치고 있는 공리주의의 창시자 벤담이 그토록 고양이를 아낀 이유는 무엇이었을까?

제러미 벤담(1748~1832)

영국의 철학자이자 경제학자, 법학자. 공리주의를 창시해 자본주의 사회에 커다란 영향을 끼쳤으며, 영국 동인도 회사도 그의 사상을 바탕에 두었다고 한다. 원형 감옥 구조인 파놉티콘을 고안한 것으로도 유명하다.

쾌락을 최대화하자는 새로운 철학

영국에서 일어난 산업 혁명은 부유한 자본가 계층을 탄생시켰습니다. 이 시기에 제러미 벤담Jeremy Bentham은 공리주의를 제창하고, 개인이 이익과 행복을 추구하는 것을 적극적으로 인정하자는 이론을 펼쳤습니다. 우리가 자주 듣는 "최대 다수의 최대 행복"*은 여기에서 나온 말입니다.

이전까지는 선과 악이 그 동기에서 결정된다고 여겨졌습니다. 굳이 비유하자면 선은 애써야 하고 괴로운 것, 악은 애쓸 필요 없이 편한 것이라는 인상이 있었기에 쾌락을 추구한다고 하면 나쁜 사람 취급을 받았죠. 얼마나 애썼느냐에 따라 그 도덕적 가치가 결정된다고 믿기 때문에 남이 주식으로 큰돈을 벌었다고 하면 '난 이렇게 노력하는데! 왜 너만 행복해?' 하고 심술을 부리게 되는 건지도 모르겠습니다.

보통 철학에서는 동기적 선악을 중요시했고, 결과는 덤이나 마찬가지였습니다. 그런데 벤담은 쾌락(행복)이 증대하느냐를 도덕적 선의 기준으로 삼았습니다. 지금은 당연하게 느껴질지 모르지만, 당시에는 무척 참신한 사상이었습니다.

---

* 이탈리아의 법학자 체사레 베카리아 Cesare Beccaria가 1764년에 쓴 《범죄와 형벌 Dei delitti e delle pene》에 나오는 표현이다. 다만 벤담 스스로 밝히기로 영국 학자 조지프 프리스틀리 Joseph Priestley가 1768년 발표한 《통치의 제1원리들에 관한 소론 An Essay on the First Principles of Government》에서 따왔다고 한다. 한 사회의 선은 그 구성원들이 느끼고 있는 선(쾌락)의 총합이므로, 선이 한 명이라도 더 많은 사람에게 미치도록 정책을 펼쳐야 한다는 뜻이다.

옳은 행동, 즉 선이란 '효용'을 최대화하는 것이다.
옳은 행위, 옳은 정책은 '최대 다수의 개인에게 최대 행복'을 가져다준다.

"자연은 인류를 고통과 쾌락이라는 두 주권자의 지배하에 두
었다. 오직 고통과 쾌락만이 우리가 무엇을 할지, 그리고 무엇
을 해야 할지 지시한다."

이처럼 고통과 쾌락이 인생을 결정하므로, 공리주의는 엄격
한 도덕을 목표로 삼지 않았습니다. 대신 개인의 자유를 최대한
인정하고, 쾌락을 위협하는 것만 규제하자고 주장했습니다.

고양이의 행복도 중요하다!

이처럼 벤담은 고통과 쾌락이 인간의 모든 말과 행
동, 사고를 지배한다고 주장했습니다. 인간이 무엇을 해야 할시

지시하고 결정하는 기준 또한 '고통과 쾌락' 두 가지뿐입니다. 이 생각을 선악이라는 기준에 적용하면 쾌락을 늘리는 행위가 선이고, 고통을 늘리는 행위가 악입니다(공리의 원리).

물론 개인의 쾌락을 지나치게 중시하면 사회에 좋지 않은 영향을 끼치기 때문에, 벤담은 만인의 쾌락이 평등해야 한다고 생각했습니다. 그리고 개인이 느끼는 행복의 총합이 사회 전체의 행복이라며 '최대 다수의 최대 행복'이라는 새로운 도덕 원리를 제창했습니다. 되도록 많은 사람의 효용을 높이고, 고통이 가장 적어지도록 억제하는 것이 도덕적으로 선이라 했죠. 이는 법률을 정하는 기준이기도 합니다.

벤담은 크리스트교나 이성적 철학에서 말하는 금욕주의가 (98쪽《의지와 표상으로서의 세계》참고) 틀렸다고 생각했습니다. 금욕을 관철하기란 불가능하고, 애초에 금욕 자체가 선이 아니기 때문입니다.

또한 단순히 감정으로 선악을 판단하는 것도 잘못이라고 지적했습니다. 뭔가를 판단하려면 외적인 이유를 근거로 삼아야 하는데, 단순히 감정으로 내리는 주관적 판단은 신빙성이 없다고 했죠. 도덕 감각Moral Sense이나 공통 감각Common Sense 또한 객관적인 근거라 할 수 없습니다.

벤담은 어떤 행위의 결과가 얼마만큼의 쾌락 또는 고통을 낳는지 파악하고, 그 많고 적음을 비교하는 방법을 연구했습니다.

행위 그 자체의 상태가 아닌, 행위에서 발생하는 결과가 얼마나 많은 쾌락을 품고 있는지에 따라 선악이 결정된다는 데서(귀결주의, 결과주의) 도출한 명확하고도 과학적인 방법, 즉 '쾌락 계산법'*을 제시했습니다.

또한 벤담은 동물들이 받는 고통을 줄이기 위해 동물애호법을 만들자고 주장하기도 했습니다. 특히 고양이를 무척이나 좋아했다고 합니다.

고전이 나에게 건네는 말

> 감정적으로 '이건 이래서 안 돼, 저건 저래서 안 돼' 하며 도덕만 따지는 건 그리 좋지 않다. 결과를 중시하고 쾌락을 늘리기 위해 동기 부여를 하는 편이 더 좋은 세상을 만드는 지름길 아닐까?

* ①강도(쾌감의 정도가 강할수록), ②지속성(쾌락이 길게 지속될수록), ③확실성(쾌락이 확실하게 얻어질 가능성이 높을수록), ④원근성(쾌락이 바로 얻어질수록), ⑤생산성(한 가지 쾌락이 다른 쾌락을 이끌어낼수록), ⑥순수성(고통이 섞이지 않게 쾌락의 양이 유지될수록), ⑦연장성(하나라도 더 많은 사람이 쾌락을 얻을수록)이라는 일곱 가지 기준에 맞춰 점수를 매긴 후 쾌락 정도를 계산하는 방법이다.

정치 · 사회편

《사회계약론》
장 자크 루소 지음(1762년)

책의 난이도
★☆☆☆☆

이 책의 배경

정밀로 《사회계약론》의 힘으로 프랑스 혁명이 일어나고 세상이 뒤집혔을까? 이 책에 따르면 주권은 인민에게 있고, 그들의 의지에 따라 국가가 형성된다. 그곳에선 인민이 주인이고, 관리자는 대리인일 뿐이다. 따라서 인민이 가장 위대하다는 결론이 나온다.

장 자크 루소(1712~1778)

프랑스의 계몽사상가이자 철학자, 정치 철학자. 스위스 제네바에서 태어났다. 《인간 불평등 기원론》, 《사회계약론》을 출간하며 계몽 활동을 했으며, 18세기에 출간된 《백과전서》의 음악 부분을 집필하기도 했다. 프랑스 혁명이 일어나기 11년 전에 사망했다.

프랑스 혁명에 영향을 끼친 책

《사회계약론Du Contrat Social ou Principes du droit politique》
은 민주 사회의 성립을 논한 장 자크 루소Jean Jacques Rousseau의
대표 저서입니다. 이 책에서 루소는 공공의 이익을 추구하는 '일
반 의지'의 지도 아래, 사람들이 자기를 모든 권리와 함께 공동
체에 전면적으로 위탁하는 사회계약에 관해 설명합니다.

우선 루소는 "인간은 태어날 때부터 자유롭지만 모든 곳에
철사로 연결되어 있다."라고 주장했습니다. 인간 본연의 사회
상태는 아니죠. 여기서 루소는 본래의 사회 상태로 돌아가려면
개인의 자유를 보장하는 최상의 정부를 만들어야 한다고 생각
했습니다.

그것도 주인과 노예의 복종 관계를 바탕으로 한 기존의 국가
가 아니라 자유와 평등, 독립의 주체인 인간의 합의, 즉 자유로
운 사회계약을 바탕으로 국가를 형성해야 한다고 주장했습니
다. 그러한 국가에서 "각 개인은 전체와 결합되어 있지만, 오직
자신에게만 복종하기 때문에 이전과 마찬가지로 여전히 자유"
롭습니다.

루소 또한 홉스처럼 자연 상태*를 가정했습니다. 루소의 다

---

* 자연 상태란 사고 실험으로 결론을 도출할 수 있는 가설이다. 우선 사회적·문명적 요소와 인
위적 능력을 배제한다. 또한 성의와 소유권, 자연권, 탐욕, 오만 등의 정념도 없앤다. 존 롤스
는 이러한 자연 상태를 적용해 《정의론》을 썼다(207쪽 《전외론》 참고).

"우리끼리 결정한 것에 따르고 있어요."

인민

관리
(대리인)

주권은 인민이 합의해 만든 의지로,
직접 민주제를 통해 행사되어야 한다. 인민에게는 법을 부여할
입법자가 필요하고, 인민의 의식도 높아져야 한다.

른 저서인《인간 불평등 기원론*Discours sur l'origine et les fondements de l'inégalité parmi les hommes*》에 따르면 인간의 본성은 선량하며, 자연 상태에서 '자기보존의 욕구'와 '연민'의 정을 가지고 있습니다. 여기에 불평등, 즉 지금과 같은 '격차'는 없습니다. 그러나 사유 재산이 생기면서 빈부 격차가 벌어지고, 불평등한 세상으로 변해갔죠. 그래서 사회계약이 필요해진 것입니다.

스스로 결정한 것에 따르므로 자유롭다

《사회계약론》 제2부에서는 '일반 의지'·에 관해 설명합니다. 루소가 말하는 새로운 자유 국가에서 '인민은 주권자'입니다. 또한 국가의 주권은 전 인민에게 공통되는 이익을 목표로 하는 일반 의지입니다. 이 일반 의지는 양보하거나 분할할 수 없는 절대적 의지이므로, 정부나 법은 이에 의존합니다.

루소는 인간이 타자와 함께 사회를 만드는 동시에, 오직 자신에게만 복종하면서 이전과 마찬가지로 여전히 자유로우려면 어떻게 해야 할지 고심했습니다.

일반 의지는 인민 자신의 의지이므로, 그에 복종하는 것은 곧 자신을 따르는 것입니다. 인민은 자연적 자유를 버리고 스스로 제정한 법을 따름으로써 사회 구성원의 권리를 보장받고 시민적 자유를 얻게 됩니다.

즉, 사회계약으로 생겨난 공동체 국가는 모두가 옳다고 판단할 선한 일반 의지로 충만하므로, 그곳에서는 모든 사람이 자유롭습니다.

《사회계약론》 제3부와 제4부에서는 정부와 국가에 관해 설명합니다. 당시 정부는 주권과 혼동되어 마치 절대적인 권위가

• 공공의 이익을 목표로 하는 보편적 의지를 말한다. 사적 이익을 추구하는 의지는 '특수 의지'이며, 특수 의지의 총합은 '전체 의지'이다. 전체 의지는 개인의 각기 다른 의지(특수 의지)가 모인 것뿐이므로 일반 의지와는 다르다.

있는 것처럼 여겨졌습니다. 그러나 루소는 정부가 주권자인 인민의 의지를 집행하는 기관에 지나지 않는다고 했습니다.

집행권을 위탁받은 관리는 인민의 주인이 아닌 사무를 대행하는 사람입니다. 따라서 인민은 항상 관리의 행동을 감시하고, 임면권을 자유롭게 행사해야 합니다. 또한 일반 의지에 기초한 정치이므로, 루소는 '간접 민주제(대의제)'를 비판하고 '직접 민주제'를 주장했습니다.

이처럼 《사회계약론》에 담겨 있는 기본적 인권, 주권재민主權在民*, 자유평등 사상은 근대 시민 사회에 빼놓을 수 없는 원리가 되었고, 프랑스 혁명*에도 커다란 영향을 끼쳤습니다. 또한 훗날 마르크스의 사회주의로 연결되기도 했습니다.

고전이 나에게 건네는 말

불평등을 강요하는 사회는 부패한 사회이다. 인간을 무구한 자연성으로 되돌리기 위해서는 사회 상태와 사회 의식을 개혁해야 한다. 그러려면 정치 철학을 공부할 필요가 있다.

* 정치에서 최종 결정권인 주권이 인민에게 있다는 민주주의의 근본 원리

‡ 1789년부터 1799년에 걸쳐 일어난 혁명. 신분제와 영주제(봉건제)를 무너뜨리고 법 앞의 평등, 경제적 자유, 자유로운 사적 소유를 인정하는 사회를 실현했다. 또한 인민 주권과 권력 분립, 자유권 등의 보장을 추구했다.

《정의론》

존 롤스 지음(1971년)

책의 난이도
★★★★★

이 책의 배경

정치 철학은 초기에는 사람들의 관심을 거의 끌지 못했다. '정치 철학이 아직 존재하는가'라며 한탄하던 이 분야를 단숨에 부흥시킨 책이 존 롤스가 1971년 발표한 《정의론》이다. 자유를 인정하면서도 가난한 자들에게 편익을 제공하는 이상 사회는 어떤 모습일까?

존 롤스(1921~2002)

미국의 철학자. 공리주의에 맞서 사회계약설의 전통을 응용해 자유와 평등의 정의에 관한 문제를 제기했다. 정치 철학 분야에 커다란 영향을 끼쳤다.

정의를 위한 '무지의 베일'

미국의 정치 철학자 존 롤스John Rawls는 빈부 격차를 줄이기 위한 참신한 사상을 제창했습니다. 빈부 격차를 줄이기 위해 사회주의적으로 부를 재분배하자는 주장이 이미 있기는 했지만, 롤스의 생각은 단순히 부자에게서 가난한 사람으로 돈을 순환시키자는 주장과 달랐습니다. 자본주의 경제에서 자유를 인정하면서도 격차를 줄여나가는 획기적인 방법론을 펼쳤죠. 롤스는 존 로크John Locke나 장 자크 루소가 제창한 사회계약설을 이어받아 독자적인 자유주의를 구축했습니다.

《정의론A Theory of Justice》은 제각기 다른 정의에 관한 생각 중에서 모두가 옳다고 인정하는 것을 이끌어내는 방법이 담겨 있다는 게 핵심입니다.

우리는 각자 입장이 다르기 때문에 의견을 완벽히 일치시키기는 거의 불가능합니다. 각기 다른 입장이란 부유층과 빈곤층, 인종과 민족, 종교 등의 차이, 이해관계와 사회적 지위 등의 차이를 뜻합니다. 그 안에서 공통의 '정의'를 이끌어내기 위해 롤스는 어떤 사고 실험을 제창했습니다. 이를 "정의의 원칙들은 무지의 베일Veil of Ignorance 속에서 선택된다."라고 표현했죠.

부자인지 가난한지, 무슨 인종인지, 남성인지 여성인지 자신의 입지를 따지다 보면 각자 가치관이 달라지기 때문에 그것들을 전부 '무지의 베일'로 가린 상태, 즉 원초적 입장* Original Position

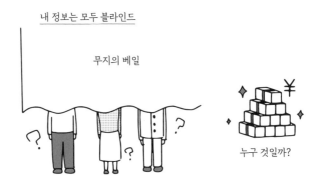

내 정보는 모두 블라인드

무지의 베일

누구 것일까?

사회 구성원 전체가 무지의 베일을 쓴 상태에서
정의의 원칙들을 선택하도록 해보자. 그러면 평등이 옳다고 결론짓는다.

을 가정한 것입니다. 사회계약설에서 말한 원시적 상태를 적용
한 개념입니다.

출발 지점을 평등하게 한 다음 경쟁하자

무지의 베일을 쓰면 내 사회적 지위가 무엇이지 전
혀 알 수 없게 됩니다. 그러면 누구나 평등주의를 선택합니다.
베일을 벗었을 때 내가 빌 게이츠 같은 부자라면 좋겠지만, 반

• 모든 사람이 자신에 관해 아무것도 모르는 원초적 입장에서 출발한다면, 정의의 원칙들은 이
  성에 기초한 공정한 합의 혹은 교섭, 즉 사회계약의 결과로 규정될 수 있나고 수장했다.

대로 노숙자일 수도 있기 때문입니다.

롤스는 '공정으로서의 정의'를 주장하며 정의의 원리를 두 가지* 들었습니다. 제1원리는 '공정한 기회균등의 원리'입니다. 모든 인간은 평등하게, 언론과 종교의 자유 등 기본적 자유를 최대한 누릴 수 있어야 한다는 내용이죠.

그리고 제2원리는 '격차 원리'입니다. 이는 사회·경제적 자원 배분에 관한 정의로 '공정한 배분'을 뜻합니다. 롤스는 자유주의 입장을 취하기 때문에 어느 정도의 격차는 인정합니다. 다만 그 격차는 사회 안에서 '가장 적게 가진 사람들에게 최대한의 이익을 가져다줄 것'이라는 조건이 붙습니다. 집안이나 재능에 따라 결과적으로 많이 가진 사람은 우연히 그런 상황에 놓인 것이므로, 불우한 사람에게 이익을 분배해야 한다는 사고방식입니다.

현대 사회의 문제점은 출생이나 조건 같은 우연적 요소에 따라 일부 사람들이 우대를 받는다는 점입니다. 따라서 사회 정의를 실현하려면 개인의 힘으로는 어쩌지 못하는 차별을 없애야 합니다.

---

* 사회·경제적 자원 배분에 관해 다음의 두 가지를 충족하는 경우에는 일정한 불평등을 허용해도 정의에 거스르지 않는다. ①사회·경제적 자원 획득에 유리한 직업이나 지위를 얻을 가능성이 공정한 기회의 균등이라는 조건 아래서 모든 사람에게 열려 있을 것(공정한 기회균등의 원리) ②불평등의 존재가 그 사회 안에서 가장 적게 가진 사람들에게 최대한의 이익을 가져다줄 것(격차 원리)

롤스의 정의론에서는 자유가 존중되기 때문에, 지위나 부에 불평등이 생기는 것은 인정합니다. 다만 이 불평등은 출발 지점이 완전히 평등한 상황에서 경쟁한 후에 발생한 것으로 한정됩니다.

본인이 노력한 만큼 공적을 쌓아 지위가 향상되는 사회가 바람직한 사회지요. 하지만 그 이상이 실현되려면 누구나 공적을 쌓을 평등한 기회가 전제되어야 합니다.

롤스는 두 가지 정의의 원리에 따라 자유를 유지하면서, 우연적 상황 때문에 한정되어 있는 사람들의 기회를 확대하고자 했습니다.

고전이 나에게 건네는 말

바람직한 사회는 개인의 자유를 존중하지만, 그 자유에는 모두에게 공정한 기회를 제공한다는 전제가 필요하다. 어쩌다 처하게 된 상황을 공평한 출발 지점으로 설정해서 자유 경쟁하는 사회에 관해 고민해 보자.

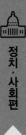

《전쟁론》

카를 폰 클라우제비츠 지음(1832년)

책의 난이도
★★★☆☆

이 책의 배경

전쟁이란 뭘까? 왜 일어나는 것이며 그 목적은 무엇일까? 세계 최초로 전쟁을 이론적으로 분석한 사람이 바로 클라우제비츠다. 그가 나폴레옹 전쟁에서 승리한 이유도 이론 분석에 따른 공적이 크다고 한다. 《손자병법》과 어깨를 나란히 하는 근대 전쟁론은 지금까지도 커다란 영향을 끼치고 있다.

카를 폰 클라우제비츠(1780~1831)

나폴레옹 전쟁에 프로이센군 장교로 참전했다. 1806년 예나-아우어슈테트 전투에서 프랑스군에 크게 패배했던 프로이센군은 1815년 워털루 전투에서 크게 승리하는데, 그 승리에 클라우제비츠의 연구가 큰 영향을 끼쳤다고 한다. 전후에는 연구와 집필 활동에 전념했다.

세상의 전쟁 상식에 파란을 일으킨 책

19세기 이전까지는 전쟁 서적이라고 하면 주로 용병술이나 전쟁 기록을 말했습니다. 그러나 카를 폰 클라우제비츠Karl von Clausewitz는 《전쟁론Vom Kriege》을 통해 처음으로 '전쟁이란 무엇인가'라는 본질론을 펼쳤습니다. 클라우제비츠 본인이 프로이센군 장교이자 군사이론가였기 때문에 더 설득력이 있었죠.

전쟁이 나쁘다고 생각하는 건 지극히 당연하지만, 이 책은 '사실과 본질'을 외면하지 않는 철저한 전략론을 펼칩니다.

우선 클라우제비츠는 전쟁은 갑자기 일어나지 않고, 정치의 연장선°에서 일어난다고 주장합니다. 국가 전략과 정치, 외교를 모두 '정치'라 표현했죠. 국가 전략의 목적을 달성하는 수단으로 정치, 외교, 군사를 꼽았으며, 평시에는 정치와 외교가, 전시에는 군사가 그 역할을 한다고 했습니다. 이를 한 문장으로 정리하면 다음과 같습니다.

"정치는 목적을 결정하고, 전쟁은 그것을 달성한다."

원래 인간의 활동에는 우연이 작용하지만, 전쟁만큼 우연이 작용할 여지가 큰 것도 없기 때문에 예상치 못한 상황에 직면할

• 정치 활동은 평시와 전시를 불문하고 일관되게 이루어지며, 전쟁을 이해하려면 우선 그 전쟁을 일으킨 정치 상태를 파악해야 한다고 클라우제비츠는 주장했다.

정말 그랬으면 좋겠다···

전쟁은 일어나지 않아

전쟁은 확대된 결투이다. 전쟁에서 폭력의 상호 작용은
정치적·사회적·경제적·지리적 요소에 따라 억제된다.
전쟁은 정치에 종속되어 있으므로, '전쟁은 정치의 연장'이다.

때가 많습니다. 정보도 엉터리일 때가 많아서 "허위 첩보˚의 파
도"라고 표현했죠. 클라우제비츠에 따르면 전쟁을 하는 목적은
"적의 완전한 타도"입니다. 적어도 "적 영토의 일부를 탈취"하는
것입니다. 이때 "탈취한 영토를 영구히 영유할지 아니면 평화
협상을 할 때 유리한 교환 조건으로 제시할지"는 자유입니다.

˚ 거짓 정보는 파도처럼 높아졌다가 잦아들었다가 다시 높아진다. 오늘날 초강대국들은 철저
한 정보 수집을 통해 반드시 승리한다는 결론이 났을 때 전쟁에 돌입한다고 한다. 하지만 그
정보들 또한 절대적이지 않으며 우연의 요소가 섞여 있으므로 반드시 승리한다고 보장할 수
없다.

"전쟁은 정치적 수단과는 다른 수단으로 하는 정치의 연속이다."

이처럼 정치가 막다른 길에 다다랐을 때 전쟁이 일어난다는 진실을 거침없이 폭로하는 것이 《전쟁론》의 특징입니다.

또한 전쟁술의 분류, 전쟁 이론, 전략의 요소, 기습·책략, 전투력의 공간적 집중과 시간적 집중, 전쟁의 성격 등 국가 간 전쟁에서 이기기 위한 비법이 망라되어 있어서 현대에도 세계 각국의 국방 조직이 꼭 읽어봐야 하는 책입니다.

"여기서는 전쟁의 요소, 즉 양자兩者 결투에 관해 논급하고자 한다. 전쟁은 확대된 양자 결투에 지나지 않는다. …… 이들의 당면 목적은 적을 타도하고 이를 통해서 어떤 추가적인 저항도 불가능하도록 만드는 데 있다."

"전쟁의 목표는 적을 완전히 무장해제하는 것이다."

이처럼 냉철한 분석이 책 전체에 걸쳐 이어집니다. 클라우제비츠는 군사의 정신적 사기와 동기 부여가 전쟁에 큰 영향을 끼친다고 강조했습니다.

"적을 타도하고자 한다면 적의 저항 능력을 고려하여 우리의 노력을 판단해야 한다. 이 노력은 서로 분리될 수 없는 요인, 즉 현존 수단의 규모와(전투원 및 무기, 장비 포함) 의지의 강도로 구성된 산물을 통해 표현될 수 있다."

"적 전투력은 격멸되어야 한다.* 즉, 적 전투력이 더는 싸움을 계속할 수 없는 상태로 몰아넣어야 한다."

전쟁에서 허술한 공격은 용납되지 않으며, 상대가 완전히 전투 의지를 상실하도록 작전을 펼쳐야 한다고 클라우제비츠는 말합니다.

"적 국토를 정복해야 한다. 왜냐하면 국토를 기반으로 새로운 전투력이 형성될 수 있기 때문이다."처럼 근본적 섬멸 작전에 관한 내용도 담겨 있습니다.

따라서 《전쟁론》의 일부만 훑어봐도 현대 국제 정세**를 파악하는 관점이 달라집니다. 특히 내가 적을 공격하는 관점이 아니라 '만약 적이 우리나라를 쳐들어온다면 구체적으로 어떻게 될까?'라는 방어("방어는 공격보다 강력한 전투 방식"이며, 방어해서 반격하지 않으면 멸망한다)의 관점에서 읽으면 현실을 파악하기 더 쉽습니다.

---

* 단순히 물리적으로 적을 섬멸한다는 뜻이 아니다. "전쟁은 반드시 어느 한 편의 타도가 완전히 이루어질 때까지 수행될 필요는 없다. …… 낮은 확률 또는 거의 기대할 수 없는 확률만으로도 적이 항복하도록 강요하는 데 충분할 수도 있다." 하지만 요즘 전쟁은 대량 파괴 무기 등을 숨기는 경우도 있기에 방심할 수 없다. 클라우제비츠는 "각 시대에는 그 시대에 맞는 독자적인 전쟁 이론이 있다."라고 했다.

‡ 자기를 보존하려는 의욕과 실력이 없는 나라를 외부 지원만으로 유지하기는 어렵다. 타국을 원조하는 나라 또한 자국 일처럼 신중하게 고려해주지 않는다. 승패가 뒤엎어질 전망이 없으면 동맹국도 지원을 거둔다.

정치의 연장선에 전쟁이 있고, 그것은 결투를 뜻한다. 전술을 짜려면 다양한 이론을 분석해야 하며, 전투원들의 정신력 또한 큰 영향을 끼친다. 《전쟁론》은 비즈니스에 필요한 마음가짐을 익히는 책으로 읽어도 얻을 점이 많다.

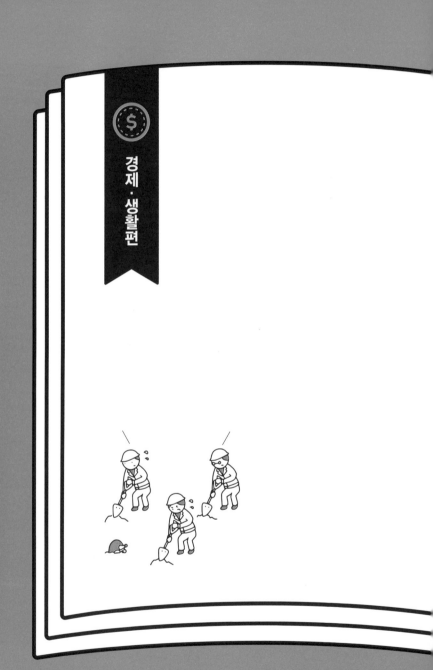

경제 · 생활편

제 5 장

일과 삶을
이해하는 책

경제 · 생활편

《국부론》

애덤 스미스 지음(1776년)

책의 난이도
★★☆☆☆

이 책의 배경

영국, 스페인 등 유럽 각국이 식민지를 확대해 나갈 때, 애덤 스미스는 그것을 정면으로 비판했다. 그는 노동으로 부를 창출하는 자본주의 사회가 발전할 근거를 밝히고, 재정 정책론과 교육론 등을 함께 제시했다. 과연 어떻게 해야 나라가 부강해질까?

애덤 스미스(1723~1790)

경제학의 아버지로 불리는 영국 스코틀랜드 출신의 경제학자. 고전파 경제학을 창시했으며, 오늘날 경제학의 원전이라 불리는《국부론》을 런던에서 완성했다.

생활을 풍족하게 만드는 방법은 무엇일까?

경제학자 애덤 스미스Adam Smith는 16세기 말부터 18세기까지 유럽 각국을 지배한 경제 사상인 중상주의*를 비판했습니다.

중상주의에서는 금은金銀 또는 재보財寶가 부를 대표합니다. 금은화폐와 그것을 불리는 일을 중시하는 경제 정책이죠. '이윤을 얻는다는 것은 곧 화폐를 불리는 것'인데, 상품을 싸게 사들여서 비싸게 팔면 매매 차액에서 화폐가 발생합니다. 이처럼 이윤을 불린다는 점에서는 농업이나 공업보다 상업이 유리하다는 주장이 대세였습니다.

그러한 이윤을 마음껏 얻을 수 있는 수단은 해외 무역뿐입니다. 해외 시장에서 부를 획득한다는 뜻이죠. 국가는 자국 생산물을 해외로 수출하고, 해외에서 수입하는 양은 최소화해 그 무역 차액을 금은으로 비축합니다. 그러려면 원가를 최대한 줄여 저렴한 가격으로 상품을 수출해야 합니다. 이를 위해 자연스레 노동자의 임금은 낮아지고 근로 시간은 길어집니다.

---

* 중상주의의 초기 형태는 중금주의重金主義였다. 금은을 축적하는 것이 국력의 중심이라 여기는 사상이다. 금은화폐를 축적하기 위해 국내 광산을 개발하고 해외에서 금은을 획득했으며, 금은이 해외로 유출되지 않게 하는 정책을 펼쳤다. 무역차액주의(무역보호주의)는 국가의 금은을 적극적으로 늘리기 위해 상품 수입액보다 수출액을 늘려 해외 무역 차액을 만든다. 중상주의 정책을 펴면 상대 국가도 같은 정책으로 대항하느라 서로 관세 장벽을 높여 수입을 억제하기 때문에 해외 무역이 방해를 받는다.

경제 균형

신의 보이지 않는 손

공급

수요

이기심　이기심　이기심　이기심　이기심

인간은 타인을 사랑하는 마음이 아니라
자기를 보존하기 위한 이익에 따라 물건을 교환한다.
이러한 자기애를 자유롭게 표출하면 시장을 통해
모두가 이익을 얻을 수 있다.

애덤 스미스는 이에 관해 이의를 제기했습니다. 부는 특권 계층(금은을 중시하는 계층)이 아니라, 여러 계층 사람들의 '생활 필수품과 편익품'을 늘리는 것이라 했죠. 즉, 자국민의 노동으로 생산력이 높아지면 그만큼 부가 늘어난다고 주장했습니다. 애덤 스미스는 《국부론*The Wealth of Nations*》에서 중상주의를 비판하고 자유 방임 사상을 펼쳤습니다.

저절로 조정되는 경제가 바람직하다

애덤 스미스의 자연 신학에서는 신이 인간에게 우선 '이기심'이라는 본능을 주었고, 그다음은 인간의 자율에 맡겼다고 주장합니다. 신이 인간을 창조한 다음 자유롭게 행동하도록 허락했기 때문에 인간은 그 본능, 즉 이기심을 마음껏 발휘하는 게 신의 의도에 따르는 행동이라고 말했습니다.

"외국 노동보다 자국 노동의 유지를 선호하는 것은 오로지 자신의 안전을 위해서이고, 노동 생산물이 최대의 가치를 갖도록 그 노동을 이끈 것은 오로지 자신의 이익을 위해서이다. 이 경우 다른 많은 경우에서처럼 보이지 않는 손*에 이끌려서 전혀 의도하지 않았던 목적을 달성하게 된다."

이처럼 애덤 스미스는 보통 악덕이라 여기는 이기심이 우리도 모르는 사이에 사회에 공익이 되는 복지를 증진시킨다고 주장했습니다. 신이 인간에게 심어놓은 이기심은 저절로 작동하기 때문에 괜히 이성적으로 이 생각 저 생각 할 필요가 없는 것이죠. 오히려 신에게 부여받은 이기심이 최대한 발휘되도록 최선을 다하는 것이 가장 중요합니다.

- "자신의 이익을 추구함으로써 흔히 진실로 사회의 이익을 증진시키려 의도하는 경우보다 더욱 효과적으로 사회적 이익을 증진시킨다."

- 근대 경제학에서 말하는 '균형 가격'으로 이어지는 개념이다. 시장에서 상품의 수요와 공급이 일치하지 않더라도 가격을 신호로 하는 자유로운 경쟁에 따라 저절로 균형 가격(애덤 스미스는 자연 가격이라 했다)이 결정된다.

인간이 이기심을 발휘하면 '절약', '근면' 같은 덕이 생겨납니다. 특히 건강과 재산, 사회적 지위, 명예 등에 마음을 쓰며 자기를 계발하는 태도인 신려愼慮의 덕이 갖춰집니다. 시장 가격 또한 자유 경쟁에 따라, 즉 상인들의 이윤과 소비자들의 수요에 따라 저절로 결정됩니다. 이처럼 개인의 이기심이 공익으로 이어지는 까닭은 신의 '보이지 않는 손' 때문인데, 그것이 실현되려면 어떤 조건이 필요합니다. 바로 사회의 경제 활동이 완전히 자유 경쟁이어야 한다는 조건입니다. 근대 경제학에서는 이를 '완전 경쟁'이라고 하지요. 과연 자유 경쟁에 모두 맡겨도 좋은지는 훗날 첨예한 논쟁으로 이어졌습니다.

고전이 나에게 건네는 말

국가가 자연적 경제에 따라 자유 방임 정책을 펼치면 사람들의 본성대로 노동이 부를 낳고, 그 결과 국가 전체가 풍요로워진다. 그렇게 생각하면서 일하면 새로운 관점이 열릴 수도 있다.

《프로테스탄티즘의 윤리와 자본주의 정신》

막스 베버 지음(1905년)

책의 난이도
★☆☆☆☆

이 책의 배경

마르크스 이론에서 상부 구조(이데올로기)는 하부 구조(경제적 토대)에 따라 규정된다. 그러나 막스 베버는 프로테스탄트 윤리가 돌고 돌아 자본주의 경영과 생산, 노동의 특수한 정신적 경향(에토스)에 영향을 끼쳤다고 주장했다.

막스 베버(1864~1920)

독일의 정치학자이자 사회학자, 경제학자. 서구 문명의 합리성을 추구했으며 법학과 정치학, 경제학, 사회학, 종교학, 역사학 등 여러 분야에서 뛰어난 업적을 남겼다.

금욕주의가 욕망을 좇는 자본주의를 달성했다

막스 베버Max Weber의 저서 《프로테스탄티즘의 윤리
와 자본주의 정신Die protestantische Ethik und der 'Geist' des Kapitalismus》
의 '종파와 계층' 파트를 보면, "자본 소유자와 경영자층, 상급의
숙련 노동자층, 특히 근대적 기업에서 높은 기술적 또는 상인
적商人的 훈련을 받은 구성원들은 현저한 프로테스탄트적 성격
을 띤다."라는 말이 있습니다. 언뜻 들어서는 이해하기 어려운
표현이지만, 한마디로 프로테스탄트Protestant* 신앙을 가진 사람
들이 영리 활동에 뛰어난 자질이 있어서 부를 많이 축적한다는
말입니다.

반면 가톨릭 신도에게는 그런 경향이 보이지 않는다고 하는
데, 그 이유가 뭘까요? 여기서 베버는 '가설' 하나를 세웠습니
다. '신앙과 영리 활동'이라는 정반대의 요소가 역사 속에서 하
나로 묶인 까닭이 있지 않을까 하는 가설이었죠.

베버는 이 가설을 더욱 확장해 '자본주의 정신'* 이라는 개념
을 제시합니다. 그에 따르면 '영리를 추구하는 행위는 하나의
윤리적 의무'라는 색채를 띠고 있습니다(직업 의무의 관념). 또한

• 종교 개혁을 거치며 가톨릭 교회에서 분리된 크리스트교의 여러 교파를 칭한다.

‡ 베버는 자본주의 정신에 가까운 발상을 벤저민 프랭클린의 사상에서 이끌어냈다. "프랭클린
이 말하는 자본주의 정신은 윤리적으로 채색된 생활 양식의 준칙이라는 성격을 띤다. 이 책에
서는 자본주의 정신이라는 개념을 이러한 독자적인 의미로 사용하고자 한다."

모든 욕망과 사치, 낭비를 금지하고 신앙과 노동에만 힘쓴다.
그래야 이 땅에 '신의 영광'이 나타났을 때,
나는 분명 구원받는 사람일 거라 안심할 수 있다.

'경제적 합리주의'에는 두 가지가 있습니다. 하나는 '주어진 현실에 적응해서 행동하는' 경우이고, 나머지는 '직업이 곧 사명'이라 여기는 경우입니다. 후자는 초월자(신)의 의지가 인간에게 노동을 부여했다는 믿음에서 비롯된 합리성을 따릅니다.

칼비니즘Calvinism 등 금욕적 프로테스탄티즘 종파의 윤리 사상을 신봉하는 사람들은 직업 노동을 신이 부여한 사명이라 여기고, 조직적·합리적으로 규율에 따라 노동을 이행합니다. 태만과 변덕, 안일, 향락, 사치 등 인간의 비합리적인 충동이나 욕구를 엄격하게 통제하는 생활 태도(에토스Ethos)를 갖추고 있죠. 프로테스탄트 신도들이 그렇게 된 이유는 무엇일까요?

독실한 신앙이 낳은 자본주의

1517년, '95개조 반박문'을 내걸어 프로테스탄트 탄생의 계기가 된 종교 개혁을 추진한 마르틴 루터Martin Luther는 '천직Beruf'이라는 개념을 제창했습니다. 가톨릭에서는 세속을 떠난 수도사 생활을 중시했으나, 루터는 세속적인 노동을 신이 기뻐할 거라 생각했습니다. 또한 스위스 제네바에서 종교 개혁을 주도한 장 칼뱅Jean Calvin은 '이중 예정설'을 주장했습니다.

"신은 당신의 영광을 계시하기 위해 당신의 결단으로 어떤 이는 영원한 삶으로 예정하셨고 또 어떤 이는 영원한 죽음으로 예정하셨다."(《프로테스탄티즘의 윤리와 자본주의 정신》 중 '웨스트민스터 신앙 고백')

이중 예정설은 인간의 자유 의지로 선한 일을 한다고 해서 구원받는 것이 아니라, 절대적인 신이 누구를 구원할지 미리 결정해 두었다는 주장입니다.

그런 말을 들으면 '어차피 결정되어 있다면 대충 살아야겠네'라는 마음이 들 수도 있지만, 프로테스탄트 신도들은 그렇게 생각하지 않았습니다. 이를테면 입시 결과가 나오지 않은 상태이므로 신도들은 자신이 선택받았는지 버림받았는지 몰라 불안할 수밖에 없습니다. 그럴 때, 어떻게 하면 내가 선택된 사람이라는 확신을 얻을 수 있을까 고민했죠.

그 결과 신의 의지에 따라 자신에게 주어진 직업을 신이 부여한 천직으로 삼는 것이 이 땅에 '신의 영광'을 늘리는 일이라 믿었습니다.

직업적 사명을 달성하여 성공하고 절약하며 금욕한다.* 그렇게 함으로써 구원받는 것이 아니라, '내가 구원받고 있다는 확신을 얻는 것'입니다. 인간들은 온전히 '신의 도구'가 되어, 신에게 부여받은 직업적 사명을 달성하는 데 종사합니다. 기업가가 이익을 추구하고 효율을 높이고자 노동자들을 가혹하게 다루는 것도 금욕적 합리주의의 에토스가 나타난 행위라 해석할 수 있습니다. 세속을 부정하는 종교의 교리에 따른 독실한 생활 태도가 도리어 세속적 이익을 추구하는 자본주의를 낳았다는 흥미로운 주장입니다.

고전이 나에게 건네는 말

금욕적 프로테스탄티즘의 이중 예정설은 신에게 부여받은 사명으로서 사람들을 직업 노동에 전념하게 했고, 그것이 경영 합리화로 이어졌다. 지금 내가 하는 일이 천직인지 한번쯤 생각해 보는 시간을 갖는 건 어떨까.

* 프로테스탄티즘에서 말하는 금욕은 일상에서 직무 노동을 할 때 생기는 욕구와 충동을 끊어내면서 자기 일에 전념하는 태도를 뜻한다. 속세에 대한 모든 관심과 욕망을 버리고 은둔하는 금욕과는 다르다.

《자유론》

존 스튜어트 밀 지음(1859년)

책의 난이도
★☆☆☆☆

이 책의 배경

자본주의 사회가 진전됨에 따라 권위에 도전할 수 있는 정치적 자유에 관한 요구 때문에 다수와 개인의 대립이 문제로 떠올랐다. 다수의 전제專制에 개인은 어디까지 자유롭게 행동할 수 있을까.

존 스튜어트 밀(1806~1873)

영국의 철학자. 사회 민주주의와 자유 민주주의, 자유지상주의에 커다란 영향을 끼쳤다. 벤담의 양적 공리주의를 비판하고, 질적 공리주의를 주장했다. 저서로는 《논리학 체계 *A System of Logic*》, 《정치경제학 원리》, 《공리주의》가 있다.

인간은 어디까지 자유로울까

자유에는 여러 의미가 있습니다. 이번 장에서 말하는 자유는 '의지의 자유(스스로 자기 일을 결정하는 자유)'가 아닙니다. 시민적 혹은 사회적 자유*입니다.

자본주의 사회가 진전됨에 따라 권위에 도전할 수 있는 정치적 자유에 관한 요구 때문에 다수와 개인:의 대립이 문제로 떠올랐습니다. 주위에 맞춰 사는 것이 대중 사회의 특징이라지만, 정말 그렇게 살아도 괜찮을까요? 물론 내가 하고 싶은 대로만 하면 분위기 파악 좀 하라고 면박당하기 일쑤지만요. 존 스튜어트 밀John Stuart Mill은 자신의 저서 《자유론》에서 다음과 같이 자유를 정의했습니다.

"나는 이 책에서 자유에 관한 아주 간단명료한 단 하나의 원리를 천명하고자 한다. …… 그 원리는 다음과 같다. 인간 사회에서 누구든(개인이든 집단이든) 다른 사람이 행동할 자유를 침해할 수 있는 경우는 오직 한 가지, 자기보호를 위해 필요할 때

• 칸트가 말했던 자유는 의지의 자유(93쪽 《실천이성비판》 참고)인 반면, 밀이 말하는 자유는 사회 속에서 '무엇이 어디까지 허용되는가'에 관한 자유이다. 밀은 자유의 고유한 영역으로 인간의 생활과 행위 중에서 다수가 아닌 자기 자신하고만 관계되는(개인의 독립성) 세 가지 자유를 꼽았다. ①사상과 양심의 자유, ②기호를 추구하고 탐구할 자유, ③단결의 자유이다. 또한 밀은 타인을 행복하게 하기 위한 수단으로 강제는 허용되지 않는다고 주장했다. 오로지 타인의 안전을 지키는 것이 목적일 때만 강제가 허용된다.

: 권력의 근원인 사회 다수의 의지가 소수의 이익 또는 행복을 억압할 때가 있다. '다수의 폭정'이 시작되는 것이다. 여론이라는 형태의 권력을 배격하지 않으면 인간은 노예가 뇌고 만다.

권력

지나칩니다!

천재

수재

묻혀버린 능력

국가 권력이 개인의 자유를 억누를 수 있는 경우는
타인에게 실질적 피해를 줄 때뿐이다. 그 이외에 개인의 행위는 모두 자유롭다.
인간에게는 개성과 다양성이 있고, 묻혀버린 천재는 너무 가엽기 때문이다.

뿐이다."

즉, 타인에게 힘을 행사해도 정당한 경우는 타인의 행동이
주변에 위해를 가할 때뿐이라는 것입니다(위해 원리). 또한 전철
에서 큰 소리로 떠드는 행동은 자유에 속할지 모르지만, 타인에
게 불쾌감을 주기 때문에 삼가야 합니다(불쾌 원리).

그렇다면 전철 안에서 화장을 하는 건 어떨까요? 주변에 불
쾌한 냄새를 풍기거나 가루를 날리지 않고 전철이 흔들릴 때 아
이라이너로 옆 사람을 찌를 위험성이 없다면, 즉 결과에 문제가
없다면 화장해도 괜찮지 않을까요?

밀의 사상은 질적 공리주의라서 질적인 결과를 고려하는데,

자유 문제와 명확히 선을 긋기 어려운 부분이 있습니다.

아무리 바보 같은 짓을 해도 자유다

밀이 말하는 자유에는 상대방에게 좋을 거라 생각해서 뭔가를 강요하거나 참게 만드는 일은 포함되지 않습니다. 충고나 설득, 재촉, 간청 등도 마찬가지입니다. "이걸 하면 훌륭한 사람이 된다."라고 하며 공연히 참견하는 것은 남의 자유를 제한하는 행동으로 간주됩니다.

또한 밀은 사회가 개인에게 간접적으로만 관여할 수 있는 활동 영역으로 '개인의 사생활과 사적 행위'란 개념을 들었습니다. 이는 아무리 바보 같은 행위라도 개인의 자유는 최대한 인정해야 한다는 뜻을 담고 있습니다.

"개인의 행동 중에 사회의 제재를 받아야 할 유일한 부분은 타인과 관계되는 경우뿐이다. 오로지 자신하고만 관계되는 부분에서 개인의 독립성은 당연하고도 절대적이다."

인간에게는 자기 성격에 맞게 인생을 설계할 자유가 있기 때문에, 어떤 결과든 받아들이겠다는 각오만 있으면 좋아하는 일을 마음껏 할 수 있습니다. "남들이 바보다, 비정상적이다, 틀렸다며 손가락질해도 남에게 해를 끼치지 않는 한 누구에게도 방해받지 않고 행동할 자유"가 있는 것입니다. 어떤 옷을 입는, 어

떤 음악을 듣든, 어떤 영화를 보든, 어떤 창작 활동을 하든 인간
은 온전히 자유로워야 합니다.

더불어 '사상과 토론의 자유'가 있어야 하며, 이를 형벌이나
여론으로 억압하는 것은 잘못입니다. 그러나 내 의견이나 행동
을 비판하는 말을 늘 겸허하게 받아들이고, 다양한 의견을 들어
봐야 합니다. 《자유론》 후반부에서는 복지에 관해 이야기하는
데, 행동의 자유와 생활의 자유가 '관습이나 전통'에 지배당하
면 개인이나 사회의 진보가 정체된다고 했습니다(개인의 자유에
관한 부당한 간섭*).

요즘 들어 우리가 갑갑하고 살기 힘들어진 까닭은 어쩌면 자
유를 억압하는 다수가 있기 때문인지도 모릅니다.

고전이 나에게 건네는 말

> 개인은 자유롭지만 남에게 해를 끼쳐서는 안 된다. 내가 전부
> 옳다고 생각하는 것도 문제지만, 남에게 해가 되지 않는다면
> 어떤 기호든 자유롭게 추구할 수 있다.

* 밀은 개인의 자유를 부당하게 간섭하는 두 가지 요인으로 ①부당한 정치 권력, ②사회적 관
  습이나 도덕률을 꼽았다. 밀은 정치적 압력보다 사회적 관습이나 도덕률, 즉 주변에서 억지로
  강요하는 도덕이 더 나쁘다고 보았다.

《인구론》
토머스 맬서스 지음(1798년)

책의 난이도
★★☆☆☆

이 책의 배경

인류 역사에서 전쟁이 끊이지 않았던 이유는 인구와 식량 때문이었다. 인간에게 식욕과 성욕이 있는 한, 인구는 점점 늘어나고 식량 생산은 그에 못 미칠 것이다. 그럼 어떻게 해야 할까. 인구 증가를 억제하는 데 전쟁 말고 다른 방법은 없을까?

토머스 맬서스(1766~1834)

영국의 경제학자. 18세에 영국 케임브리지 대학교 지저스 칼리지에 입학해 수학과 문학을 배우고 크리스트교를 연구했다. 1798년에 익명으로 《인구론》을 출간했으며, 찰스 다윈의 사상 등에 영향을 끼쳤다.

머지않아 식량이 고갈될 수도 있다

토마스 맬서스Thomas Malthus의 《인구론An Essay on the Principle of Population》은 흔히 고전으로 분류되지만, 그 안에 담겨 있는 문제들은 아직 근본적으로 해결되지 않았습니다.

한국은 저출산과 고령화로 인구°가 줄고 있는데도, 식량 자급률이 45% 남짓에 불과해 언제 기근이 발생할지 모르는 상태입니다. 맬서스는 인류의 미래를 어떻게 전망할지는 사람에 따라 크게 갈라진다고 했습니다.

"어떤 사람들은 앞으로 인간이 더 가속적으로 지금껏 생각지도 못했던 무한한 개선을 향해 전진할 것이라고 한다. 그러나 행복과 불행 사이를 영원히 왕복하는 것이 인간의 숙명이며, 아무리 노력해도 간절히 바라던 목표 지점에는 도달하지 못한다는 의견도 있다."

맬서스는 후자인 비관적 의견에 힘을 실었습니다. 그 전제로 다음의 두 가지를 들었죠. 첫째, 인간이 생존하는 데 식량은 꼭 필요하다. 둘째, 남녀 사이의 성욕은 필연이며 거의 현재 상태 그대로 미래에도 존속된다.

이 말이 옳다면 당연히 인구는 점점 늘어나고 식량은 부족해

° 맬서스가 《인구론》을 집필할 당시, 전 세계 인구가 8억 명이었다는 설이 있다. 그로부터 200년 사이에 인구는 60억 명으로 늘었다. 반면 식량 생산량은 1.9배밖에 늘지 않았다.

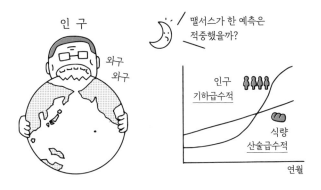

인구가 늘어나면 생활 물자가 부족해져 빈곤한 사람이 많아진다.
그럴 때 결혼해서 가족을 부양하기란 쉬운 일이 아니므로
인구 증가세가 정체된다.

져서 기근과 전쟁 등으로 인구가 다시 줄어드는 현상이 벌어질 겁니다. 물론 이건 지구 차원에서 하는 이야기이고, 선진국에서는 이성에 별로 관심이 없는 남녀 때문에 인구가 줄고 있다고 하지요.

《인구론》에서 특히 유명한 문장은 "아무런 억제가 없다면, 인구는 기하급수적으로 증가하는 반면 식량은 산술급수적으로 증가한다." 입니다.

---

‡ 공업 생산물은 생산성 높은 공장이 많아지면 어느 정도 비례해서 생산량이 증가한다. 토지 생산물 양을 늘리는 방법에는 농기구와 토지 개량, 넓은 경작지 확보, 비료 살포 등이 있지만 추진하기가 쉽지 않아서 생산량이 제자리걸음이다.

식량과 인구 문제에는 대책이 없다

맬서스는 농업 생산물 증대에 기여하지 않는 정책과 곡물 수입에 반대했습니다. 인간의 성욕과 식욕은 그칠 줄을 몰라서 인구 증가세와 식량의 균형은 무너질 수밖에 없다는 게 맬서스의 주장입니다.

"재산은 되도록 평준화하는 것이 멀리 봤을 때 반드시 유리하다. 소유자 수가 많아지면, 당연히 노동자 수는 적어진다. 즉, 사회 대다수가 재산 소유자가 되어 행복해진다. 자신의 노동력 말고는 재산이 없는 불행한 사람이 소수가 된다."

그러면 어떻게 해야 그런 사회를 만들 수 있을까요?

"인구 증가세와 토지 생산력 사이에는 자연의 불균형*이 존재하지만, 결국 자연의 대법칙에 따라 양자는 평형하게 유지된다. …… 만물을 지배하는 이 법칙의 중압에서 인간이 어떻게 해야 벗어날 수 있는지 나는 알지 못한다."

결국 맬서스도 마땅한 해결 방법을 찾지는 못한 모양입니다. 이처럼《인구론》에는 비관적인 내용이 많아서 읽다 보면 가슴이 답답해지기도 합니다. 맬서스는 미국의 예를 하나 들었습니다. 미국은 자유롭고 조혼 금지도 엄격하지 않은 나라여서 "불

---

* 아무리 평등에 관한 환상을 품어도, 아무리 농업을 철저하게 관리해도 자연법칙의 압력에서 인류는 한 세기 동안도 벗어나지 못했다고 맬서스는 말했다.

과 25년 만에 인구가 2배로 증가"했다고 합니다. 이 증가율을 기준으로 "인구는 억제하지 않을 경우 25년마다 2배로, 즉 기하급수적으로 증가한다."라고 했습니다.

농업 생산물이 부족하면 소나 돼지※를 대량으로 기르면 되지 않겠느냐고 생각할 수 있는데, 가축 역시 농업 생산물을 먹고 자랍니다.

"사실 유목국은 농업국만큼 많은 인구를 증가시킬 수 없다."

맬서스 이후로 인구수 증가를 억제하는 방법을 찾기 위해 활발한 토론이 이어졌는데, 식량 문제에 관해서는 지금도 뾰족한 해결책이 없습니다. 그러나 '인구가 증가하면 노동자는 과잉 공급되고, 식료품은 과소 공급된다.'라는 의견도 있죠. 한국은 인구가 감소 추세이기 때문에 과학을 활용해 식량을 증산하면 상황이 나아질 가능성이 있습니다.

※ 맬서스는 목축만으로는 식량 문제가 해결되지 않는다고 보았다. "사실 유목국은 농업국만큼 많은 인구를 성장시킬 수 없음에도 유목민을 그렇게 강대한 민족으로 만든 요인은 과연 무엇일까. 그것은 그들이 하나가 되어 이동할 수 있는 능력을 가졌다는 것이요, 또한 새로운 목초지를 찾아내기 위해 그와 같은 능력을 행사해야 할 필요를 절박하게 느꼈기 때문이다. 엄청나게 많은 가축을 가진 종족은 불가피한 경우 당장 먹을 수 있는 풍부한 식량원을 확보하고 있는 셈이다."

식량 문제가 심각하다. 우리가 마트에서 저렴한 닭고기와 채소를 살 수 있는 이유는 농업 생산물이 뒷받침해 주고 있기 때문이다. 마음껏 먹고 마시는 것도 좋지만, 식량은 곧 생명이라는 인식을 가지고 생활해 보면 어떨까.

《자본론》
칼 마르크스 지음(1867년)

책의 난이도
★★★★★

이 책의 배경

마르크스는 《포이에르바하에 관한 테제 *Thesen über Feuerbach*》에서 "철학자들은 이제껏 세계를 다양하게 해석해 왔을 뿐이며, 중요한 것은 세계를 변화시키는 일이다."라고 말했다. 소련이 붕괴한 후로 사람들은 《자본론》에 담긴 생각들이 낡았다고 했지만, 요즘에도 자본주의의 모순은 곳곳에 산재해 있다.

칼 마르크스(1818~1883)

독일 본 대학교와 베를린 대학교에서 법학을 공부하고, 역사학과 철학에 몰두했다. 졸업 후에는 〈라인 신문 *Rheinische Zeitung*〉 편집장으로 일했다. 힘겨워하는 노동자들을 접하며 독일 사회를 비판하고, 파리와 런던에서 망명 생활을 하며 활동을 이어나갔다. 2018년 마르크스의 생애를 다룬 영화 〈청년 마르크스 *The Young Karl Marx*〉가 개봉하기도 했다.

자본주의 사회에서 부자가 되는 방법

산업 혁명은 18세기에 영국에서 일어났고, 19세기에는 유럽 전역으로 확대되었습니다. 생산력은 급격하게 증대했지만, 19세기 후반에 접어들면서 자본가와 노동자의 격차가 눈에 띄게 벌어졌습니다. 그때 칼 마르크스Karl Heinrich Marx는 자본주의 사회를 분석함으로써 격차 문제를 해결할 방법을 찾고자 했습니다. 《자본론Das Kapital》은 자본주의의 비밀*을 차례차례 폭로하는 아주 두꺼운 책입니다.

모든 상품에는 사용 가치와 교환 가치가 있는데, 교환되는 상품의 공통된 요소는 '노동'입니다. 즉, 노동이 얼마만큼 들어갔느냐에 따라 상품 가치가 결정됩니다(노동 가치설). 그리고 다양한 상품이 교환되는 과정을 거치면서 '금'이 공통된 교환 수단으로 자리 잡았습니다. 바로 화폐지요. 상품은 화폐로 교환되는데, '금화 그 자체를 모으고 싶어 하는' 사람들이 나타나기 시작합니다.

마르크스는 노동자의 노동력 또한 상품이며(노동력의 상품화‡), 노동력과 교환되는 요소가 '임금'이라 했습니다. 임금은 노동자

---

* 자본이란 생산 과정에서 가치를 증식할 목적으로 투하되는 가치 총액이다. 기업가는 이 화폐 자본으로 생산 수단과 노동력을 산다. 생산 수단은 소비될 뿐이지만, 노동자의 노동은 잉여 가치를 생산한다. 그래서 기업가는 노동자를 혹사하며 대가 없는 노동을 강요한다.

‡ 노동자는 지극히 불리한 조건으로 자신의 노동력을 팔아야 하는 상황에 처하게 된다. 자본주의 사회에서는 노동력의 대가로 받는 임금보다 더 일해야 하는 강제력이 발생한다.

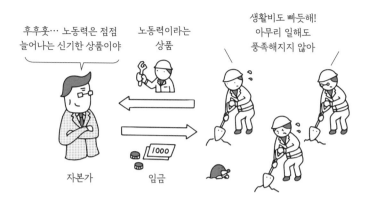

후후훗… 노동력은 점점
늘어나는 신기한 상품이야

노동력이라는
상품

생활비도 빠듯해!
아무리 일해도
풍족해지지 않아

자본가

임금

자본가는 노동자가 임금 이상으로 생산한 가치를 축적한다.
아무리 노력해도 대가 없는 노동이라 풍족해지지 않는 걸까?

가 일할 수 있도록 최소한의 의식주 비용을 지불해 주는 것입니다. 즉, 우리가 받는 한 달 월급은 다음 한 달 동안 일하기 위해 목숨을 부지하는 생활비라는 뜻이죠. 그래서 우리가 선뜻 회사를 그만두지 못하는 건지도 모르겠습니다.

노동자가 하루를 생활하는 데 필요한 노동 시간을 '필요 노동 시간'이라 하는데, 이는 노동자가 살아가기 위한 요소이므로 자본가에게는 이득이 되지 않습니다. 그래서 자본가는 노동자에게 더 많은 일을 시키고 '잉여 가치'를 생산해서 '착취'합니다. 즉, 노동력이라는 상품만이 잉여 가치를 생산하는 특수성을 가지고 있으므로 자본주의가 성립하는 것입니다. 자본주의 사회에서는 자본가가 되어야만 풍족하게 살 수 있습니다.

머지않아 자본주의가 붕괴한다

이처럼 자본주의 사회에서는 '생산 수단(토지, 공장, 기계 등)의 사유'와 '노동자의 노동력 상품화'가 이루어집니다. 생산물은 상품이 되며, 이 상품은 자본가가 소유합니다. 원래 인간은 타인에게 승인받고자 하는 욕구에 따라 노동합니다. 그런데 자본주의에서는 이름 없는 존재로 그저 생산물을 생산하는 공허한 활동을 하기 때문에, 노동자는 노동에서 소외됩니다(노동 소외).

또한 사회에서 인간과 인간이 맺는 관계는 뒤틀려서 사물과 사물의 관계가 되며(물상화), 화폐 그 자체에 가치가 있는 듯한 착각이 생겨납니다(물신 숭배*).

마르크스는 《자본론》에서 "일정한 성숙 단계에 도달하면 그 특수한 역사적 형태는 벗겨지고 더 높은 형태에 자리를 양보한다."라고 했습니다. 역사를 깊이 탐구했던 마르크스는 앞으로 자본주의가 어떻게 될지 예측했던 것입니다. 회사와 회사가 부딪히면, 회사들은 차례로 도태됩니다. 그것이 세계 전체로 퍼진다면 자본주의는 반드시 붕괴될 수밖에 없습니다.

마르크스는 다른 저서인 《정치경제학 비판 요강*Grundrisse der*

---

* 물상화란 관계 속에 성립된 사상事象을 하나의 사물처럼 인식하는 것이다. 물신 숭배는 금에 고유한 신비성이 있다고 믿는 등, 화폐나 자본을 숭배하는 현상을 말한다. 원시 종교인 페티시즘에서 유래한다.

Kritik der politischen Ökonomie》 서문에서 유물사관을 펼쳤습니다.

"인간 생활의 사회적 생산에서 인간은 특정하고 필연적이며 스스로의 의지와는 무관한 관계로 들어간다. 이것은 생산관계로서 인간의 물질적인 생산력에 상응한다. 이러한 생산관계의 총체성이 사회의 진정한 토대인 경제적 구조를 형성한다. …… 인간의 의식이 그 존재를 규정하는 것이 아니라, 반대로 인간의 사회적 존재가 그 의식을 규정한다."

냉전이 끝나고 소련이 붕괴하면서 자본주의가 승리한 것처럼 보이지만, 앞으로 또 어떻게 될지 아무도 모를 일입니다.

고전이 나에게 건네는 말

> 노동 그 자체가 첫 번째 목적이 되고, 개인이 즐겁게 일하면서 풍요롭게 살 수 있는 사회가 가장 바람직하다. 현대 자본주의의 폐해를 되짚어보고 내 경제 생활을 꼼꼼히 살펴 과로사하지 않도록 조심하자.

마르크스는 사회가 다음의 다섯 단계를 거쳐 발전한다고 주장했다. ①원시 공산 사회: 자연 경제. 계급이 없는 평등한 사회. ②고대 노예제 사회: 생산 경제. 부를 축적함으로써 계급이 발생했다. 노예를 부렸으며, 노예 공급이 부족해지자 농노제로 이행되었다. ③중세 봉건 사회: 지배 계급은 농노에게 생산물 지대를 착취했다. 상품이 유통되었고 공장제 수공업이 생겨나면서 자본이 축적되었다. ④근대 자본주의 사회: 산업 자본의 자유 경쟁. 공황으로 인해 자본이 집중되고, 결국 붕괴한다. ⑤사회주의 사회: 인민이 공동으로 경제를 관리한다. 계획적으로 국가를 운영하며, 공산주의 사회로 가는 과도기 단계이다. 공산주의 사회에서는 물자가 차고 넘친다.

《고용, 이자 및 화폐에 관한 일반 이론》

존 메이너드 케인스 지음(1936년)

책의 난이도
★★★★☆

이 책의 배경

1920년대 미국은 황금시대였지만, 그 번영은 얼마 가지 못했다. 캘리포니아 부동산 투기부터 철도회사 주식 투자 열풍까지 계속 부풀기만 하던 거품이 1929년 10월 24일 갑자기 붕괴했기 때문이다. 이로 인해 뉴욕 월가의 주식 시장은 걷잡을 수 없는 폭락을 거듭했다. 그 아수라장에서 미국 경제를 되살린 것이 케인스의 이론이다.

존 메이너드 케인스(1883~1946)

영국 잉글랜드 케임브리지 출신의 경제학자. 거시 경제학을 확립했다. 케인스가 등장하면서, 경제학자들은 고전파와 케인스학파로 양분되었다. 전후 브레튼 우즈 체제 Bretton Woods system에도 영향을 끼쳤다.

일하고 싶은데도 일자리를 잃는 이유

실업자는 왜 생길까요? 고전 경제학에서는 임금이 지나치게 높아서 대량 실업이 발생한다고 했습니다. 임금 하락을 막으려는 움직임(노동조합의 단체 행동) 등도 관계가 있다고 했죠. 이에 따르면 노동자의 실업은 자발적입니다. 이 '자발적 실업'은 일할 수 있는데도 일부러 일하지 않는 상태를 지칭합니다.

경제학자들은 이런 노동자들은 '임금이 낮아 일할 의욕이 없어서 일하지 않는 존재'로 해석했습니다. 그래서 정부가 가능한 한 경제에 개입하지 않고(작은 정부) 방임하다 보면 자연스럽게 일하는 사람이 늘어나 실업 문제가 수습될 것이라고 생각했습니다.

그러나 1929년 세계 대공황이 찾아오면서 실업자가 대량으로 발생했고, 일하고 싶은데도 일하지 못하는 '비자발적 실업자'가 순식간에 늘어나면서 고전 경제학으로는 설명할 수 없는 상태가 이어졌습니다.

이때, 케인스John Maynard Keynes의 《고용, 이자 및 화폐에 관한 일반 이론The General Theory of Employment, Interest and Money》이 등장했습니다. 비자발적 실업을 해소할 힘이 시장에 존재하지 않는다면, 외부에서 어떤 자극을 가해야 한다는 이론이었습니다. 즉, 노동자가 넘쳐나는 상황이니 노동의 '수요'를 늘릴 필요가

일자리가 늘어난다!　　　　　　　　　공장　　　　　　　　정부 수요

투자가 활발할 때는 사람들의 마음이 진취적이라 자금이 움직인다.
자금을 더 유동流動시키자!

있다는 것입니다. 고전 경제학에서는 완전 고용*을 전제했지만, 실제로 이루어지지는 않았습니다. 그는 이 점을 꼬집습니다.

"우리가 생활하고 있는 경제 사회의 현저한 결함은 완전 고용을 성취할 수 없다는 점과 부와 소득이 자의적이고 불평등하게 분배된다는 점이다."

그럼 어떻게 해야 할까요? 케인스는 이 질문의 대답으로 "경기가 나빠지면 국가가 일자리를 만들면 된다."라는 새로운 이론을 제시했습니다.

---

* 비자발적 실업자가 발생하지 않는 상태. 즉, '일할 의지와 능력을 갖춘 자가 고용된 상태'를 말한다. 케인스는 '공급은 스스로 자신의 수요를 만든다'라는 세이의 법칙Say's law을 부정했다. 그리고 수요가 생산량과 고용의 양을 결정한다는 유효 수요의 원리를 제시했다.

일자리를 만들어서 실업자를 구제하자!

케인스의 거시 경제학◦은 고전 경제학의 방임주의를 비판함으로써 경제학을 획기적으로 전환했습니다. 실업이 발생하는 원인이 '유효 수요◦의 부족' 때문이라고 주장했죠.

노동자 수가 일자리 수보다 많은 이유는 생산물의 수요(소비와 투자)가 부족해서입니다. 케인스는 정부가 유효 수요를 창출해서 불황을 극복하고 완전 고용을 실현해야 한다고 했습니다.

그는 소비와 국민 소득의 관계를 소비함수로 나타냈습니다. 투자를 결정하는 요소는 미래에 대한 기업가의 기대치와 투자 원가인 이자율입니다. 전통적인 경제학에서는 이자율을 현재의 소비를 억제하는 것에 대한 보수라고 해석했습니다. 이런 주장을 대인설待忍說이라 합니다. 케인스는 이를 부정하면서, 이자율은 화폐에 대한 수요와 공급의 관계(유동성)로 결정된다고 생각했습니다. 이자율을 '은행에 맡겨둔 돈이 불어나는 비율', 이윤율을 '사업에 투자해서 이윤이 생기는 비율'이라 정의해 봅시다. 이자율이 높으면 은행에 저축하는 사람이 늘고, 이윤율이 높으면 사업에 투자하는 사람이 늘어날 것입니다.

⦙ 케인스의 거시 경제 체계는 산출고와 소비, 투자, 이자율 등의 상호 의존 관계로 설명된다. 케인스는 투자가 늘면 일자리가 늘어나므로 소득도 증가한다는 승수乘數 이론을 주장했다. 감세와 공공 투자 정책 등으로 투자가 늘어나도록 유도하면 유효 수요 또한 늘어난다.

⦙ 화폐적 지출에 근거한 수요를 말한다. 국민 소득이나 고용 수준 등의 경제 활동 수준은 유효 수요의 크기에 따라 달라진다.

여기서 케인스는 경기가 안 좋을 때 일부러 이자율을 낮추면 사람들이 자연스럽게 새로운 사업에 투자해 경기가 좋아질 거라 주장했습니다. 종래의 균형 재정을 타파하고 국가가 적극적으로 빚을 짐으로써(국채를 발행함으로써) 일자리를 늘려야 한다는 것입니다. 그러면 국민 소득이 올라가기 때문에, 빚은 그 이후에 변제하면 됩니다.

이처럼 소비를 직접적으로 늘리는 재정 지출 정책이 가장 효과가 뛰어나다는 유효 수요 이론은 대공황으로 신음하던 미국을 살려냈습니다. 케인스의 이론은 1933년 프랭클린 루스벨트 미국 대통령이 펼친 뉴딜 정책*의 이론적 근거가 되었습니다.

고전이 나에게 건네는 말

> 아무것도 하지 않는 것보단 뭔가 활동하고자 하는 '야성적 충동(애니멀 스피릿Animal Spirits)'이 중요하다. 케인스가 말한 애니멀 스피릿은 기업가가 꼭 새겨두어야 할 정신이다. 돈은 유동할 때 의미가 있으므로 더 열심히 일하자!

* 프랭클린 루스벨트 미국 대통령이 세계 대공황을 극복하기 위해 실시한 정책의 총칭. 테네시강 유역 개발공사 등을 설립해 정부가 적극적으로 경제에 개입함으로써 실업자를 줄이고 유효 수요를 창출했다. 대공황 후 제2차 세계대전이 일어나는 바람에 미국 경제가 좋아졌다는 주장도 있다.

경제 · 생활편

《21세기 자본》
토마 피케티 지음(2013년)

책의 난이도
★★★★☆

이 책의 배경

일하고 또 일해도 돈이 금방 사라진다. 저축하려고 해도 여유가 없다. 쉬지도 못하고 일만 하는데도 말이다. 어째서 가진 자는 더 풍족해지고, 가난한 자는 더 가난해질까? 피케티는 그 비밀이 r > g라는 공식에 있다고 했다.

토마 피케티(1971~)

프랑스 클리시 출신의 경제학자이자 경제학 박사. 파리 고등사범학교를 졸업했으며, 경제적 불평등 전문가이다. 특히 역사 비교의 관점에서 연구를 진행하고 있다. 파리 경제학교를 설립하는 데 중심 역할을 했으며, 현재 그곳에서 학생들을 가르치고 있다.

앞으로 세계 경제는 어떻게 될까?

토마 피케티Thomas Piketty의 《21세기 자본Le Capital au XXIe siècle》은 면밀한 자료를 바탕으로 전 세계에 퍼져 있는 경제 격차*와 그 대책을 이야기하는 책입니다. 피케티에 따르면 산업 혁명 이후 유럽과 미국은 아시아, 아프리카와 비교할 수 없을 정도로 강한 경제력을 자랑했습니다. 그러나 현재는 아시아와 아프리카 경제가 급속도로 성장하면서 지역 격차가 줄어드는 추세입니다.

1820년경, 유럽과 미국에서는 산업 혁명에 따라 국민 1인당 생산량이 급격히 증가했습니다. 하지만 선진국 GDP(국내총생산) 성장률이 정점을 찍던 시대는 이미 지나갔고, 21세기 말이 되면 더 내려갈 거라고 합니다. 여기에는 인구 감소라는 요인도 한몫을 차지합니다. 저출산과 고령화에 따라 국력이 약해지는 사태를 우려하는 것도 이와 관련이 있습니다.

전체 경제 성장이 정체되면 가난한 사람들이 늘어납니다. 1975년 이후 부유한 국가에서는 국민 소득에서 자본 소득이 차지하는 비율이 증가하고 있습니다. 여기서 자본이란 부동산이나 주식 등을 말하며, 자본으로 얻는 소득을 자본 소득이라 합니다.

---

* 자유주의 경제 이론에서는 고소득층이나 대기업이 부를 획득하면 저소득층에까지 흘러들어 사회 전체가 부유해진다고 주장했다. 즉, 시장 체제를 방임하면 r과 g가 평형이 이룬다고 했지만, 피케티는 이를 부정했다.

자본수익률   경제성장률

주식이나
부동산 수익   일해서
                              얻는 수익

자본가가 부를 축적해서 공평하게 재분배되지 않는 세상.
빈곤 탓에 사회가 망가진다. 어떻게 하면 격차를 바로잡을 수 있을까?

선진국인 미국과 독일, 영국, 캐나다, 일본, 프랑스, 이탈리아,
호주의 자본 소득 추이를 보면 국민 소득에서 자본 소득이 차지
하는 비율이 점점 증가하고 있습니다.

그런데 피케티는 광대한 자료를 분석한 결과, "자본수익률(r)
은 항상 경제성장률(g)보다 크다는 부등식이 성립된다."ᵼ라고
주장했습니다(r⟩g). 여기서 자본수익률이란 자본에서 자본 소
득이 차지하는 비율입니다. 이 주장은 과연 무슨 뜻일까요?

ᵼ   피케티는 "내 이론에서 양극화의 주된 요인인 'r⟩g'라는 기본적인 부등식은 시장의 불완전성
     과는 아무런 관련이 없다는 점에 유의하여야 한다. 사실 그 반대다. 자본시장이 더 완전할수
     록 r이 g보다 커질 가능성도 높아진다."라고 설명했다.

연봉이 높아도 부동산과 주식 부자는 못 따라간다?

이제껏 격차 문제는 경제가 성장하면 자연스럽게 해결될 거라 했지만, 실제로는 그렇지 않다고 피케티는 말했습니다. 경제 성장을 기대하고 자본주의를 방치하면 격차가 점점 더 벌어진다고 주장했습니다.

우리는 보통 회사에 취직해서 월급을 받습니다. 일할 때는 특히 '높은 연봉'을 목표로 삼죠. 일하면 수익이 늘고, 생활이 풍족해진다는 게 기존의 사고방식이었습니다. 그러나 시대가 달라졌습니다. 피케티는 멀리 봤을 때 "자본수익률(r)이 경제성장률(g)보다 커진다."라고 주장했습니다. 극단적으로 말하면 열심히 일해서 연봉을 올리기보다 부동산이나 주식에 투자해서 불로 소득을 얻는 편이 훨씬 큰 수익이 된다는 뜻입니다. 아무리 연봉이 높아도 몽땅 써버리면 아무 소용이 없으니까요.

자본에서 얻는 수익률이 경제성장률을 웃돌수록, 그만큼 부는 자본가가 축적하게 됩니다. 자본을 가진 사람은 경제가 성장하는 속도보다 더 빠르게 자본을 불릴 수 있기 때문이죠.

이 세상은 크게 자산가와 자산가가 아닌 사람으로 나뉩니다. 물론 여러 의견이 있지만, 자본이 있으면 이기고 없으면 지는 세상입니다. 부가 공평하게 재분배되지 않아 빈곤 문제가 사회와 경제를 불안정하게 만들고 있습니다.

부자는 다양한 금융 상품에 투자해서 자산을 유리하게 운용

할 수 있습니다. 인플레이션 대책으로 부동산이나 주식, 귀금속 등에 분산해서 투자할 수도 있죠. 부자는 점점 더 부자가 되고 가난한 사람은 점점 더 가난해지는 세상, 불공평하지 않나요?

그러면 피케티는 세상이 불공평하니 몸이 가루가 되도록 일하지 말고 부동산이나 주식에 투자하라고 했을까요? 그렇지 않습니다. 피케티는 빈부 격차를 바로잡으려면 전 세계에 '누진적 소득세'를 도입해 자산을 재분배하자고 제안했습니다. 평범한 서민들은 정부가 어떻게든 지원해 줄 거라 기대해 보는 수밖에 없겠죠.

고전이 나에게 건네는 말

> 피케티는 격차를 바로잡기 위해 누진적 소득세를 강화하는 방안을 제시했다. 《21세기 자본》에 담긴 주장들을 반대로 해석해서 주식이나 부동산, 비트코인에 무분별하게 투자해서는 안 된다.

* 누진적 소득세는 열심히 일한 사람이 보상받지 못한다는 비판이 있다. 하지만 공공 서비스 등을 통한 소득 재분배로 충분히 편익을 누리고 있다는 의견도 있다. 여기서 더 나아가 피케티는 부동산과 금융 자산을 포함한 모든 자산에 매년 세금을 부과하는 '누진적인 글로벌 자본세'를 도입하자고 주장했다. 부유층이 해외로 재산을 빼돌려도 전 세계에서 같은 제도로 세금을 걷으면 된다고 했다.

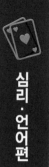

심리 · 언어편

제 6 장

마음과 말에 관해
생각하는 책

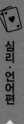

《정신 분석 강의》

지그문트 프로이트 지음(1917년)

책의 난이도
★ ☆ ☆ ☆ ☆

이 책의 배경

인간은 사회가 정한 규칙에 따라 살아야 하기 때문에 본능을
마음껏 충족시킬 수 없다. 하지만 그로 인해 마음의 병이 생
긴다면? '뒤틀린 고통을 정상적인 고통으로 되돌리는' 겸허한
일. 그것이 바로 정신분석이다.

지그문트 프로이트(1856~1939)

오스트리아의 신경학자이자 정신 분석의 창시자이다. 1873년 오스
트리아 빈 대학교 의학부에 입학했으며, 졸업 후에는 히스테리를
연구하며 무의식 세계를 발견하고 정신 분석 요법을 확립했다. 나
치가 빈을 점령하면서 1938년 런던으로 망명했고, 다음 해에 사망
했다.

일상생활 속에서 정신의 비밀을 밝혀내다

《정신 분석 강의*Vorlesungen zur Einfuhrung in die*》는 지그
문트 프로이트Sigmund Freud가 오스트리아 빈 대학교에서 1915
년부터 1917년까지 일반인에게 강의한 내용을 엮은 책입니다.
입문서인 만큼 아주 쉽게 설명되어 있습니다.

책은 간단한 말실수 같은 '실수 행위'* 에 관한 설명으로 시작
됩니다. 예를 들어 어떤 사람이 "지금부터 개회를 선언합니다."
라고 말해야 하는데, "지금부터 폐회를 선언합니다." 하고 잘못
말했다고 가정해 봅시다. 프로이트는 이 현상을 설명하기 위해
심리 갈등 모델을 이용해서 실수한 원인을 밝히고자 했습니다.
그의 논리에 따르면 사실은 개회하고 싶지 않았기 때문에 내면
에 갈등이 생겨서 자기도 모르게 "폐회"라고 말한 것입니다.

프로이트는 꿈:을 분석하기도 했습니다. 꿈은 여러 자극에서
수면을 지키는 역할을 합니다. 꿈속에서 들리는 소음으로는 잠
이 깨지 않습니다. 또한 꿈에서 겪은 이야기는 눈을 뜬 후에 수
정되어서(꿈의 이차적 가공), 잠에서 깬 다음에 기억해낸 꿈과 실
제로 꾼 꿈은 다릅니다. 꿈을 꾸는 이유는 소망을 충족하기 위

* 의도가 다른 두 가지 갈등이 표출된 것이다. 뭔가 하려는 의도가 있음에도 불구하고 그것을
억압하면 실수(잘못)가 생긴다. 이를 통해 의식 속에 무의식이 있음을 알 수 있다.

: 소망을 충족하기 위한 요소가 왜곡되어 의식상에 남은 것이 꿈이다. 우리가 무의식적으로 검
열하고 있기 때문이다.

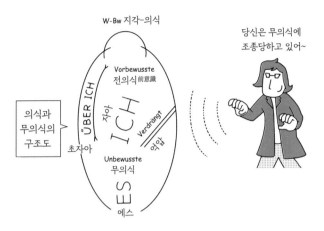

과거의 억압된 기억이 마음이나 행동을 좌우한다.

해서이며, 어린아이보다 어른의 꿈이 훨씬 복잡하다고 프로이
트는 설명했습니다.

꿈은 응축과 이동, 시각화 등의 작용을 거치며 변형되는 경
우가 많은데, 꿈이 상징적인 이유는 바로 이 때문입니다. 예를
들어 집은 '인간의 몸', 벽이 평평한 집은 '남성', 발코니가 있는
집은 '여성', 조그만 동물은 '어린아이나 형제자매', 여행은 '죽
음'을 상징하죠. 이처럼 꿈에 나오는 요소들은 무언가를 상징하
고 있습니다.

내 안에 있는 또 다른 나를 깨닫는 방법

　　프로이트는 신경증 환자들 마음속에는 무의식적인 억압이 있으며, 그것을 해방하면 신경증 증상이 없어진다는 사실을 발견했습니다. 성적인 욕구와 관련된 체험이 일그러진 형태로(성적으로 불쾌했던 경험 등) 저지된 경우, 인간은 마음을 지키기 위해 그 체험 내용을 무의식의 가장 깊은 곳에 가둬둡니다(억압).

　　인간의 마음은 빙산과 같아서, 의식이라는 수면 위로 보이는 부분은 극히 일부에 지나지 않습니다. 마음 대부분은 수면 아래에 있는 무의식 영역에 감춰져 있습니다. 내용이 몇 차례 변경되긴 했지만, 훗날 프로이트는 심적心的 구조* 모델을 만듭니다.

　　무의식은 이드(에스)의 영역이라 불리며, 성적 에너지(리비도Libido)의 저장고입니다. 성적 에너지는 유아기 때부터 성장과 더불어 발달합니다. 유아의 성욕은 몸 전체에 퍼져 있지만, 발달 단계*에 따라 특정 부위로 집중되었다가 이동합니다.

　　5~6세 남자아이의 리비도는 엄마를 향하기 때문에 엄마의

---

* 초기 프로이트는 마음의 구조를 의식과 전의식(잊고 있지만 당장 의식 위로 끌어올릴 수 있는 의식), 무의식으로 구분했다. 그러나 훗날 생각을 바꿔, 마음은 자아와 초자아, 이드로 이루어져 있다고 했다. 자아는 내가 나임을 자각하는 마음의 주체이다. 초자아는 '양심의 목소리'이며, '~해서는 안 된다'라는 금기를 지킨다. 욕구와 금기를 조정하는 일도 자아의 몫이다.

: ①구강기: 유아기로, 성욕이 구강에 집중되어 있다. ②항문기: 2~4세로, 성욕이 항문에 집중되어 있다. ③남근기: 3~6세로, 다른 부분에 퍼져 있던 성욕이 성기로 집중된다. 이 시기에 오이디푸스 콤플렉스가 생긴다. ④잠복기: 오이디푸스 콤플렉스가 해소된다. ⑤생식기: 사춘기를 맞이하면서 생식기로 접어들며, 성인의 성욕으로 발달해나간다.

애정을 독차지하려고 합니다. 그럴 때 아빠가 훼방꾼이라 느끼죠. 그러나 이 소망은 충족되지 않기 때문에 엄마를 향한 애정과 아빠를 향한 증오는 무의식 속에 억압됩니다. 그는 이러한 심리를 아버지를 죽이고 어머니와 결혼한 그리스 신화 속 오이디푸스왕에 빗대어 '오이디푸스 콤플렉스'라고 명명했습니다.

이처럼 사회적·도덕적으로 허용되지 않는 여러 성적 욕구는 무의식 속에 억압되고, 억압된 충동은 복잡한 심적 내용의 집합(콤플렉스)을 이뤄 불안이나 강박증, 마비 등 다양한 신경증을 일으킵니다. 프로이트는 무의식 아래에 억압된 성적 에너지를 의식화하고 스스로 조절할 수 있게 되면 신경증이 사라진다고 했습니다. '무의식을 의식화해서 억압을 해소하고 증상을 형성하는 조건을 없애는' 겸허한 작업. 그것이 정신분석입니다. 프로이트의 정신분석은 병을 일으키는 갈등을 의식상의 정상적인 갈등으로 바꿔 해결되도록 이끕니다.

고전이 나에게 건네는 말

의식과 무의식의 과학을 이해하고, 심적 갈등의 실상을 제대로 파악할 수 있어야 한다. 내가 내 마음의 주인임을 자각하고 주체적으로 무의식을 통제하면서 긍정적으로 사고하도록 노력하자.

《원형과 무의식》

칼 구스타프 융 지음(1921년)

책의 난이도
★★★★☆

이 책의 배경

시대와 국가를 불문하고 뱀이나 용에 얽힌 신화가 있다는 사실이 신기하지 않은가? 사람의 마음에는 똑같은 모양을 한 무의식적인 틀 같은 것이 존재한다. 살다 보면 내 심층 의식에도 그것들이 존재함을 깨닫게 된다.

칼 구스타프 융(1875~1961)

스위스의 정신과 의사이자 심리학자. 프로이트와 함께 심층 심리학을 연구했으며, 분석 심리학(융 심리학)을 창시했다. 《원형과 무의식》은 융의 여러 논문을 엮은 책이며, 저서로는 《인간과 상징 Man and His Symbols》 등이 있다.

모든 사람에게 공통된 무의식이 존재한다

칼 구스타프 융Carl Gustav Jung은 프로이트에게 영향을 받은 스위스의 정신과 의사이자 심리학자로, 독자적인 심층 심리학˙을 확립했습니다. 융은 프로이트와 깊이 교류했으나, 훗날 생각에 차이가 생겨 프로이트와 결별하고 홀로 활동했습니다.

프로이트는 '개인적 무의식'을 고찰했으나, 융은 마음의 심층에 '집단적 무의식' 층이 존재한다고 생각했습니다. 개인적 무의식 밑에 있는 집단적 무의식은 개인의 경험에서 생기는 것이 아니라, 유전으로 이어받은 선천적인 영역입니다.

집단적 무의식은 '원형元型'˙˙을 통해 나타납니다. 융은 무의식에 개인적 경험뿐 아니라 선조의 경험도 포함되어 있다고 했습니다. 왜냐하면 각기 다른 나라와 문화권에서 자란 사람이 똑같은 뱀 환각을 보는 경우가 있기 때문입니다.

융에 따르면, 신화는 객관적 사건이 아니라 내적 인격에서 나온 계시의 상징입니다. 모든 인간에게는 시대와 민족, 개인의 경험을 초월한 공통된 집단적 무의식이 있고, 이 집단적 무의식

˙ 정신 활동에서 무의식의 작용이 큰 비중을 차지한다고 생각하는 심리학. 심층 심리학으로는 프로이트가 창시한 정신 분석학을 필두로 융의 분석 심리학, 아들러의 개인 심리학 등이 있다.

˙˙ 모든 인간의 마음 밑바탕에 있는 보편적 형태를 말한다. 시대와 민족을 뛰어넘어 신화와 설화, 예술, 종교부터 개인의 꿈까지 공통된 형태로 나타난다. 신화학에서는 '모티브', 인류학에서는 '집단 상징'이라 한다.

집단적 무의식

태모Great mother
원형

모든 인간에게 공통으로 존재하는 무의식에서 다양한 틀이 나온다.

이 정신 활동의 기반을 이루고 있습니다. 융은 다양한 민족과 부족의 문화 속에 공통된 요소가 반복해서 등장하는 점을 그 근거로 들었습니다.

또한 융은 원형으로 아니마Anima⋮, 어머니, 그림자, 아이, 노현인老賢人, 동화 속 요정 등을 제시했습니다. 아니마는 여성의 모습으로 나타나며, 신화 속에서는 세이렌이나 인어, 숲의 정령 등으로 표현됩니다.

⋮ 융은 영혼의 심상이 이성異性의 상으로 나타난다는 사실을 깨닫고 여성상을 아니마Anima, 남성상을 아니무스Animus라 했다.

자기를 알면 '자기실현'을 할 수 있다

융의 심리학에서는 원형의 심상이 무엇을 뜻하는지 해석 가능하므로, 마음 치료에 새로운 길을 열고 '개성화' 과정으로 첫발을 내디딜 수 있습니다.

개성화란 개인이 의식과 무의식을 통합하는 일입니다. 의식과 무의식을 종합해서 파악하면 자기의 본래 모습으로 돌아갈 수 있기 때문에 마음이 분열되거나 콤플렉스(복잡한 감정군)에 허우적대지도 않습니다. 자아^{Ego}를 감싸고 있는 전체가 자기^{Self} *입니다. 자기는 집단적 무의식에까지 펼쳐져 있어서, 자기를 탐구하면 인생이 풍요로워집니다.

융은 제1차 세계대전 중에 스위스로 도망쳐온 외국인 병사들을 수용하는 시설에서 군의관으로 근무했습니다. 그때 이유도 없이 노트에 계속 원을 그렸다고 합니다. 그리고 그 원 모양이 심리 상태에 따라 변화한다는 사실을 깨달았습니다.

융은 그 원이 자기 안에 있는 다양한 요소를 하나로 통합한 전체성을 상징한다고 생각했습니다. '자기의 원형'인 것이죠. 또한 그 원 그림이 동양에서 '만다라'라 부르는 명상 도구와 관계가 있음을 깨달았습니다. 환자를 돌보면서 만다라에 정신 착란

* 원형으로 표현된 무의식을 의식과 통합하는 일이 인간의 과제이다(개성화). 그러면 진정한 나를 알게 된다.

을 치료하는 신비한 힘이 있다는 사실을 알아내기도 했습니다. 만다라로 인해 무의식이 해방되고, 억압되어 있던 마음의 에너지가 해방되기 때문입니다.

융의 저서에는 만다라 사진이 많이 실려 있습니다. 《심리학과 연금술*Psychology and Alchemy*》 ː 제3장 '만다라 특징'에는 스리얀트라Sri Yantra를 비롯해 다양한 만다라 도판이 소개되어 있습니다. 전 세계에 그토록 다양한 만다라가 있다니 신기하죠.

개인의 경험과 문화, 전통에 근거하지 않는 꿈이나 환상은 인류의 보편적 무의식에 존재하는 원형에 따른 것이라는 융의 생각. 그런 융의 생각을 알고 나면 자기를 좀 더 깊이 탐구하고 싶다는 마음이 들지 않을까요?

고전이 나에게 건네는 말

> 신화나 종교의 상징적 의미가 마음 깊은 곳에 새겨져 있다는 사실을 알게 되면 내 마음속 우주가 더 넓게 펼쳐진다. 마음이 불안할 때는 종이에 여러 가지 만다라를 그려보는 방법도 좋다.

ː 융은 중국의 만다라와 연금술을 접하게 되면서 서양의 연금술에 관해 연구했다. 그 연금술 안에서 '대립하는 것들의 실합'이라는 주제를 이끌어냈다.

《심리학이란 무엇인가》

알프레드 아들러 지음(1931년)

책의 난이도
★☆☆☆☆

이 책의 배경

인생에서 생기는 고민의 근원은 대인관계에 있다. 나를 너무 아껴서 지키고 싶은 마음에 자꾸 움츠러들기 때문이다. 그렇다면 일단 한 발 내딛어 보는 건 어떨까. '미움받을 용기'를 가지고.

알프레드 아들러(1870~1937)

프로이트, 융과 더불어 독자적인 심리요법을 확립한 오스트리아의 정신과 의사이자 심리학자. 자신의 이론에 '개인 심리학'이란 이름을 붙였다. 기시미 이치로의 저서 《미움받을 용기 嫌われる勇氣》 출간 이후 일본에서 아들러 붐이 일어났다.

열등감 덕분에 앞으로 나아갈 수 있다!

　알프레드 아들러Alfred Adler는 프로이트(258쪽《정신
분석 강의》참고)와 활발하게 교류*했고, 프로이트가 발족한 '빈
정신 분석 학회'의 회장을 맡기도 했습니다. 그러나 모든 것을
리비도(성적 에너지)로 환원하는 '범성욕설'에 이의를 제기하면
서 프로이트와 결별했습니다.

　프로이트의 정신 분석은 과거의 경험 때문에 마음 깊은 곳에
리비도가 갇혀 있다고 설명했습니다. 그런데 아들러는 과거의
경험이 뭔가를 결정하는 것이 아니라, 우리가 과거의 경험에 어
떤 의미를 부여하느냐에 따라 스스로 삶을 결정짓고 있다고 생
각했습니다. 이렇게 인생에 부여한 의미를 '라이프 스타일'이라
정의합니다.

　또한 우리는 지금보다 더 나은 존재가 되고 싶다는 마음으로
하루하루를 살아갑니다. 아들러는 이를 '우월성의 추구'라 했습
니다. 원래 인간은 무력한 존재로 태어나 살아갑니다. 이 세상
에 태어난 순간부터 혼자서는 살아남을 수 없기 때문에 당연히
무력하죠. 하지만 인간은 그런 상태에서 벗어나 더 고귀한 존재
가 되길 소망합니다. 아들러는《심리학이란 무엇인가What Life

---

*　1900년에 프로이트의 저서《꿈의 해석》이 출간되었는데, 당시에는 비판적 의견이 많았다. 아
들러는 신문사에 프로이트를 옹호하는 투서를 보냈고, 그 사실을 안 프로이트가 자신이 주최
하는 세미나에 아들러를 초대하면서 서로 교류하게 되었다고 한다.

우월을 추구하라! 아들러

열등감이 있으니까
더 나아질 수 있다

남과 비교하지 않아도 괜찮다.
내 안에서 더 나아지는 것이 중요하다.

Should Mean to You》에서 다음과 같이 말했습니다.

"모든 사람에게 동기를 부여하고, 우리가 우리 문화에 기여한 모든 공헌의 원천은 우월성 추구이다. …… 모든 인간 생활은 바람직한 방향으로 나아가는 활동에 따라 아래에서 위로, 마이너스에서 플러스로, 패배에서 승리로 진행해간다."

하지만 아무리 우월성을 추구해도 인생은 그리 쉽게 풀리지 않습니다. 그때, 사람은 '열등감' *을 느끼지요. 아들러는 이 열

• 아들러가 말하는 열등감은 타인과 비교했을 때 내가 열등하다고 느끼는 게 아니라, 내 이상과 현실을 비교할 때 생기는 감정이다. 마찬가지로 우월성 또한 타인과의 경쟁에서가 아니라 나의 내면에서 생겨나는 우월성이다. 니체는(121쪽 《차라투스트라는 이렇게 말했다》 참고) 인간에게 타자를 뛰어넘어 더 높은 가치를 추구하는 '권력 의지'가 있다고 생각했다. 아들러가 말하는 우월성은 그런 의지에 가깝다.

등감이 매우 중요하다고 강조했습니다. 인류가 진보하는 데 에너지로 작용한다고 주장한 것입니다. 프로이트가 인간의 근원적 힘을 리비도, 즉 성적 에너지라 했다면, 아들러는 인간을 움직이는 근원적 에너지가 열등감이라 생각했습니다.

콤플랙스를 벗어날 수 있는 방법

아들러는 열등감을 극복함으로써 인류가 진보했다고 설명했습니다. 인간이 현재 상태에 열등감을 느끼고, 그것을 개선하려고 노력했기 때문에 과학이 발전한 것입니다. 흔히 열등감이라는 단어를 보면 부정적이고 무력한 느낌을 받기 마련입니다. 그러나 아들러가 말하는 열등감은 '이대로는 안 돼! 더 나은 것을 목표로 삼자.'라는 긍정적인 에너지입니다.

하지만 도가 지나치면 '열등 콤플렉스'와 '우월 콤플렉스'가 생깁니다. 열등 콤플렉스는 '변명'으로 나타납니다. 누군가가 "전 사람들 앞에서 말하는 게 서툴러요."라는 말을 했다고 가정해봅시다. 그렇게 말한 이유는 "서투르다"라고 말해두면 행동하지 않아도 되기 때문입니다. 즉, 변명함으로써 여러 가지 일에서 도망치는 것이죠. 반대로 우월 콤플렉스는 '권위 부여' 형태로 나타납니다. 대단히 뛰어난 사람처럼 행동하거나 공적을 과시하고, 겉모습을 화려하게 치장하기도 하지요.

이 두 콤플렉스는 나에게 의식을 지나치게 집중할 때, 즉 타인에게 인정받고자 하는 욕구가 지나칠 때 생기므로 타인을 존중하지 않는 경향이 있습니다. 이런 마음이 들 때는 나에게 향하는 관심을 타인에게 돌리는 편이 바람직합니다.

또한 이런 콤플렉스들은 내가 왜 그런 행동을 했는지 '목적'부터 따져보면 대처법이 명확해집니다. '변명하지 말고 행동으로 옮기자', '꾸미지 않은 내 모습도 좋아' 하고 마음을 고쳐먹으면 되죠.

아들러는 인생의 고민은 모두 '대인관계'에서 생긴다고 생각했습니다. 누구나 타인과 관계 맺기를 두려워하기 때문입니다. 대인관계에서 우월성을 유지하려고 하면 경쟁이 벌어지기 때문에 별로 바람직하지 않습니다. 우월성을 추구하면서도 나와 상대방 모두 더 나아진다면 더할 나위 없겠죠.

아들러는 타인과 관계 맺기를 '공동체 감각'＊이란 단어로 표현했습니다. 나 자신으로만 향하는 열등 콤플렉스 혹은 우월 콤플렉스에서 벗어나 타인에 대한 관심과 공헌으로 시선을 돌려보면 어떨까요? 그러면 스스로를 이해하고 타인도 이해하는 행복한 상태를 조성할 수 있습니다.

＊ 아들러가 말하는 공동체는 내가 속한 가족과 학교, 직장, 사회, 국가, 인류, 우주까지 모든 것을 포함한다.

인생에 부여한 의미(라이프 스타일)를 바꾸면 고민에서 탈출할 수 있다. 내가 아니라 타인에게 공헌하며 살아보면 어떨까? 그 마음이 널리 퍼져서 내 행복으로 돌아올 것이다.

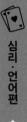
《논리-철학 논고》

루드비히 비트겐슈타인 지음(1921년)

책의 난이도
★★★★☆

이 책의 배경

철학의 결론은 학자마다 제각각이다. 수학이나 자연과학처럼 명확한 답이 나오지 않는다. 과거 철학은 사고의 틀인 언어를 잘못 사용했기 때문에 어쩌면 당연한 일이다. 언어를 분석하면 무엇이 옳은지 알게 된다. 사고는 곧 언어이기 때문이다.

루드비히 비트겐슈타인(1889~1951)

오스트리아 빈 출신의 철학자. 영국의 철학자 버트런드 러셀에게 사사했다. 영국 케임브리지 대학교에서 학생들을 가르쳤으며, 훗날 언어 철학과 분석 철학에 큰 영향을 끼쳤다. 1993년에 비트겐슈타인의 생애를 다룬 영화 〈비트겐슈타인〉이 개봉하기도 했다.

언어는 세계를 정확히 모사한다

비트겐슈타인Ludwig Wittgenstein의 《논리 – 철학 논고*Lo-gisch-Philosophische Abhandlung*》는 한마디로 '과거의 모든 철학을 초기화하는 철학'입니다. 철학은 언어의 학문입니다. 모두 글로 표현하기 때문이죠. 고대 그리스 시대부터 수많은 철학자가 언어, 즉 사고를 전개해 왔습니다. 철학자들이 내세운 주장이 옳은지 따지기에 앞서 그들이 언어를 어떻게 사용했는지 분석해서 잘못이 드러나면, 주장의 구체적 내용은 살피지 않아도 괜찮습니다. 문제를 소거하면, 문제는 사라지기 때문입니다. 비트겐슈타인은 "나는 철학에서 풀어야 할 모든 문제를 완전히 해결했다."라고 했습니다.

예를 들어 식당에서 찐빵을 주문했는데, 잘못해서 치킨이 나왔다고 가정해봅시다. 그럴 때 '이 찐빵은 피자 맛일까, 카레 맛일까?' 하고 생각해 봐야 아무 의미가 없습니다. 치킨이 나옴으로써 이미 전제가 틀려버렸기 때문이죠. 철학도 이와 마찬가지입니다.

비트겐슈타인은 여러 철학 문제는 언어를 잘못 사용해서 생기며, 언어를 올바르게 분석하면 모든 수수께끼가 풀린다고 주장했습니다.

"2.12 그림은 현실의 모형이다."

"3.001 '어떤 한 사태가 생각될 수 있다'라는 말은 그 사태에

언어의 한계는 세계의 한계이다.
말로 표현할 수 없는 것에 관해서는 침묵해야 한다.

관해 그림을 그릴 수 있다는 뜻이다."

언어는 세계를 정확하게 모사하고 있으며, 언어와 세계는 거울처럼 대응한다. 이를 '그림 이론'*이라 합니다. 언어와 세계는 하나로 엮여 있으므로 언어 사용법을 검토하면 세계를 올바르게 파악하고 있는지 알게 됩니다.

* 언어는 어떤 사태의 구조를 자기 안에 투영하는 일종의 그림이다. 현실 속에서 여러 대상들이 어떻게 관계를 맺고 있는지에 따라 언어는 배치된다. 따라서 우리가 언어화하고 있는 것(명제)은 모두 그림을 가지고 있으며, 그것은 이 세계에 존재하는 논리 공간의 구조를 있는 그대로 나타낸다.

과거의 철학은 무의미한 글이었다?

"4 사고란 뜻이 있는 명제를 말한다."

"4.003 철학적 주제에 관해 이야기하는 명제나 의문 대부분은 거짓이 아니지만 의미가 없다. 아무런 의미가 없는 문제들이라서 답을 할 수도 없다. 다만 그것들이 무의미하다고 말할 수 있을 뿐이다."

이 문장을 이해하기 쉽게 예를 들면, '비트겐슈타인을 곱셈하다'라는 문장은 일단 문장의 형태를 갖추고 있지만 의미가 없는 것과 같습니다.

"5.61 논리가 세계를 가득 채우고 있다. 세계의 한계는 논리의 한계이기도 하다."

이처럼 언어로 표현되는 것의 한계가 세계의 한계이므로, 말로 표현할 수 없는 주제는 철학에서 배제됩니다. 비트겐슈타인은 여러 철학 문제가 해결되지 못한 이유는 말로 표현할 수 없는 것을 억지로 언어화했기 때문이라고 생각했습니다.

만약 어떤 명제가 가리키는 대상이 존재하지 않는다면, 그 명제는 무의미합니다. 그렇다면 우리가 늘 궁금해 하는 인생의 의미나 사후 세계, 신의 존재처럼 근대까지의 철학이 진지하게 싸워왔던 모든 주제는 언어의 한계를 뛰어넘으려 했던 것이죠.

"사람은 삶의 문제에 관한 해답을 질문이 사라지는 데서 발견한다." 이는 삶의 문제가 처음부터 의미가 없었기 때문에 이미 해결되었다는 뜻을 나타내는 문장입니다.

《논리 - 철학 논고》는 다음과 같은 결론으로 마지막을 장식합니다.

"말할 수 없는 것에 관해서는 침묵해야 한다."

이렇게까지 단호하게 말했지만, 사실 비트겐슈타인은 추후에 스스로《논리 - 철학 논고》의 오류*를 인정했습니다. 그리고 '언어 게임'⋮ 철학을 새롭게 제시했습니다. 철학자가 자기주장에 오류가 있다고 인정하는 건 드문 일이라서, 비트겐슈타인의 철저한 탐구심이 그대로 전해지는 대목이라 할 수 있습니다. 비트겐슈타인을 시작으로 '언어론적 회전'이라 불리는 새로운 철학 무대가 펼쳐졌습니다.

- 비트겐슈타인은 《논리 - 철학 논고》로 철학에 종지부를 찍었다고 생각해 한때 철학계를 떠났으나, 훗날 그림 이론을 스스로 부정했다. 언어가 반드시 세계를 모사하지는 않는다고 새롭게 고찰했으며, 언어 게임 이론을 펼쳤다.

⋮ 일상 언어를 엄밀하게 고찰해 언어의 구체적 다양성을 '언어 게임'이라는 개념으로 제시했다. "물!", "저기!", "와아!", "살려줘!" 등의 말은 특정 대상을 명시하고 있지 않다. 언어는 세계와 거울처럼 대응하는 것이 아니라 일상생활에 끼워 맞춰져 있다. 언어의 의미는 그것이 사용되는 문맥 속에서 기능한다.

언어의 한계가 세계의 한계이다. 언어를 올바르게 사용하고 있는지 살펴보면, 거기에 담긴 내용이 옳은지를 판단할 수 있다. 언어 사용법을 정리해서 엄밀하게 사고하자.

《일반 언어학 강의》

페르디낭 드 소쉬르의 제자들 엮음(1916년)

책의 난이도
★★★★☆

이 책의 배경

우리에게 언어가 왜 중요할까? 주변 어느 곳을 둘러봐도 언어가 넘쳐나고, 심지어 생각도 언어로 한다. 그렇다면 이 세상은 언어(기호)가 전부 아닐까. AI 시대에 접어든 지금, 언어에 관해 더 깊이 생각해 봐야 할 시점이다.

페르디낭 드 소쉬르(1857~1913)

스위스의 언어학자이자 언어철학자. 기호론의 기초를 다졌으며 훗날 구조주의 사상에 커다란 영향을 끼쳤다. 산스크리트어 논문으로 박사 학위를 취득하기도 했다. 1907년, 1908~1909년, 1910~1911년에 세 차례에 걸쳐 일반 언어학 강의를 했다.

구조주의의 문을 연 언어학

페르디낭 드 소쉬르Ferdinand de Saussure 의 언어론은 언어학뿐 아니라 사상계 전반에 혁명적인 영향을 끼쳤습니다. 소쉬르가 대단한 이유는 한마디로 '이 세계는 언어로 이루어져 있다.'라는 말을 훌륭하게 설명했기 때문입니다. 그의 강의를 엮어 만든 책이 바로 《일반 언어학 강의Cours de Linguistique Générale》* 입니다.

보통 우리는 눈앞에 물리적 대상이 먼저 실재하고, 그 대상에 언어로 된 이름표를 붙인다고 생각합니다. 이를테면 '고양이'라는 실체가 외부 세계에 먼저 실재하고, 거기에 고양이라는 이름표를 붙인다는 것입니다.

그러나 이 세상 동물이 모두 고양이라면, 군이 '고양이'라고 부를 이유가 없겠죠. 개가 있으니까 고양이가 있듯이, 모든 언어는 다른 언어와의 '차이'에 따라 규정된다고 소쉬르는 생각했습니다.

세계가 이미 구분되어 있는 것이 아니라, 언어가 세계를 구분합니다. 쓰레기를 타는 쓰레기와 타지 않는 쓰레기로 구분하듯이, 언어가 세계를 구별하는 것이죠.

---

* 소쉬르가 1907년부터 1911년까지 스위스 제네바 대학교 일반 언어학 수업에서 3차에 걸쳐 강의한 내용을 제자인 샤를 바이와 알베르 세슈가 엮어 1916년에 간행했다. 소쉬르는 거의 분필 한 자루만 들고 강의실에 들어와 막힘없이 수업을 진행했디고 한디.

시니피앙과 시니피에는 자의적으로 결합한다.

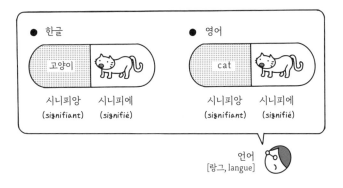

세계는 이미 구분되어 있는 것이 아니라 언어가 세계를 구분한다.

그럼 언어와 사물은 어떻게 연관되어 있을까요? 소쉬르는 언어에 시니피앙Signifiant과 시니피에Signifié *가 있다고 했습니다. 이 둘은 동전의 양면처럼 하나로 묶여 있습니다.

시니피앙은 음성의 청각적 영상으로, 시니피에는 언어 기호가 그 내부에 지니는 개념(의미)으로 형성됩니다. 시니피앙(기호 표현)은 '고양이'라는 문자나 'Goyangi'라는 음성을 말합니다. 반면, 시니피에(기호 내용)는 고양이의 이미지나 고양이라는 개념을 가리킵니다. 이 둘을 합쳐서 '사인(기호)'이라 합니다.

* '랑그(언어)'라는 시스템은 '차이'로 성립되어 있으며, 그 차이는 개념과 음성 기호 측면에서 살펴볼 수 있다. 개념과 관련된 차이가 시니피에, 음성 기호와 관련된 차이가 시니피앙이다.

언어가 늘어나면 세계가 열린다

'소리·문자'와 '의미'는 분리할 수 없습니다. 시니피 앙과 시니피에로 분리해서 '고양이'를 이해할 수는 없습니다.

나아가 '고양이'를 꼭 '고양이'라고 불러야 할 이유는 없습니다. 그래서 영어로 'a cat'이라고 하든, 프랑스어로 'un chat'이라고 하든 아무 상관이 없습니다. 언어는 자의적으로 만들어졌기 때문입니다.

그렇다면 언어를 통해 이 세계를 어떻게 구분할지에 관해서도 정해진 답은 없습니다. '고양이'라는 기호만 있는 세계와 '집고양이', '들고양이', '지옥고양이' 등의 기호가 있는 세계는 아마도 전혀 다른 모습이겠죠.

또한 기호 하나만으로 충분한 경우도 있고, 수많은 기호를 동원해 구분 지어야 하는 상황도 있을 겁니다. 여러 종류의 고양이가 먼저 존재하는 것이 아니라, 언어를 통해 어떻게 구분하느냐에 따라 고양이 세계에 다양한 차이가 생깁니다. 당시에 언어가 세계를 구분한다는 주장은 무척 참신한 발상이었습니다.

소쉬르는 "이미 확립된 개념은 존재하지 않고, 언어 출현 이전에는 무엇 하나 명확한 것이 없다."라고 말했습니다. 그렇다면 근대까지 철학에서 부르짖었던 '그 자체(실체 혹은 본질)'를 생각할 필요가 없어집니다. 언어가 지시하는 것과 언어로 지시되는 것이라는 기호를 통해서만 세계를 파악할 수 있으니까요.

또한 그것은 역사와 관계없이 일정한 구조를 지니고 있습니다.

언어에 관한 소쉬르의 관점은 훗날 구조 언어학˚의 출발점이 되었으며, 20세기에 구조주의˚˚라는 광범위한 사조의 바탕이 되었습니다. 흔히 클로드 레비스트로스Claude Lévi-Strauss가 구조주의 창시자라고 하지만, 그는 소쉬르의 언어학을 이어받은 로만 야콥슨Roman Jakobson의 음운론에 큰 영향을 받았습니다. 레비스트로스는 언어 구조에서 힌트를 얻고 정신 분석학의 무의식 개념을 적용해 문화 인류학 분야에서 다양한 수수께끼를 풀어냈습니다.

고전이 나에게 건네는 말

> 우리는 흔히 말보다 마음이 중요하다고 한다. 하지만 이 세계는 말로 이루어져 있다. 말을 많이 알면 내 세계도 그만큼 넓어진다. 그러니 독서에 힘쓰자.

˚ 사회적으로 형성된 언어 습관 체계가 랑그(언어)이다. 반면, 각각의 발화(대화)는 파롤Parole이라 한다. 개인의 파롤은 그 파롤이 속한 랑그 안에서 관련을 맺으며 의미를 갖게 된다.

˚˚ 어떤 현상의 의미를 그 본질(실체)에서 이해하려 하지 않고, 그 현상들을 연관시키는 사회적·문화적 구조(시스템)에서 파악하려는 사상. 여러 사물의 본질을 제각각 파악하기란 불가능하다. 대신 서로 차이를 비교하면 각각의 의미를 이해할 수 있다.

《광기의 역사》

미셸 푸코 지음(1961년)

책의 난이도
★★★★☆

이 책의 배경

중세 시대에는 광기를 일종의 앎知으로 간주하였다. 그러나 고전주의 시대에 이성이 우위를 차지하면서 광기는 감금당했다. 그렇다면 광기의 기준은 무엇일까?

미셸 푸코(1926~1984)

프랑스의 철학자. 파리 고등사범학교 재학 시절에 마르크스주의 철학자 루이 알튀세르와 친교를 맺었다. 1960년에 논문으로 《광기의 역사》를 발표했으며, 클레르몽페랑 대학교에서 학생들을 가르쳤다. 1970년에는 콜레주 드 프랑스에 교수로 선임되었다. 저서로는 《지식의 고고학》, 《말과 사물 *Les mots et les choses*》, 《감시와 처벌 *Surveiller et punir*》 등이 있다.

광기는 역사 속에서 만들어졌다!

우리는 무엇이 '광기'이고 무엇이 '정상'˙인지 처음부터 결정되어 있으며, 그 둘을 올바르게 구분하고 있다고 생각합니다. 그렇지만 미셸 푸코Michel Foucault는 《광기의 역사Histoire de la folie l'ge classique》를 통해 광기가 이성과 관계를 맺으며 역사 속에서 형성되었다고 주장했습니다. 다른 저서 《지식의 고고학L'Archeologie du Savoir》에서는 광기가 먼저 존재한 것이 아니라 사회가 광기를 규정하고 의미를 부여했다는 관점에서 역사를 '고고학적'으로 고찰했습니다.

푸코는 질병이나 환자를 다루는 방식에 그 사회의 모습이 그대로 반영되어 있다고 했습니다. 서구 사회에서는 중세까지만 해도 광인은 신에게 쓰임을 받는 자로서 정상인과 별다른 구별 없이 공존했습니다. 광인들이 탄 배가 라인강을 항행하기도 했죠(바보선). 이 시기에는 광기가 '신들림'˙ 같은 상태이며, 신이 인간의 의식에 찾아온 증표라 여겼습니다. 광기라는 현상은 질

˙ 푸코는 또 다른 저서인 《정신병과 심리학》에서 "우리 문화는 어떻게 병에 일탈이라는 의미를 부여하고, 마땅히 배제되어야 할 존재라는 지위를 환자에게 주었을까?"라는 질문을 던진다. 병과 싸우는 것은 사회가 병에 부여한 의미와 싸우는 일이다. 어떻게 병을 정의할지는 시대에 따라 달라진다. 광기와 정상도 마찬가지다.

˙ 플라톤은 광기가 '신들림'과 같은 상태이며, 신이 인간의 의식에 찾아온 증표라 여겼다. 이성을 잃은 광인은 정상인이 보지 못하는 세계를 인식한다(플라톤 《티마이오스Timaios》). 이렇듯 역사를 살펴보면 광인이 숭배를 받던 시대가 있었으나, 근대 사회에서는 광기에 꼬리표를 붙여 배제했다.

정신 질환이 먼저 존재한 것이 아니라 정신 의학이 성립됨에 따라
구분을 짓기 시작하면서 정신 질환이 만들어졌다.

병이 아니라, 일상에서 반전된 일종의 '앎'이라 생각했죠. 이처
럼 광기에는 사람을 매료하는 요소가 있었습니다.

하지만 근대 사회에 접어들면서 이성적인 사람과 그렇지 않
은 사람(광인 포함)을 구별하고 분리하여 감금하는 움직임이 일
어났습니다.

그렇게 광기는 정신 질환이라는 '질병'의 범주로 옮겨졌습니
다. 1656년 절대 왕정은 파리에 구빈원을 설립했고, 그곳에 광
인들을 가두었습니다. 실제로 구빈원은 치료 시설이라기보다
감옥에 가까웠다고 합니다(대감금 시대). 결국 광기는 비이성에
속하게 되었고, 광기와 이성의 접점은 사라졌습니다.

어디까지가 정상일까?

18세기 말부터 광인들은 보호 시설이라는 제도에 맡겨졌으며, 광기는 정신 의학의 학설에 지배받게 되었습니다. 그 시대에는 데카르트를 필두로 한 근대 이성주의가 힘을 가지고 있었습니다. 그래서 이성으로 광기와 정상을 명확하게 구분했죠.

이처럼 푸코는 역사 속에서 광기가 성립된 과정을 분석해 새로운 관점을 제시했습니다. 근대까지는 의학 기술이 그리 발달하지 않았기 때문에 광기와 정신 질환을 구분해서 진단하는 것이 불가능했습니다. 즉, 정신 질환자는 이미 존재했지만, 정신 의학이 발달하지 않아서 그것을 질병이라고 판정하지 못했죠.

하지만 푸코의 관점*에서 보면 정신 의학이 과학으로 진보하면서 광기가 질환으로 인식된 것이 아니라, 광기를 정신 질환으로 규정했기 때문에 정신 의학과 심리학이 성립된 것입니다.

동성을 사랑하거나 성적으로 자유롭게 행동하는 사람들은 가족과 사회로부터 광인으로 간주되어 감금당했습니다. 더불어

---

* 지금까지 상식이라 여겼던 생각을 새로운 실마리로 다시 풀어내는 일이 철학의 역할이다. 푸코는 《성의 역사 *L'Histoire de la sexualiteé*》에서 다음과 같이 말했다. "과연 나는 평소와는 다른 방법으로 사색할 수 있을까. 평소와는 다른 방법으로 지각할 수 있을까. …… 오늘날 철학이란 대체 무엇일까. 내가 이미 알고 있는 것을 정당화하는 대신 다른 방법으로 사색하는 것이 어디까지 가능한지 파악하려는 계획에 철학이 존립하지 않는다면, 철학은 대체 무엇일까." 사회를 지배하는 권력과 결합된 지식은 정당하다고 인정받는다. 푸코는 거기에서 해방되고자 했으며, 이전에 누구도 갖지 못했던 새로운 관점으로 세계를 파악했다.

건전한 보통 사람들의 내면에도 비이성적인 요소들이 잠재되어 있는데, 그 비이성적인 요소들은 병이나 범죄의 씨앗이 되므로 배제하자는 움직임이 일어났습니다. 그리고 이것이 범죄 심리학과 금치산 제도를 낳았습니다.

푸코는 현대 정신 병리학을 비롯해 광기와 관련된 모든 과학적·의학적 지식이 앞서 말한 상황들에서 자유롭지 않다고 생각했습니다. 쇠사슬이 풀려 자유로워진 환자가 제정신을 되찾았다고 해서 진정으로 이성을 되찾았다는 뜻은 아닙니다. 하사관이나 머슴처럼 사회에 조직된 구조에 들어맞는 형태로 제정신을 찾은 것뿐이죠. 사회적 형태에 들어맞는 행동을 할 수 있으면 정상이고, 거기에서 벗어나면 광기로 판단되기 때문입니다.

고전이 나에게 건네는 말
___

원래 광기와 정상은 명확하게 구분할 수 없다. 그렇다면 우리 안에 광기가 잠재되어 있고, 그것을 이성이 감시하는 상태가 정상인지도 모른다.

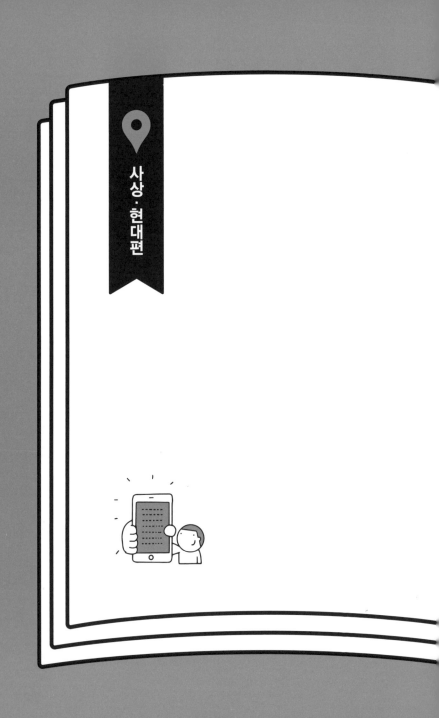

사상·현대편

제 7 장

현대 사회를
다른 각도에서
생각하는 책

《구텐베르크 은하계》

마셜 매클루언 지음(1962년)

책의 난이도
★★★☆☆

이 책의 배경

구텐베르크 인쇄술은 시각 문화를 발전시켰고, 인간을 전신적 지각 세계(통감각적)에서 시각 세계로 옮겨놓았다. 그 결과 자율적 행동이 가능해졌고, 정신과 마음이 분리되었다. 이것이 좋은지 나쁜지는 앞으로 펼쳐질 새로운 미디어 문화가 답을 내놓지 않을까?

마셜 매클루언(1911~1976)

1911년 캐나다 앨버타주 에드먼튼에서 태어났다. 1946년 캐나다 토론토 대학교 교수로 임명되었으며, 1951년에 첫 미디어론인 《기계 신부 *The Mechanical Bride*》를 간행했다. 이어 1962년에 《구텐베르크 은하계》, 1964년에 《미디어의 이해 *Understanding Media*》를 출간했다.

목소리의 시대에서 기호의 시대로

마셜 매클루언Marshall McLuhan의 《구텐베르크 은하계*The Gutenberg Galaxy*》는 유독 인용*이 많은 책입니다. 또한 각 챕터의 제목들이 캐치프레이즈처럼 기발해서, 이 표제들만 읽어도 꽤 흥미롭습니다. "알파벳은 다른 문화를 침략하고 이를 전투적으로 흡수한다."처럼 자극적인 표제들이 잇달아 등장하죠.

매클루언은 인류가 목소리로 소통하던 시대에서 문자와 기호로 옮겨간 과정을 다양한 인용을 통해 설명합니다.

"지중해 문화 초기 문어文語는 그림 또는 기호화된 로고그램Logogram(어표語標)이었다. 단순한 그림이 대상을 대표하는 데 쓰였고, 이들을 모아 개념, 행위, 이름 등을 나타냈다."

로고그램은 고대 그리스 로마 시대에 알파벳으로 진화하면서 일련의 표음 문자가 되었습니다. 표음 문자에 의해 대상 세계는 문자로 보이는 구문을 갖게 됩니다.

"고대와 중세에서 읽기는 필연적으로 소리 내어 읽는 음독이었다."

"숨을 충분히 들여 마시고 소리를 내어 귀로 들으면서 읽어

---

* 매클루언은 서문에서 "이 책은 여러 면에서 앨버트 로드Albert Lord가 쓴 《*The Singer of Tales*》라는 책을 보완하는 성격을 지니고 있다."라고 했다. 하버드 대학교 교수였던 앨버트 로드는 밀만 패리가 진행한 호메로스 연구의 속편을 연구했다. 매클루언은 수많은 문헌을 다양하게 인용하는데 이 부분이 대단히 흥미롭다. 자극적인 인용이 많기 때문이다.

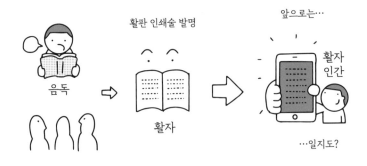

문자는 시각에 의존하기 때문에 인쇄 기술의 발달로
활자가 범람하면서 지나치게 많은 시각형 인간을 만들어냈다.

라. 이것이 내가 원하는 읽기 방법이며, 그렇게 해야 비로소 내 시는 제대로 살아난다."

이처럼 중세 문화는 음유시인을 필두로 한 낭독이 주류를 이뤘습니다. 그러나 정보량이 증가하면서 시각 중심으로 정보를 조직하기 시작했고, 원근법적 시점이 생겨났습니다. 사람들은 원근법의 탄생을 '회화 역사상 대사건' 혹은 '기하학 역사상 대사건'이라 했죠. 하지만 그보다 더 대단한 사건은 활판 인쇄술의 출현*이었습니다.

* 인쇄 문화가 출현하면서 시각에 의한 경험이 균질해졌다. 이 때문에 청각을 비롯해 오감이 뒤섞여 있는 복합 감각이 약해졌다. 즉, 활판 인쇄술이라는 인쇄 문화가 경험을 시각이라는 단일 감각으로 환원시켰다.

인쇄 기술은 중세 기술과 현대 기술 사이에 분명한 선을 그었습니다. 인쇄에 따른 사본寫本 기술은 영화와 닮은 데가 있어서, 독자를 '영사기의 시점'에 놓습니다. 독자는 인쇄된 문자를 한 글자 한 글자 '저자의 정신 속도에 맞춰 좇아'갑니다. 더불어 활판 인쇄본은 '역사상 최초의 대량 생산물'이자, 최초의 '반복 생산이 가능한 상품'이기도 합니다.

"신체의 직접적이고 기술적인 확장인 인쇄가 발명됨에 따라, 전에는 결코 가질 수 없었던 권력과 격렬성에 접근할 수 있게 되었다."

이 '신체의 기술적 확장'⁑이라는 개념 또한 매클루언 사상에서 꼭 기억해야 할 핵심입니다.

나아가 책을 손에 들고 다닐 수 있게 된 일은 개인주의가 확립되는 데 크게 공헌했습니다. 양피지 두루마리에 적혀 있던 문자를 가볍게 들고 다니게 된 것은 혁명이었죠.

"활판 인쇄술을 사용하는 인간의 새로운 시대적 감각은 영화

⁑ 매클루언은 《구텐베르크 은하계》 서문에서 "오늘날 사람들은 실제로 신체를 통해 수행하던 모든 것을 확장했다. 무기의 진화는 처음에는 이빨에서 시작하여 주먹으로, 그리고 마침내 원자폭탄으로 마지막을 장식했다. 옷과 집은 인간의 생물학적 온도 조절 메커니즘이 확장된 것이다. …… 전기 도구, 유리, TV, 전화, 그리고 시공을 초월하여 소리를 옮기는 책은 물질의 확장을 말해주는 사례이다."라고 했다. 그는 이러한 주제를 더욱 발전시켜 1964년에 출간한 《미디어의 이해》에서 미디어란 인간의 신체 기관이나 기능을 인공적으로 확장하고 외부화한 것이라고 주장했다.

적, 연속적, 회화적이다."라는 표제가 달린 항목에서는 경험의 순간이 동결되어 가는 상태를 설명합니다. 이는 활자 인쇄술 특유의 경험이자, 감각이 뿔뿔이 전문 분화되어 가는 과정입니다. 매클루언은 사람들이 "몽유병에 걸려 있다."라고 했습니다.

"그렇지만 인쇄에 좋은 점도 있지 않나요?"라는 독자의 물음에, 그는 이렇게 대답했습니다. "이 책의 주제는 인쇄가 좋은지 나쁜지를 따지는 것이 아니다. 어떤 힘, 특히 우리 스스로 만든 힘이 갖는 효과를 의식하지 못하면 비참한 결과를 부를 수 있다는 것이다."

《구텐베르크 은하계》는 1905년에 발표된 아인슈타인 상대성 이론에 따라 왜곡된 공간을 발견, 해체했습니다. 고정된 시점주의는 끝이 났고, 이는 미디어의 재편성으로 이어졌습니다.

고전이 나에게 건네는 말

활판 인쇄술이 등장하면서 우리는 '구텐베르크 은하계'에 살게 되었다. 점점 넓게 펼쳐질 내적 우주와 새로운 과학이 결합하면, 미디어는 어떤 방향으로 나아가게 될까? 미디어와 뗄 수 없는 시대를 살아가는 우리가 고민해 봐야 할 문제다.

《포스트모던의 조건》

장 프랑수아 리오타르 지음(1979년)

책의 난이도
★★★☆☆

이 책의 배경

과학이 발달하고 정보화 사회에 접어들면서 지식의 형태가 달
라지기 시작했다. 기존에는 정치와 지식이 결합되어 있으며,
세계에는 서사가 있다고 생각했다. 그런데 정보가 교착하는
세계에서는 상식이 무너진다. 미래의 지식은 어떠한 형태로
달라질까.

장 프랑수아 리오타르(1924~1998)

프랑스의 비평가이자 철학자. 초기에는 마르크스주의와 현상학의
융합을 꾀했다. 프랑스 5월 혁명을 계기로 포스트모던 사상을 펼
쳤으며, 당시 포스트모던이란 말은 유행어가 되었다.

거대 서사는 끝났다

장 프랑수아 리오타르Jean François Lyotard의 저서 《포스트모던의 조건La Condicion Postmoderna》*서문은 "이 저술의 연구 대상은 가장 고도로 발전한 사회에서 지식의 조건이다. 나는 이 조건을 기술하기 위해 '포스트모던'§이라는 용어를 쓰기로 했다."라는 문장으로 시작됩니다.

포스트모던이라는 사상은 '거대 서사(메타 서사)'를 불신하는 데서 시작된다는 특징이 있습니다. 거대 서사란 근대의 세계관을 지배했던 인간과 역사에 관한 사고방식을 말합니다.

예를 들어 "역사는 이성적으로 진행된다."(109쪽《역사 철학 강의》참고)라는 헤겔의 주장이나 "역사는 자본주의에서 사회주의, 공산주의로 발전한다."(241쪽《자본론》참고)라는 마르크스의 주장처럼 진보적 세계관이 거대 서사에 속하죠.《포스트모던의 조건》에서는 그런 생각들이 낡았다고 주장합니다.

인류 역사가 뭔가를 향해 진행된다고 생각하면 가슴이 두근

---

* 근대를 정당화하는 서사는 이미 무효하며, 새로운 지식의 조건이 등장했다고 주장하는 책이다. '거대 서사의 종언', '지식인의 종언' 같은 표현을 통해 어제를 짊어진 모든 거대 서사가 시대에 뒤떨어진다고 말한다. 지적 통합은 사라지고 공통 척도가 없는 세상에서 각기 다른 언어 게임은 화해하지 못하며, 조정하기 어려운 대립만 남는다.

§ 1970년대에 접어들면서 프랑스에 등장한 새로운 사상의 흐름을 말한다. 그 흐름을 이끈 중심 인물로는 미셸 푸코, 질 들뢰즈, 펠릭스 가타리, 자크 데리다 등이 있다. 처음에는 포스트모던이 아니라 포스트구조주의라 불렀다.

절대적인 지식

거대 서사의 끝

작은 서사

지식의 다양한 형태

고도로 발달한 정보화 사회에서는 미디어를 통해
기호와 상징이 대량으로 소비된다.
포스트모던 시대에는 지식의 형태가 다양해진다.

거리긴 하지만, 그런 거대 서사는 이제 끝났다고 한 것입니다.
그 이유가 무엇일까요? 과학이 진보하고 정보화 사회에 접어들
면서 지식이 널리 퍼졌기 때문입니다.

"IBM 같은 하나의 기업이 지구 통신 궤도의 한 영역대를 소
유하면서 통신 위성과 데이터 뱅크 위성을 발사할 힘을 부여받
았다는 사실을 상기해 보라. 누가 이 위성들을 이용하겠는가?
어떤 채널과 데이터를 금지할지에 관한 결정권은 누가 갖겠는
가? 국가일까?"

이처럼 제1장에서는 현대 사회의 문제점을 제기하고, 장이
진행됨에 따라 '위정자'가 테크놀로지를 '정당화'했으며, 과학과
정치 또한 그와 연관되어 있음을 설명합니다.

작은 서사의 시대란 무엇일까?

"조절 기능과 그에 따른 생산 기능은 관리자들의 손을 떠나 기계에게 맡겨지고 있으며, 이 현상은 앞으로 더욱 확대될 것이다."

"가장 새로운 것은 국민 국가, 정당, 전문 직업, 제도, 역사적 전통 등이 대표하던 낡은 축들이 유인력을 상실해가고 있다는 사실이다."

진보 사관이나 마르크스주의는 역사의 진행 과정이 미리 정해져 있다고 했지만, 리오타르는 이제 그런 거대 서사는 목표가 되지 못하며 "생활의 목표는 각자 개인에게 맡겨진다."라고 했습니다. 책에서는 이를 '거대 서사의 붕괴'* 라고 표현했죠.

개인은 전에 없을 만큼 복잡하고 유동적인 여러 관계의 그물 속에 붙들려 있기 때문에 "남녀노소, 빈부 격차를 막론하고 인간은 언제나 아무리 작은 것일지라도 특정한 소통 회로의 결절점結節點"에 놓여 있습니다. 그래서 낡은 가치관이 무너지고, 사람들은 각자의 서사를 살게 됩니다. 교육 기관 또한 형태가 달라졌으며, 아마추어 집단에서 새로운 발견을 하기도 했습니다.

제2차 세계대전이 끝나고 테크놀로지가 비약적으로 발전하

• 거대 서사란 '자유', '혁명', '인간의 해방', '정신의 삶' 같은 서사들을 말한다. 즉 인간의 보편적 가치에 관한 서사로, 이론과 실천을 '정당화'하는 역할을 했다. 리오타르는 이러한 정당화의 밑바탕에 인간성은 곧 보편성이라는 믿음이 깔려 있다고 했다.

면서, 담론은 '행동의 목적에서 행동의 수단으로' 향했습니다. 정보 과학이 진보를 거듭하며 인공지능이 발달하는 모습을 보면 리오타르의 예언이 적중한 듯합니다. 그는 사회 정보화 과정에서 "언어 게임은 어떤 주어진 순간에 정보 게임이 될 것이다." 라고 했으니까요.

거대 서사는 세계가 진보한다는 시나리오를 가지고 있지만, 자세히 들여다보면 허술하기 그지없습니다.

정보화가 진행되면 '작은 서사'가 확산됩니다. 《포스트모던의 조건》에서는 양자역학이나 불완전성 정리에 관해서도 언급하죠. 포스트모더니즘은 그런 상황 속에서 인간이 어떻게 살아가고 어떻게 '새로운 서사'를 이끌어 내야 할지, 아니면 서사는 집어던지고 완전히 새로운 길을 모색해야 할지 다양한 방향을 시사해주는 사상입니다.

고전이 나에게 건네는 말

컴퓨터와 테크놀로지가 발달하면서 수많은 정보가 종횡무진 떠돌고 있다. 이전의 낡은 사상으로는 그 정보들을 제대로 이해할 수 없다. 분자적으로 움직이는 정보 사회를 유연한 사고로 파악해 보자.

《소비의 사회》

장 보드리야르 지음(1970년)

책의 난이도
★★☆☆☆

이 책의 배경

생산물의 가격에는 많은 노동력이 투입되었다거나 기능적 가치가 높다는 등, 제 나름의 의미가 있다. 하지만 현대 사회에서는 그러한 본질적 의미와는 별개로, 들고 있기만 해도 개성이 도드라져 보이는 명품에 비싼 가격이 붙는다. 왜 그럴까?

장 보드리야르(1929~2007)

프랑스의 철학자이자 사상가. 소쉬르와 마르크스를 연구했다. 포스트모던을 대표하는 사상가로, 영화 〈매트릭스〉에도 영향을 끼쳤다. 주요 저서로는 《시뮬라시옹 *Simulacres et Simulation*》이 있다.

사물의 가치는 생각지 못한 데 있다

장 보드리야르Jean Baudrillard는 《소비의 사회 *La societe de consommation*》에서 현대 소비 사회에서는 사람들이 상품을 기호記號 *로 소비한다고 분석했습니다.

"거의 모든 상점은 서로 부르고 응답하는, 아주 조금밖에 다르지 않은 사물들의 시리즈를 제공하고 있다."

"세탁기, 냉장고, 식기세척기 등은 도구로서 각각의 의미와는 다른 의미를 지닌다. …… 소비자를 더 복잡한 일련의 동기로 유도하면서 서로에게는 더 복잡한 초超사물임을 뜻하고 있다."

원래 가방을 사는 기준은 얼마나 들기 편한지 혹은 물건이 얼마나 많이 들어가는지였습니다. 그런데 어느 시점부터 가방 디자인과 색이 풍부해졌고, 모양도 다양해졌습니다. 어떤 브랜드인지를 따지는 등, 사용법 이외의 판단 기준이 섞여들기 시작한 겁니다. 그러면 점점 유행에 휩쓸리게 되죠. 왜냐하면 "소비 사회가 존재하려면 사물이 필요하고, 더 정확히 말하면 사물을 파괴하는 것이 필요하기 때문"입니다.

"오늘날 생산되는 사물은 그 사용 가치나 최대한의 내구성을 위해서가 아니라, 반대로 가격의 인플레적 상승과 똑같은 정도

---

* 기호론은 소쉬르의 사상을 여러 기호 분석에 응용한 이론이다. 어떤 상품의 의미는 원래 그 상품이 가지고 있는 사물로서의 의미가 아니라 다른 상품과의 '차이'를 통해 결정된다. 물론 사물로서의 의미가 완전히 사라지지는 않지만, 각각의 상품 가치가 변실된다.

무엇이 가격을 결정할까?

5,000만 원

3,000만 원

2,000만 원

2,000만 원

100만 원

사실은 싼데…

대량 소비 사회에서 사물의 가치는 사물 그 자체의 사용 가치나
생산에 이용된 노동 정도가 아니라 상품에 달려 있는 기호에 따라 달라진다.

의 속도로 재촉되는 사물의 사멸을 위해 생산된다."

"사물의 사용 가치를 증대시키는 것이 아니라 탈취하는 것,
즉 사물을 유행으로서의 가치와 급속도의 갱신에 따르게 함으
로써 사물의 가치, 즉 시간을 탈취한다."

《소비의 사회》 내용 중에는 '사물의 사멸'•과 같은 꽤 과격한
표현도 등장합니다.

• 《소비의 사회》의 과격한 표현은 현대 소비 사회를 정확하게 설명하고 있다. "당신의 자동차
를 부수세요. 그 뒤는 보험이 책임집니다!' 아마도 자동차는 일상적인, 그리고 멀리 봤을 때
개인적이고 사회적인 낭비의 특권적 발생지 중 하나이다. 그 사용 가치가 계획적으로 감소되
고 그 위세와 유행의 정도가 철저하게 강화되며, 투자된 금액이 터무니없이 많기 때문만은 아
니다. …… 교통사고, 그것은 소비 사회에서 가장 아름답고 거대한 해프닝이며, 소비 사회는
교통사고에 의한 물질과 생명의 의례적 파괴 속에서 과도한 풍요의 존재를 입증한다."

명품은 왜 비쌀까?

상품은 사물이 아닌 기호가 되었고, 사물의 효용보다는 다른 상품과의 차이(매력)가 중시되기 시작했습니다. 근대는 생산 중심 사회였기 때문에, 생산의 관점에서 분석 가능했던 근대적 사회는 끝났다는 뜻입니다.

생산 중심 사회와는 달리, 소비 사회에서는 상품이 브랜드로서 가지고 있는 매력이 중시됩니다. 생산 중심 사회에서 그 사회를 상징하는 장소는 공장이나 철도였지만, 현재는 수많은 상품이 화려하게 진열된 드럭스토어나 쇼핑센터가 그 사회를 상징합니다. 이는 다른 상품과의 차이를 만드는 작용을 하죠.

보드리야르는 생활필수품을 갖고자 하는 '욕구'와 사회적 지위와 차이를 추구하는 '욕망'을 구별했습니다. 배가 고파서 빵을 사는 행위는 욕구, 멋 부리고 싶어서 명품 슈트를 사는 행위는 욕망입니다. 욕망은 타인과 다름을 표현하는, 기호의 상징을 소비하는 행위입니다.《소비의 사회》에서는 벤츠 광고문과 모발 염색제 광고문을 각각 〈르몽드Le Monde〉와 한 여성주간지에서 인용해 보여줍니다. 두 광고문 모두 "당신을 개성 있게 만들어 드리겠습니다."라는 구호 아래 차이를 강조하죠.

"모든 선전은 의미Sense를 갖고 있지 않다. 선전은 의미 작용을 전달할 뿐이다."

소비 사회를 살아가는 인간은 단순히 사물의 기능이나 효용을 소비하는 것이 아니라, 과거 귀족처럼 사회적 지위를 과시하고 다른 인간과의 차이와 구별을 눈에 띄게 하려고 합니다.

그런데 소비 욕망이 더 많은 기호재^{記號財}•로 향하는 데 비례해서 재화는 점점 더 기호화하기 때문에 소비 사회는 기호 체계를 형성하게 됩니다.

이러한 행동 양식을 따르는 사람들은 상승을 지향하는 중간 계층이므로, 중간 계층은 타인과 아주 사소한 차이라도 벌리기 위해 기꺼이 행동합니다. 그러면 그 차이가 해소되어 결국 동일해지죠. 다람쥐 쳇바퀴 돌리기와 마찬가지입니다. 그런 구조를 미리 알아두면 쇼윈도• 쇼핑도 공부가 되지 않을까요?

고전이 나에게 건네는 말

현대 대량 소비 사회에서는 사물의 가치가 다양해진다. 정성 들여 만들어서가 아니라, 그 상품이 지니고 있는 코드에 다른 상품과 차이점이 있기 때문에 비싸진다. 그것이 개성으로 새겨져 있는 것이다.

• 기호론적 소비 욕망에 따라 소비재는 기능재와 기호재의 결합으로 전환되었다. 체온을 유지하고 몸을 지키기 위해(기능재) 옷을 입는 것이 아니라, 차이를 만들기 위해 입는다(기호재).

• 《소비의 사회》 결론 부분에 거울과 쇼윈도에 관한 기술이 있다. "쇼윈도에서는 개인이 자신을 비춰보는 것이 아니라 대량의 기호화된 사물을 응시할 따름이며, 응시함으로써 사회적 지위 등을 의미하는 기호의 의미 속으로 흡수된다."

《기술 복제 시대의 예술 작품》

발터 벤야민 지음(1936년)

책의 난이도
★★☆☆☆

이 책의 배경

카메라와 영화가 출현하면서 한 번뿐인 아우라의 반짝거림이 사라졌다. 하지만 그 대신 대중이 미디어에 참여하고 세상을 바꿔나갈 기회가 생겼다. 《기술 복제 시대의 예술 작품》은 오늘날 인터넷 사회에도 적용되는 복제에 관한 사회론이다.

발터 벤야민(1892~1940)

독일의 문예평론가이자 철학자, 사상가. 프랑크푸르트학파로 분류된다. 제1차 세계대전 중에 독일 파시즘을 겪었으며, 나치에 쫓기다 스페인에서 음독자살로 생을 마감했다.

한 번뿐인 감동은 어디로 사라졌을까

발터 벤야민Walter Benjamin은 1936년에 《기술 복제 시대의 예술 작품Das Kunstwerk im Zeitalter seiner technischen Reproduzierbarkeit》을 발표했습니다. '복제'라는 문제를 가장 먼저 논한 사상가라 할 수 있죠. 벤야민에 따르면 고대에 대량 생산된 예술 작품은 동상이나 금속 화폐였습니다. 19세기에 인쇄 기술이 등장하면서 복제가 가능해졌고, 석판을 이용해 그래픽을 대량 생산할 수 있게 되었습니다. 19세기 말에는 카메라, 발성 영화를 통해 사진과 소리의 복제가 시작되었습니다.

"아무리 정교하게 제작된 복제품이라 하더라도 거기에 결여되어 있는 것이 하나 있다. 바로 예술 작품이 갖는 '지금-여기'라는 특성, 즉 예술 작품은 그것이 존재해 있는 곳에 유일무이하게 현존한다는 특성이다."

벤야민은 유일성과 일회성을 내포한 '아우라Aura'라는 말을 빌려 주장을 펼쳤습니다.

"…… 여기서 빠져나가는 것을 아우라라는 개념 속에 요약해

---

* 인간은 끊임없이 예술 작품을 모조했다. 제자들은 기량을 닦기 위해, 거장들은 작품을 유포하기 위해 모조에 힘썼다. 또한 상인들은 모조품을 돈벌이에 활용했다. 그러나 복제 기술을 통한 예술 작품의 재생산은 이와는 전혀 결이 다르다. 복사본이 쉽게 유출되어버리기 때문이다.

‡ "아우라는 '가까이 있더라도 아득히 멀게 느껴지는 것의 일회적인 나타남'으로 규정한다." 벤야민은 어느 여름날 오후 한가롭게 누워 산맥이나 나뭇가지를 가만히 눈으로 좇는 행위가 아우라를 호흡하는 일이라 했다. 인생의 순간순간에 아우라가 있다는 뜻이다.

308

옛날에는 복제하는 것도
힘들었는데…

찰칵!

아우라의 소실

확산

사진이나 영화 같은 복제 기술이 등장하면서 전통적인 예술 작품에서
아우라가 사라졌다. 예술과 인간의 관계는 어떻게 달라질까?

서 이렇게 말할 수 있다. 즉, 예술 작품을 기술적으로 복제 가능
한 시대에서 위축되는 것은 예술 작품의 아우라이다."

아우라는 예술 이론에 나오는 개념으로, 종교 의례 대상이
가지고 있는 절대적인 장엄함을 뜻합니다.

"우리가 현재 그 증인이 되고 있는 지각 매체에서 일어나는
변화들을 아우라의 붕괴로 파악할 수 있다면, 우리는 그것의 사
회적 조건들을 제시할 수 있을 것이다."

물론 복제가 범람하는 것이 무조건 나쁘다고만 주장하지 않
습니다. 벤야민은 신문이나 뉴스 영상이 제공하는 정보는 시시
각각 달라지기 때문에 '범위가 무한하게' 펼쳐지는 작용이 일어
난다고 했습니다.

아우라 없는 복제 시대란?

책의 후반에는 영화론을 비롯해 대중의 매체 참여와 관련된 내용이 실려 있습니다.

"영화에서 인간은 처음으로 자신의 생생한 인격 전부를 바치면서도 그 인격의 아우라는 포기한 채 연기해야만 하는 상황에 처해졌다. 왜냐하면 아우라는 배우[*]의 지금-여기와 결부되어 있기 때문이다. …… 이렇게 배우를 감싸고 있는 아우라는 사라진다."

또한 복제 기술이 정치와 결합하면 커다란 움직임으로 이어진다고 설명했습니다.

"화보 신문들이 관찰자에게 새로운 이정표를 제시해 주기 시작했다. 그 이정표는 맞을 수도, 틀릴 수도 있었지만 그리 중요한 문제가 되지 않았다. 이러한 화보 신문들에서는 처음으로 설명 문구가 꼭 필요한 것이 되었다. …… 설명 문구가 화보의 그림을 보고 있는 사람들에게 주는 지침들은 훗날 영화에 이르러서 한층 더 분명하고 강압적인 성격을 띠게 되었는데, 그도 그럴 것이 영화에서는 개개 화면의 의미가 그것에 선행한 다른 화

[*] "영화는 아우라의 위축에 대항하기 위해 스튜디오 밖에서 '유령 인물'이라는 인위적 스타를 만들어낸다. 영화 자본에 의해 장려되는 스타 숭배는 이미 오래전부터 상품성의 부패한 마력에 지나지 않았던 그런 개성의 마력을 보존하고 있다." 벤야민의 주장을 현대에 비춰 어떻게 해석할지는 사람마다 다를 것이다. 요즘에는 콘서트나 공연, 연극, 인터넷을 통한 실시간 송출이 아우라로서 가치를 지니기 시작했다.

면들의 연속에 따르며 미리 정해진 것처럼 보이기 때문이다."

복제 문화에는 일반 시민도 참여할 수 있습니다. 노력하면 영화에도 출연할 수 있고, 요즘에는 수많은 유튜버가 활동하고 있죠. 또한 문학 쪽에서는 소수의 작가가 수천 배가 넘는 독자를 상대로 글을 쓰는 상황이 이어졌으나, 신문이 발달하면서 많은 독자가 글을 쓰는 쪽으로 옮겨가게 되었습니다.

벤야민은 이러한 기술들을 통해서 혁명적 정치를 위해 대중과 예술이 새로운 관계를 구축할 가능성을 탐구했습니다.

"파시즘은 영도자 숭배를 통해 대중을 굴복시키고 있지만, 이와 같이 대중을 힘으로 억누르는 행위에 대응하고 있는 것이 바로 제의적 가치를 조성하는 데 도움이 되는 매스컴 기구를 장악하는 일이다."

자본주의 사회 속 파시즘은 정치가 일방적으로 매체를 이용합니다. 그에 반해 공산주의 사회에서는 아우라 없이 복제 가능한 새로운 매체가 자유로운 표현과 정치로 이어진다고 벤야민은 생각했습니다.

현대 사회에서 아우라가 소실되었다는 것은 오히려 정치와 예술이 새로운 관계를 구축할 기회일지도 모릅니다.

복제 기술이 발달하면서 문자와 사진, 영상이 정치와 결합했다. 복제로 인해 한 번뿐인 반짝거림은 사라졌지만, 앞으로 펼쳐질 시대에는 인터넷을 통한 실시간 송출이 아우라를 되찾아 줄지도 모른다.

《과학 혁명의 구조》

토머스 쿤 지음(1962년)

책의 난이도
★★☆☆☆

이 책의 배경

하버드 대학교에서 이론 물리학을 연구하며 과학 전공이 아닌 학생들에게 과학 강의를 했던 토머스 쿤. 거기서 본인도 미처 알지 못했던 과학을 바라보는 새로운 관점을 발견하는데, 그것이 바로 '패러다임의 전환'이었다.

토머스 쿤(1922~1996)

과학사학자이자 과학철학자. 과학의 배후에 있는 사상을 밝혀내고 사회학적 기초를 연구해 과학 혁명에 관한 힌트를 얻었다. 하버드 대학교에서 과학사를 강의했으며, 물리학 박사 학위를 취득했다. 첫 저서는 《코페르니쿠스 혁명 *The Copernican Revolution*》이며, 《과학 혁명의 구조》에서 '패러다임의 전환'이란 개념을 제시했다.

토대부터 완전히 뒤집은 새로운 과학의 탄생

보통 과학이라고 하면 과거의 과학적 발견에서 시작해 점점 연구가 쌓여 현대의 과학적 발견으로 이어지는 듯한 인상을 줍니다.

그러니 토머스 쿤Thomas Kuhn은《과학 혁명의 구조*The Structure of Scientific Revolutions*》에서 과학이 연속으로 발전하는 것이 아니라, 어느 단계에서 과학 이론이 근본부터 뒤집혀 기존의 과학 현상까지 모조리 설명할 수 있는 새로운 이론이 구축된다고 했습니다.

과학자는 단순히 자연의 구조를 이해하고 설명한다고 해서 진보하지 않습니다. 종래의 패러다임 안에서 시행착오를 거치며 그 패러다임으로는 기존의 과학 현상을 이해하거나 설명하지 못한다고 깨닫는 순간, 새로운 '패러다임의 전환(시프트)*'이 일어납니다.

쿤은 아리스토텔레스의 자연학에서 근대 기계론적 자연학까지 '누적'에 의해 발전하지 않고, 어느 단계에서 토대부터 완전히 뒤집혔다고 생각했습니다. 이를 '혁명'이라 표현한 것입니다. 프톨레마이오스의 천동설로는 여러 현상이 설명이 안 되자,

---

* 쿤에 따르면 모든 과학은 어떤 규범적 전제, 즉 패러다임을 가지고 있으며, 과학 혁명은 그러한 규범적 전제가 교체되는 것을 뜻한다.

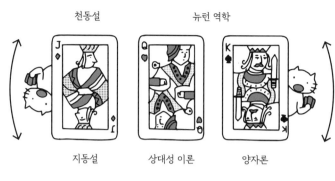

천동설   뉴턴 역학

지동설   상대성 이론   양자론

패러다임의 전환

과학의 역사는 항상 누적에 따라 변천하지 않는다.
어느 지점에서 근본부터 뒤집히는 변화가 갑자기 일어나는데,
이를 '패러다임의 전환'이라 한다.

코페르니쿠스의 지동설이 그 자리를 대신한 것이 대표적 예입니다.

쿤은 빛의 성질에 관해서도 언급했습니다.

"오늘날의 물리학 교과서는 학생들에게 빛은 광자光子, 즉 파동과 입자의 특성을 아울러 나타내는 양자역학적 실체*라고 가르친다. …… 20세기 초에 플랑크, 아인슈타인 그리고 그 밖의 다른 학자들이 이런 생각을 발전시키기 전까지 물리학 교재는

∗ 광양자설光量子說로, 기존의 파동설에 대항해 빛은 입자라고 주장했다. 오늘날에는 빛이 파동
   과 입자의 성질을 모두 갖고 있다고 설명한다.

빛을 횡파 운동이라고 가르쳤는데, 이 관념은 19세기 초 광학에 대한 토머스 영과 프레넬의 저술들에서 유도되었던 패러다임에 기초한 것이었다."

이처럼 빛은 파동과 입자의 성질을 아울러 갖고 있는데, 당시에는 빛이 파동이라고 생각했던 것입니다.

통상 과학과 이상 과학의 관계성

빛이 파동인 이유는 렌즈나 슬릿 등에 통과시켰을 때 간섭 흔적이 나타나기 때문입니다. 파동은 매질이 필요합니다. 바다에 물이 있어서 파도가 이는 것처럼 말이죠. 당시에는 우주 공간에 파동을 전달하는 매질이 에테르라고 여겼기 때문에 그 에테르를 검출하기 위해 수많은 실험을 했지만 이렇다 할 결과가 나오지 않았습니다.

그런데 만약 빛이 입자라면 에테르라는 매질은 필요하지 않습니다. 그저 튀어오면 되니까요. 아인슈타인은 광전 효과(흙벽에 공을 던지면 흙이 살짝 튀어나오는 것과 같은 현상)를 통해 빛이 입자임을 증명했습니다. 하지만 그것만으로는 빛의 간섭을 설명할 수 없었고, 패러다임의 전환이 이루어졌습니다. 결국 빛은 파동과 입자의 성질을 모두 갖는다고 정의하게 되었지요.

또한 쿤은 과학에는 두 종류가 있다고 주장했습니다. 바로

'통상 과학(규범적 과학)[•]'과 '이상 과학(혁명적 과학)'입니다. 통상通常 과학은 규범 삼아 마땅한 접근법이 명확히 정해져 있는 것으로, 어떤 권위를 지닌 과학자 집단이 지지하는 과학을 말합니다. 대학에서 과학을 연구하는 사람들은 이 통상 과학의 범위 안에서 연구를 진행합니다.

하지만 통상 과학의 범위에서 설명되지 않는 현상이나 변칙적 사례가 나타날 때가 있습니다. 보통 그러한 사례는 통상 과학의 틀 안에서 일시적인 처방으로 해결하려고 합니다. 보충 설명 등을 덧붙여 어떻게든 그 상황에서 벗어나려고 하죠.

그럴 때 어떤 과학자가 나타나 기존의 통상 과학과는 전혀 다른 이론을 제시하면, 그것을 이상異常 과학이라 부릅니다. 이 이상 과학이 완전히 새롭게 받아들여지면, 다시 통상 과학으로 제도화됩니다. 《과학 혁명의 구조》에서는 이를 진화론[•]으로 설명합니다.

"새로운 이론은 정상적 풀이 활동 과정에서 현저한 실패를 겪은 후에야 비로소 출현했다."

• 뉴턴 역학이나 입자 광학 등의 패러다임을 배우는 학생은 "장래에 들어가서 일하고자 하는 특정 과학자 집단의 일원이 될 준비를 하는 것"이라고 쿤을 말했다. 그러면 이상 과학적인 변칙 사례가 나타나도 사고를 전환하기 힘들다.

‡ 진화라고 하면 대부분 '목적을 향한 진화'로 해석한다. 그런데 다윈의 진화론에 따르면 목적이 아니라 자연 도태로 선별한 결과, 오늘날 존재하는 생물들이 살아남은 것이다. 쿤은 과학에서도 선택이 이루어지지만, 그럼에도 과학은 진보한다고 주장했다.

머지않아 우리에게도 새로운 패러다임의 전환이 일어날지도
모릅니다.

과학자들은 특정 패러다임을 바탕으로 통상 과학을 완성하
지만, 그 안에서 변칙성을 많이 인정하면 모순이 발생하고 새
로운 패러다임이 생겨나게 된다. 비즈니스에서도 패러다임
의 전환은 매우 중요하다.

《안티 오이디푸스》

질 들뢰즈 & 펠릭스 가타리 지음(1972년)

책의 난이도
★★★★★

이 책의 배경

무슨 말인지 전혀 이해가 안 되는 책. 잘 모르지만 계속 읽다보면 갑갑함이 사라지고 마음이 가벼워지는 책. 그것이 바로《안티 오이디푸스》이다. 이 책이 이해되지 않는다고 고민하는 것 자체가 딱딱하게 굳은 생각에서 벗어났다는 뜻일지도 모른다.

질 들뢰즈(1925~1995)

프랑스의 철학자. 20세기 프랑스 현대 철학을 개척한 인물 중 하나이다.

펠릭스 가타리(1930~1992)

프랑스의 철학자이자 정신분석가. 저서로는 《자유의 새로운 공간 *Les Nouveaux espaces de libertee*》이 있다.

세상에서 가장 이해하기 어려운 철학서

철학서(사상서)는 무척 난해합니다. 그중에서도 특히 《안티 오이디푸스*L'Anti-Œdipe*》*는 내용에 대한 분석이 다양해서 교과서나 용어집에 소개되어 있는 해석을 실었습니다.

우선 질 들뢰즈Gilles Deleuze와 펠릭스 가타리Félix Guattari는 욕망의 개방이나 자본주의의 힘을 긍정하는 입장입니다. 인간을 '욕망하는 기계'‡로 파악했으며, 우리 몸의 모든 기관은 무의식의 욕망에 따라 움직인다고 생각했습니다. 인간의 신체에서 여러 기관은 서로 연결되어 있습니다. 보통 욕망과 기계는 전혀 연관이 없는 듯 보이지만, 들뢰즈와 가타리는 유물론에 욕망을 연결해서 전체를 이해했습니다.

정신 분석에 따르면 인간의 의식을 움직이는 진짜 주체는 리비도(258쪽 《정신 분석 강의》 참고)라 불리는 무의식의 욕망입니다. 인간의 신체에서 여러 기관은 서로 연결되어 있으며, 그 기

---

* 아버지와 신. 국가는 욕망을 금지하는 권력이 되어 배후에서 자아를 조정하고 에스(이드)의 욕망을 억압한다고 주장한다. 오이디푸스는 그리스 신화에 등장하는 인물인데, 프로이트는 어머니와 성적인 사랑을 갈구하고 그것을 방해하는 아버지가 죽길 바라는 욕망이 어린아이에게 있다고 보았다. 그 억압된 욕망을 오이디푸스 콤플렉스라 한다(258쪽 《정신 분석 강의》 참고).

‡ 여기서 말하는 기계는 조립된 기계나 생물학적 장치가 아니라 욕망과 결합된 시스템 전체를 뜻한다. 마르크스 경제학에서는 생산 시스템을 원시 공산 사회, 고대 노예제 사회, 중세 봉건 사회, 근대 자본주의 사회, 사회주의 사회의 5단계로 구분했다. 그러나 들뢰즈와 가타리는 이를 원시 영토 기계, 전제 군주 기계, 문명 자본주의 기계라는 3대 사회 기계로 다시 구분했다.

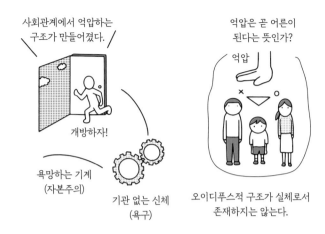

욕망은 그 자체로 존재하지 않고 사회관계 속에서 점점 끓어오른다.

계 밑바탕에는 니체가 말한 '권력 의지' 같은 근원적인 원동력이 있습니다. 이를 극작가 앙토넹 아르토Antonin Artaud의 말에서 따와 '기관 없는 신체'라 칭했죠. 이 기관 없는 신체가 우리 몸의 여러 기관과 결합해서 식욕이나 성욕 같은 구체적 욕망으로 발현됩니다.

이 근원적 욕망인 기관 없는 신체는 개인을 뛰어넘어 사회 전체와 이어지는 기계가 됩니다. 여기서 기계는 여러 요소가 작동하는 전체를 뜻합니다. 욕망의 흐름은 개인이라는 차원을 초월해서 복잡한 연결고리를 만들며, 교환·순환되는 장치로 곳곳에서 나타납니다. 즉, 자본주의 사회는 그 전체가 욕망하는 기계입니다.

파라노이아와 스키조프레니아란 무엇일까

자본주의 사회는 욕망의 화신, 즉 욕망하는 기계 그 자체입니다. 자본주의 경제를 구성하는 자본, 화폐, 상품, 노동, 정치 문화를 비롯해 모든 요인이 욕망과 연결되어 있다고 생각하면 이 책이 말하고자 하는 바를 이해하게 될 것입니다.

보통 욕망은 무언가의 결핍이라고 간주됩니다. 아무것도 먹지 않으면 배가 고픈 것처럼 말입니다. 그러나 들뢰즈와 가타리는 이를 부정하면서, 욕망이 생산하고 창조하는 무언가가 있다고 주장했습니다. 배가 불러도 하고 싶은 일이 있는 것처럼요.

"욕망은 아무것도 결핍하고 있지 않다. 오히려 욕망에 결핍되어 있는 것은 바로 주체이다. 또는 고정된 주체를 결핍하고 있는 것이 욕망이다."

주체를 결핍하고 있는 욕망이란 세계의 구조 속에서 무의식적으로 작용하기 때문에 이를 분석하기에는 정신 분석 이론이 안성맞춤입니다. 하지만 들뢰즈와 가타리의 주장에 따르면 오이디푸스 콤플렉스 이론을 기존 그대로 사용해서는 안 됩니다. 자본주의 사회에서는 아버지, 신, 국가 등 권력을 지닌 억압 장치가 자아를 오이디푸스적 틀에 맞춰 통합하고 욕망을 억압하는 기능을 하기 때문입니다.

프로이트는 가정 안에서 아버지와 어머니, 아들을 삼각형 구도에 넣음으로써 신경증을 설명했습니다. 그런데 들뢰즈와 가타리는 이를 사회 전체에 적용해서, 인류가 구축한 문명 장치나 국가 장치가 무의식의 욕망을 억제한다고 했습니다.

파라노이아Paranoia형(편집증형) 인간은 욕망이 중앙 집권 조직체로 흘러들어가 억압하는 기관이 되며(파시즘적), 스키조프레니아Schizophrenia*형(분열증형)은 욕망의 도주선을 따라 벽을 뚫어가며 다양한 흐름을 만들어냅니다.

마치 스키조프레니아형은 욕망의 기쁨을 맘껏 해방하는 미래의 인간상을 표현하고 있는 듯합니다. 이렇게 도주선을 따라 욕망의 생산을 해방해 나가는 움직임을 '노마디즘Nomadism'이라 합니다. 들뢰즈와 가타리는《안티 오이디푸스》의 속편인《천 개의 고원Mille Plateaux》에서 노마디즘을 이야기합니다.

고전이 나에게 건네는 말

> 욕망은 전적으로 긍정할 수 있다. '욕망하는 기계'를 자유롭게 결합하거나 끊는다면, 틀에 박힌 삶에서 벗어나 자유롭게 생각하고 행동할 수 있다.

* 파라노이아(편집증)는 통합을 꾀하지만 스키조프레니아는 새로운 도주선, 즉 틀에 박힌 사고에 얽매이지 않는 선을 그음으로써 획일성에서 벗어난다. 스키조프레니아는 정주적이지 않고 유목적(노마드적)이다. 자본주의는 욕망하는 기계이므로 획일적인 사고(파라노이아)로는 적응할 수 없다. 《천 개의 고원》에서는 리좀Rhizome적 삶의 방식을 이야기한다.

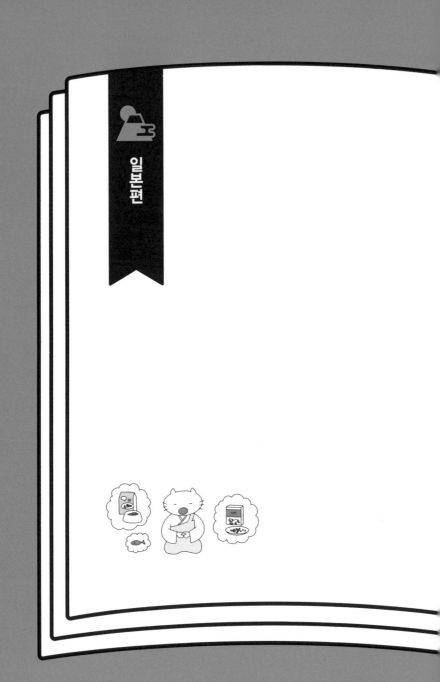

일본편

제 8 장

일본을
이해하기 위한 책

《삼교지귀》

구카이 지음(797년)

책의 난이도
★☆☆☆☆

이 책의 배경

구카이가 젊은 시절 수행 끝에 유교와 도교, 불교 중 어느 종교
가 가장 훌륭한지 답을 제시한 책. 물론 세 종교 모두 훌륭한
가르침을 전하고 있음에 틀림이 없다. 《삼교지귀》는 구카이가
유교와 도교, 불교를 동시에 해설해주는 유익한 책이다.

구카이(774~835)

일본 진언종 창시자로, 시호는 고보弘法대사이다. 일본 천태종 창시
자인 사이초와 함께 헤이안 불교의 근간을 세웠다. 대학을 중퇴하
고 19세 무렵에 산속에 들어가 수행했으며, 《삼교지귀》는 24세에
쓴 책이다. 804년에는 견당사선을 타고 당으로 건너가 밀교 제7조
인 장안 청룡사 혜과스님에게 사사했다.

유교와 도교 중 무엇이 더 훌륭할까?

구카이空海는《삼교지귀三教指歸》서문에서 책을 쓴 이유를 이렇게 밝혔습니다.

"하늘은 휘영청 밝으면 갖가지 형상을 드리우고, 사람은 느낌이 일면 붓을 잡는다."

구카이가 24세 때 완성한《삼교지귀》는 유교와 도교, 불교를 대표하는 세 인물을 등장시켜 불교가 가장 뛰어나다고 설파하는 이야기 형식의 책입니다.

불교에 심취한 구카이는 귀족 자제들이 다니는 학교인 대학을 중퇴하고 구문지법求聞持法 *을 터득해 불교 수행을 하기로 결심했습니다.《삼교지귀》에는 그 당시 구카이의 심경이 담겨 있습니다.

우선《삼교지귀》상권에서는 유교를 대표하는 구모선생이라는 자가 토각공의 초대를 받고 그의 집을 방문합니다. 토각공은 구모선생에게 비뚤어진 조카, 질아공자를 어떻게 해야 좋을지 의논하죠.

거기서 구모선생은 질아공자를 질책합니다. 부모를 존경하

---

* 구문지총명법求聞持聰明法이라고도 한다. 《삼교지귀》 서문을 보면 구카이의 이런 약력이 실려 있다. 구카이는 젊은 시절 불도를 수행하는 한 승려를 만나 '허공장보살구문지법경 虛空藏菩薩求聞持法經'이라는 밀교 경전을 배운다. 그 경전에는 "만약 사람이 이 법에 기대어 '나무 아가사 갈바야 옴 아리가 마리모리 사바하'를 백만 번 외우면, 곧바로 모든 교법의 글과 의미를 외우게 되리라"라고 적혀 있었다. 구카이는 일본 고치현 무로토 곶室戸 곶에서 수행하며 이를 성취했다.

무위자연으로 우주와
하나가 되어 노닐자!

도교

유교나 도교도 좋지만
불교를 추천합니다!

인의예지로
올곧게 살아가자

유교

개관천선
했습니다!

YES! 불교

지 않고 술과 고기, 여자를 탐하는 태도를 꾸짖었죠. 마음을 고
쳐먹으면 공명을 떨치고 대성할 수 있다고 타이르자, 질아공자
는 무릎을 꿇고 마음을 고쳐먹게 됩니다.

그런데 중권으로 넘어가면 구모선생이 질아공자를 꾸짖던
자리 한쪽 구석에, 도교를 대표하는 허망은사가 앉아 있는 모습
이 묘사됩니다. 허망은사는 "그래서 어쩌란 말이냐, 남의 결점
을 폭로해 봐야 아무 소용없다."라며 구모선생의 말을 정면으로
반박합니다. 거기서 세 사람은 허망은사에게 도교(48쪽《노자》,
《장자》참고)의 가르침을 듣기로 합니다.

불교의 진리가 궁극이라는 구카이의 가르침

허망은사는 "너희에게 불사신술^{不死神術}의 비밀을 가르쳐주겠다."라며 선인^{仙人}이 되는 길을 설파하기 시작합니다. 세 사람은 기꺼이 그 가르침을 귀담아들었죠.

"자고로 육욕과 탐욕을 버려야 하며, 곡류는 독이고 부추와 채지, 마늘은 맹독이며, 물론 술과 고기도 멀리해야 한다. 미녀를 탐하거나 춤추고 노래하는 것도 목숨을 저버리는 행위이다." 등등, 선도^{仙道}를 닦기 위해 지켜야 할 금지 사항을 장황하게 늘어놓습니다.

뿐만 아니라 선도의 호흡법이나 물 마시는 법, 선약^{仙藥}으로 양생하는 방법도 알려줍니다. 그것들을 지키면 천공에 오르고 순간이동도 할 수 있으며, 젊음을 되찾아 불로불사한다고 했죠.

허망은사는 속세 사람들이 탐욕에 빠져 물거품처럼 사라질 재산을 모으고, 분에 넘치는 행복을 바란다고 설교합니다. 조금만 좋은 일이 생기면 기뻐 어쩔 줄 모르고, 나쁜 일이 생기면 금방 풀이 죽는다고 나무라는 등, 요즘을 살아가는 우리에게 말하는 듯한 예리한 구석도 있습니다.

이러한 가르침을 들은 세 사람은 나란히 무릎을 꿇고 한목소리로 "도교가 유교보다 훌륭하다!"라고 말합니다.

그리고 하권에서 드디어 구카이의 분신인 가명걸아가 등장합니다. 걸식 수행을 하던 가명걸아가 우연히 지나가다 논쟁을 듣게 된 것입니다.

가명걸아는 인간은 윤회하며 오온(59쪽 《법구경》 참고)이 일시적으로 합쳐진 것인데, 구모선생과 허망은사가 그 사실을 모른다고 생각했습니다. 그래서 직접 논쟁에 뛰어드는 대신 두 사람에게 편지를 쓰는데, 그 편지에는 유교와 도교가 불교의 일부분이라는 진리가 담겨 있었습니다.

유교와 도교를 설파했던 두 사람은 한시로 적힌 불교의 진리를 보고 감격합니다. 이어 유교와 도교, 불교가 무엇인지 명확히 밝힌 '십운시十韻詩'가 책의 마지막을 장식하죠. 《삼교지귀》는 구카이의 문장력이 전해주는 울림이 상당하기 때문에 꼭 원전을 읽어보길 추천합니다.

고전이 나에게 건네는 말

유교를 통해 충효 정신을 배우고, 도교를 통해 대자연의 힘을 깨닫고, 불교를 통해 그 전체를 하나로 완성해 보자. 그러면 시야가 넓어져 인생의 목표가 보일 것이다.

• 심오한 가르침을 담은 시이다. 태양과 달이 반짝여 밤의 어둠을 몰아내듯, 유교와 도교, 불교의 가르침은 어두운 마음을 없애준다. 사람은 제각기 달라서 병에 따라 약이나 침 쓰는 법을 달리 한다. 유교와 도교도 훌륭하지만 부처가 설파한 일승一乘의 가르침, 즉 부처의 빛을 받으며 부처를 향해 나아가는 데 인생의 의미가 있다.

일본편

《탄이초》

신란의 제자 유이엔 지음

책의 난이도
★★☆☆☆

이 책의 배경

'난 착한 사람이다'라는 착각에 빠진 자칭 '선인'은 사실 구제
받기 힘들다. 오히려 '난 나쁜 사람이다'라고 자각하고 있는
'악인'이 부처의 말을 귀담아들어 구제받는다는 발상의 전환
이 담긴 책이다.

신란(1173~1262)

정토종을 창시한 호넨의 제자로, 정토진종을 창시했다. 20년 동
안 히에이산에서 수행을 거친 후, 29세에 하산했다. 그리고 호넨
의 문하에서 전수염불에 힘썼다. 승려도 아니고 속인도 아닌 '비승
비속 非僧非俗'으로 평생을 살았으며, 타력 사상을 관철했다. 1987년
미쿠니 렌타로가 연출한 〈신란, 하얀 길〉이라는 영화가 발표되기
도 했다.

악한 사람이 구원받는다?

헤이안 말기, 미마사카구니(현재의 오카야마현)에서 무사의 아들로 태어난 겐쿠源空(호넨法然)는 13세에 히에이산에 올라가 천태종을 배우며 정진했습니다. 호넨은 당나라 선도대사가 쓴 《관경소觀經疏》에 적힌 "일심으로 오로지 아미타불의 명호를 부르되, 걸을 때나 머물 때나 앉을 때나 누울 때나 시간의 길고 짧음을 따지지 않고 염념마다 버리지 않는 것을 정정의 업正定之業이라 부르나니, 저 부처님의 원력에 순응하는 까닭이다."에서 아미타불 본원의 진의를 깨닫고 '전수염불專修念佛'을 주창했습니다. 염불을 끊임없이 외면 누구나 왕생한다고 확신했죠.

이러한 전수염불의 가르침을 좇았던 신란親鸞은 호넨에게 사사하고 정토진종淨土眞宗*을 창시했습니다. 신란이 주장한 악인정기설惡人正機說은 악인도 구제받는다는 내용을 담고 있어서 '나쁜 짓을 해도 왕생한다'라는 오해를 받았다고 합니다. 그래서 신란의 제자 유이엔唯円이 '이설異說을 한탄恨歎한다'라는 뜻의 《탄이초歎異抄》를 지어 스승의 가르침을 다시 설명했습니다. 《탄이초》에서 가장 중심이 되는 문장은 '선한 사람도 왕생할 수 있는데 하물며 악한 사람은 말할 것이 있겠는가'입니다. '선한 사

---

* 호넨의 가르침을 발전시켜 보은감사報恩感謝의 염불을 설파했다. 내가 염불을 외는 것조차 아미타불의 뜻이라 했다(절대타력 絶代他力). 정토진종은 무로마치 시대 중기에 고승 렌뇨에 의해 급속히 발전했으며, 하급무사와 상인, 농민층에게까지 널리 퍼졌다.

자력으로 선을 행하는 사람도 극락왕생할 수 있다.
하물며 악한 사람이야 말해 무엇 하겠는가.

람과 악한 사람이 바뀌어야 하는 거 아닌가?'라는 생각이 들겠지만, 원래 문장이 맞습니다.

"세상 사람들은 '악한 사람도 극락왕생한다는데, 하물며 선한 사람은 당연하지 않은가'라고 말한다. 언뜻 그럴듯하지만, 그것은 타력본원他力本願﹡의 뜻과는 어긋나는 말이다. 자기 노력으로 선을 행하는 사람은(자력작선自力作善) 미타의 힘에 의지하는 마음이 없어서 미타의 본원과는 어긋나게 된다."

﹡ 신란은 스스로 행함으로써 깨달음을 얻기란 불가능하다며 모든 것을 아미타불의 뜻에 맡기
는 신앙을 설파했다. 자력이 아니라 부처의 자비가 '나무아미타불'이라는 염불을 외게 해준다
고 했다.

이 문장의 '타력본원'과 '자력작선'이라는 용어가 핵심입니다.

전부 맡기면 마음이 평온해진다

요즘 사람들은 '타력본원'이라는 말을 별로 좋은 뜻으로 사용하지 않습니다. 주체성 없이 남에게 맡긴다는 뜻으로 해석하죠. 그런데 실은 타력본원이야말로 인간의 본모습을 드러내는 표현이라 할 수 있습니다. 인간은 번뇌에 괴로워하는 나약한 존재이며, 자력으로 스스로를 구제하려는 것은 크게 잘못된 생각입니다. 나약한 존재이기 때문에 내 나약함을 자각하고 부처라는 초월적 존재에 맡겨야 합니다.

신란이 말한 '절대타력'은 신심信心 또한 부처가 주었다는 뜻을 담고 있습니다. 신심은 '그래, 믿어보자!' 한다고 해서 생기지 않습니다. 그러나 아미타불은 모든 중생을 구하고자 하기 때문에 신심을 주었습니다. 즉 "믿는 마음 또한 자력이 아니라 타력이다."라고 말할 만큼 투철한 것이 절대타력입니다.

결국 인간이 자유 의지로 선을 행하기란 불가능합니다. 또한 자신이 선하며 스스로 선을 행할 수 있다고 믿는 사람은(자력작선), 실은 번뇌에 사로잡힌 악한 사람인데 착각하고 있는 것뿐입니다.

"난 자제할 수 있어. 약해빠진 사람들이나 부처에 의지하는 거야"라고 말하는 사람도 있겠죠. 하지만 진짜 한계에 부딪혀보지 않아서 그런 말을 할 수 있는 겁니다.

인간은 신이나 부처가 아니기 때문에 영원히 완전해질 수 없는 나약한 존재입니다. 그래서 "난 착한 사람이야."라고 자신만만하게 말하는 사람보다, "나는 욕망에 지고 마는 나쁜 사람입니다."라고 자각하고 있는 사람이 진정한 자신을 알고 있다는 뜻이 됩니다.

신란은 만년에 '자연법이自然法爾'•의 경지에 올랐습니다. 자연법이는 '모든 집착을 버리고 전부 자연에 맡기는' 태도입니다. 절대타력을 극한까지 밀어붙이면 모든 것을 부처에게 맡기는 맑은 마음을 갖게 됩니다.

고전이 나에게 건네는 말

> 내 힘으로 할 수 있다고 전부 짊어지면 언젠가 한계에 부딪히고 만다. 내 힘이 아니라 거대한 힘에 따라 살아간다고 생각하면 마음이 조금 편해지지 않을까.

• 모든 것은 아미타불의 뜻에 따른 자연스러운 현상이다. 따라서 인생 전부를 맡기면 된다. 요즘 시대에 맞춰서 표현하자면 '모두 이유가 있다', '모든 일은 순리대로 흘러가고 있다'라는 긍정적 사고와 이어진다.

《정법안장》

도겐 지음(1231~1253년)

책의 난이도
★☆☆☆☆

이 책의 배경

"인간은 무엇을 위해 살까요?" 하고 선승에게 물으면, 아마도 "그걸 알아 무엇 하겠느냐"라는 대답이 돌아올 것이다. 선禪은 쓸데없는 생각을 떨쳐내는 기법이다.

도겐(1200~1253)

일본 조동종의 개조. 1200년에 교토에서 태어났다. 출가해서 천태교학天台敎學을 익히고 에이사이에게 사사했다. 그리고 하카다에서 남송으로 건너가 중국 조동선 여정선사에게 가르침을 받았다. 또한 일본 후쿠이현에 있는 에이헤이지永平寺를 창건했다. 2009년에 나카무라 간타로가 주연한 영화 〈선禪, Zen〉이 개봉하기도 했다.

불성을 지닌 인간이 왜 수행을 해야 할까?

《정법안장正法眼藏》은 조동종의 근본이 되는 경전입니다. 도겐道元은 승려 에이사이栄西*의 임제종 선법을 듣고 겐닌지에 들어가, 스승인 묘젠과 함께 송나라로 건너갔습니다. 그리고 송에서 사사한 조동종 여정선사의 가르침을 바탕으로 '정전正傳의 불법', 즉 '깨달음을 얻기 위한 부처의 진정한 가르침'을 널리 전파하려 했습니다. 참고로 선종禪宗은 달마대사❖가 중국에 전파했습니다.

《정법안장》에서는 깨달음에 관해 이렇게 이야기합니다.

"불법은 사람이 알려 해도 알 수 없다. …… 진정으로 깨달을 때는 제 나름대로 깨달음이란 이런 것이겠구나 하고 미리 알게 되는 경우는 없다. …… 깨달았을 때는 이래서 깨달았구나 하고 지각하지 못한다. …… 깨닫기 이전에 했던 여러 생각은 깨닫는 데 아무 소용이 없다."

너무 어렵게 느껴지는 말이지만, 한마디로 요약하자면 깨달을 때는 '어떻게 해야 깨달을 수 있을까?' 하고 쓸데없는 생각

---

* 가마쿠라 시대의 선승. 송에 두 차례 건너가 임제선을 일본에 전파하며 임제종을 창시했다. 저서로는 《흥선호국론 興禪護國論》, 《끽차양생기 喫茶養生記》 등이 있다.

❖ 선종의 창시자. 남인도 출신으로 생몰년은 명확하지 않다. 양 무제의 초빙을 받아 선禪을 설파하지만, 중국에 선을 전파하는 것은 시기상조임을 깨닫고 좌절한다. 그 후 중국 쑹산산 소림사에서 벽만 보고 9년 동안 좌선하여(면벽구년面壁九年) 잘못을 뉘우치고 선종을 창시했다는 이야기가 전해진다.

지관타좌只管打坐
한결같이 좌선한다.

수행을 계속하는 것이 깨달음의 본질이다.
석가는 한결같이 좌선에 몰두했다.

을 해선 안 된다는 뜻입니다.

"불도를 수행한다는 것은, 자기를 수행한다는 뜻이다. 자기를 수행한다는 것은, 자기를 잊는다는 뜻이다. …… 자기가 만법에 실증된다는 것은 자기의 신심과 더불어 타기他己의 신심까지 해탈하게 한다는 뜻이다."

도겐은 깊은 선정禪定 체험*을 통해 좌선 수행이야말로 만인이 택해야 할 깨달음의 도임을 알게 되었습니다. 송에서 참선 수행을 하던 어느 날, 깨달음의 힌트를 얻지요. 바로 여정선사

• 요가에서 응념凝念으로 마음을 한 점에 집중해 상념을 지속하는 것(산스크리트어로 디야나 dhyāna)를 말한다. 불교에서는 팔정도八正道의 정정正定이 선정으로 마음을 가라앉히는 것을 뜻했다. 불교의 세 가지 기본 수행인 계戒, 정定, 혜慧 중 하나로, 중국 천태종을 창시한 지의에 의해 지관止觀이 선禪이란 의미를 갖게 되었다.

의 "좌선은 모름지기 심신탈락心身脫落하는 것이거늘!"이란 일갈을 들었을 때였습니다. 몸과 마음이 동시에 탈락한다는 것은 모든 것이 하나가 되는 경지에 올랐음을 뜻합니다.

1분 동안 앉아 있으면 1분 동안 부처가 된다?

도겐은 '수증일여修證一如(혹은 수증일등修證一等)'라는 깊은 가르침을 설파했습니다. 우리는 수행을 통해 깨달음을 얻는다고 생각합니다. 이는 '원인과 결과'라는 인과율에 뿌리를 둔 논리 사고지요. 도겐은 수증(수행과 깨달음)이 하나라고 했습니다.

"지금 하는 수행 또한 깨달음에 따른 수행이므로, 초심자의 변도辨道가 그대로 본래 깨달음의 전체이다."

"수행할 때는 깨닫기를 기대하는 마음을 가져선 안 된다. …… 수행에 따른 깨달음이므로 깨달음에는 끝이 없고, 깨달음에 따른 수행이므로 수행에는 시작이 없다."

'이렇게 하면 깨닫지 않을까?' 하고 기대하는 시점에서 이미 어긋난다는 뜻이죠.

또한 도겐의 제자 코운 에조孤雲懷奘가 쓴《정법안장수문기正法眼藏隨聞記》에서는 지관타좌只管打坐 ⁑에 관해 이렇게 설명하고 있

⁑ 예배나 염불, 경전 읽기, 공안公案(선문답禪問答) 등을 배제하고 좌선에 몰두하는 것을 뜻한다.

습니다.

"불도를 배우는 데 가장 중요한 것은 좌선이다. …… 불조의 도는 오직 좌선이다. …… 소득도 없으며 깨달음도 없다. 오로지 단좌하여 때를 보내면 그것이 바로 불도이다. 고인古人도 간화선看話禪(고인의 어록을 읽는 것)과 지관타좌를 함께 권했으나, 역시 좌선을 일념으로 권했다."

도겐은 좌선이 범부가 부처가 되는 수단이 아니라, 좌선 그 자체에 의미가 있다고 보았습니다. 즉 "무엇을 위해 살아야 할까?"라는 질문의 답은, 그 순간에 이미 완결되어 있습니다.

그럼 수행을 할 때와 하지 않을 때는 어떻게 다를까요? 좌선은 가만히 앉아서 명상하는 행위만을 가리키지는 않습니다. 어쩌면 모든 순간이 명상 상태인 인생이 가장 바람직할지도 모릅니다.

고전이 나에게 건네는 말

> 너무 앞날만 생각하면 금세 피곤해진다. 인과적인 사고를 버리고 지금 이 순간에 집중해 보자. 그러면 산더미처럼 쌓인 일도 어느새 끝나 있을 것이다.

《무사도》

니토베 이나조 지음(1900년)

책의 난이도
★☆☆☆☆

이 책의 배경

널리 알려진 단어인 무사도. 하지만 무사도가 뭐냐고 물으면
대답하기가 쉽지 않다. 무사도라는 체계가 있는 것이 아니어
서 서양인에게 설명하기는 더 어렵다.

니토베 이나조(1862~1933)

일본 이와테현 출신. 삿포로 농업학교(현 홋카이도 대학교)에 입학
한 후, 윌리엄 스미스 클락 William Smith Clark 박사에게 이끌려 크리
스트교 신앙을 갖게 되었다. 유럽과 미국에서 유학한 후 도쿄 대학
교 교수, 도쿄 여자 대학교 학장 등을 역임했다. 국제연맹 사무차
장으로 활약하기도 했으며, 태평양을 잇는 다리 역할을 자처하며
세계평화를 외쳤다.

무사도를 서양의 눈높이에 맞춰 설명한 책

니토베 이나조新渡戶稻造는 무사도가 '말로 설명할 수 없고, 글로 적혀 있지도 않은 법도'라고 정의했습니다. 수십 년, 수백 년에 걸친 무사들의 삶에서 자연스럽게 배어난 가르침이기 때문입니다. 이러한 무사도를 서양인에게 설명하기 위해 17장으로 구성한 책이 《무사도》* 입니다. 무사도의 기원과 원천, 성격과 가르침, 일본인의 도덕에 미친 영향 등이 기술되어 있습니다.

사실 서양인에게 무사도는커녕, 무사라는 존재를 설명하는 일조차 녹록치 않았습니다. 그래서 니토베는 서양의 기사도*를 예로 들어 무사도를 쉽게 풀어내려 했습니다. 또한 기사도와 무사도 모두 전사 계급에 노블레스 오블리주(사회 고위층에 동반되는 의무)가 있다고 했죠. 사회를 이끄는 리더에게는 그만큼 책임과 의무가 따른다는 뜻입니다.

앞서 말했듯이 무사도는 말로 설명할 수 없고 글로 적혀 있지도 않은 법도이지만, 수십 년, 수백 년에 걸친 무사들의 삶에서 자연스럽게 나온 가르침입니다. 니토베는 《무사도》에서 무

---

* 니토베 이나조가 영문으로 쓴 책으로, 영문 제목은 'Bushido'이다. 흥미로운 점은 무사도에서 서양 철학과 비슷한 부분을 뽑아내 설명했다는 점이다. 할복과 소크라테스의 죽음(18쪽 《소크라테스의 변명》 참고)을 비교하는 등, 서양인들이 쉽게 이해하도록 설명하려 애썼다.

‡ 기사도에는 크리스트교 정신이 담겨 있지만, 무사도에는 없다. 기사도에서는 신이, 무사도에서는 군주가 절대적 존재이다.

충성忠誠

양쪽 모두 위인이 있다.

일본 무사도를 세계에 소개하려면
서양 사상에서 비슷한 부분을 골라 비교하는 방법이 좋다.

사가 익혀야 할 일곱 가지 덕목을 차례대로 설명하는데, 그 일
곱 가지 덕목이 의義·용勇·인仁·예禮·신信(성誠)·명예名譽·충
의忠입니다.

　의는 무사의 법도 중에서 가장 엄격한 가르침입니다. 무사에
게는 비겁한 행동이나 부정한 행위가 가장 큰 수치이기 때문입
니다.

　"의는 도리에 따라 결단을 내리는 데 추호의 주저함이 없는
마음을 말한다. 죽어야 할 때 죽고, 베어야 할 때 베는 것이
다."(《무사도》제3장, 하야시 시헤이林子平의 정의)

무사도에 따라 살려면 어떻게 해야 할까

의*는 또 다른 무덕武德인 '용기'와 쌍둥이 같은 덕목입니다. 의를 실천하는 데 꼭 필요한 덕목이 용기이기 때문입니다. 흔히 "갖은 위험을 무릅쓰고 목숨이 위태로운 가운데 죽음을 향해 돌진하는 행동"이 용기라고 생각합니다. 그러나 니토베는 죽을 만한 가치가 없는 이유로 죽는 것은 '개죽음'이며, "살아야 할 때 살고, 죽어야 할 때 죽는 것ᵗ이야말로 진정한 용기"라고 했습니다.

이러한 용기가 고양되면 '인'에 다다르게 됩니다. 힘을 가진 자는 약자나 아랫사람의 고통을 보아 넘기지 못하는 동정심(측은지심)(42쪽 《논어》, 《맹자》 참고)을 가지기 때문입니다. 이처럼 관용과 타인을 사랑하는 마음, 동정, 연민은 언제나 최고의 덕입니다. 니토베는 "가장 강철 같은 의지를 가진 자는 가장 부드럽고 온화하며, 최고의 사랑을 지닌 자는 최고로 용감하다"라고 했습니다. 참고로 무사의 검은 '충의'와 '명예'를 상징합니다.

---

* 니토베는 마키 이즈미真木和泉가 정의한 의를 보충 설명하며 "의는 인간의 몸에 뼈가 있는 것과 같다."라고 했다. 뼈가 없으면 머리를 제대로 고정시키지 못하고, 팔다리도 제 기능을 할 수 없다. 한마디로 의는 무사의 골격이다.

ᵗ "불교는 무사도에 모든 것을 운명에 맡기는 평상심을 부여했다. 피할 수 없는 운명에는 냉정한 마음으로 복종하고, 위험과 재난이 닥치면 금욕적인 의연함과 삶에 집착하지 않는 마음을 갖게 했다."(《무사도》 제12장) 니토베는 명상을 통한 수행, 즉 선禪이 무사도를 파악하는 비법이라 했다. 공자의 가르침은 지배 계급인 무사에게 적합했고, 특히 군신과 부자, 부부, 형제, 붕우에 관한 다섯 가지 도덕 관계를 중시했다.

이처럼 무사는 명예를 중시하고 수치를 싫어했지만, 수치를 당했을 때 사소한 일로 화를 내면 경솔하다고 손가락질을 당했습니다. 그럴 때는 인내를 통해 명예에 지나치게 집착하지 않도록 제동을 걸었습니다. 또한《무사도》에는 금전에 관한 가치관도 기술되어 있습니다.

"무사는 금전 그 자체를 위해 돈을 벌거나 모으는 것을 경멸했다. 그것은 무사로서 떳떳하지 못한 이익이었다."

무사도에서 검약을 가르친 것은 경제적 이유가 아니라 '절제'라는 교훈을 가르치기 위해서였습니다. 사치는 인간이 가장 경계해야 할 것이며, 검소한 생활을 해야 한다고 강조했습니다. 니토베는 "오늘날에는 금권金權 지배가 얼마나 빠르게 확산되고 있는가!" 하고 한탄하기도 했습니다.

고전이 나에게 건네는 말

글로벌 시대를 맞아 외국인에게 일본 문화를 전하는 일은 무척 중요하다. 특히 무사(사무라이)는 외국인이 흥미로워하는 분야이다.《무사도》영문판도 출간되어 있으니, 영어 공부도 할 겸 읽어보면 어떨까.

《선의 연구》

니시다 기타로 지음(1911년)

책의 난이도
★★★★★

이 책의 배경

주관은 내면 세계이고, 객관은 외부 세계이다. 이 둘은 어떻게 결합되어 있을까. 서양 철학자들이 다양한 답을 내놓았지만, 일본에도 독특한 답을 고안해낸 철학이 있다. 바로 일본을 대표하는 니시다 철학이다.

니시다 기타로(1870~1945)

일본만의 독특한 철학을 탄생시키고, 교토학파를 창시한 철학자. 교토 대학교 교수 및 명예교수를 역임했으며, 좌선의 경지를 철학적으로 이론화했다. 《선의 연구》를 집필한 다음 '절대모순적 자기동일', '장소 이론' 등 난해한 사상을 펼쳤다.

주관과 객관을 뛰어넘은 '나'

메이지 시대부터 일본에 서양 철학이 도입되기 시작했는데, 니시다 기타로西田幾多郎는 일본 고유 체계로 이루어진 철학을 탄생시킨 인물입니다.

《선의 연구善の硏究》는 니시다 기타로의 첫 책으로, 데카르트 이후로 이어져 온 주관과 객관, 정신과 물질이라는 이원론적 사고를 배제했습니다. 대신 정신과 물질 모두 실재로서 '순수경험'이 나타난 것이라는 주객동일主客同一을 주장했다는 점에서 그 독창성이 돋보입니다(주객미분主客未分). 니시다 기타로는 스스로 참선 체험을 하고 이 책을 썼다고 합니다. 구라타 하쿠조倉田百三가 쓴 《사랑과 인식의 출발》(1921)에 소개되면서 많은 사람의 애독서가 되었죠.

《선의 연구》는 제1편 〈순수경험〉, 제2편 〈실재〉, 제3편 〈선〉, 제4편 〈종교〉로 구성되어 있습니다. 제1편 〈순수경험〉에서는 니시다 사상의 근본인 순수경험의 성질을 명확하게 밝힙니다. 그리고 제2편 〈실재〉에는 "우리의 의식 현상, 즉 직접경험의 사실만이 유일한 실재"라는 저자의 근본 입장이 실려 있습니다. 서양 근대 철학은 세계를 '보는 것'과 '보이는 것', 주관과 객관이라는 도식으로 파악했습니다. 세계를 주관 아니면 객관으로 분류한 다음 그 둘을 통합하고자 했죠. 크게 나눠서 주관으로 통합하면 '관념론', 객관으로 통합하면 '유물론'이 됩니다.

주객미분主客未分

듣는 나(주관)와 들리는 음악(객관)은 아직 분리되어 있지 않다.

니시다는 이러한 주관과 객관을 뛰어넘는 도식을 생각해냈습니다. 주관과 객관*이 분열해서 세계가 두 쪽이 나기 때문에, 분열하기 이전의 상태를 고찰한 것이죠.

이렇게 주객이 아직 분리되지 않은 상태를 '순수경험'이라고 합니다. 니시다는 음악을 들을 때 '들리는 음악과 듣는 나'가 분리되지 않는다고 했습니다.

* 니시다는 조지 버클리(83쪽 《인간 지식의 원리론》 참고)의 주장에 따르면 객관은 우리의 의식계에 지나지 않기 때문에 객관성이 떨어진다고 했다. 반대로 유물론적으로 생각하면 주관이 사라진다고 주장했다.

주관과 객관으로 나뉘기 전에 진실이 있다

그렇다면 주관과 객관은 어떨 때 생길까요? 아마 한숨 돌리면서 생각할 때가 아닐까요? '아, 보는 내가 있고 보이는 산이 있구나' 하고 생각할 때 주관과 객관은 분리됩니다.

"순수경험에는 아직 지知·정情·의意의 분리가 없는 오직 하나의 활동이 있듯이 주관과 객관의 대립 또한 없다. 주객의 대립은 우리 사유의 요구에서 나오므로 직접경험의 사실이 아니다."

이어 제2편 〈실재〉에 담긴 사고를 바탕으로 제3편 〈선〉이 전개됩니다. 제3편에서는 '인격의 실현' 혹은 '자기 개인성의 실현'이 바로 '절대적 선'이라는 논리 학설을 풀어냅니다.

"직접경험 위에서는 단지 독립되어 스스로 완전한 하나의 사실이 있을 따름인바, 바라보는 주관이 없다면 보이는 객관도 없다. 우리가 아름다운 음악에 마음을 빼앗겨 물아일체 속에서 천지가 오직 청량한 한줄기 악기 소리가 되려는 그 찰나, 이른바 참된 실재眞實在 ː가 현전하고 있다."

아름다운 풍경이나 음악에 취해 자아를 잊거나 뭔가를 만드는 데 몰두하는 것이 순수경험이기 때문에, 그 순수경험에는 세계의 상호관계가 융합되어 있습니다. 그렇다면 이 책에서 말하

ː 니시다는 주관과 객관이 분리되는 순간을 다음과 같이 풀어서 설명했다. "(음악을 들을 때) '이것은 공기의 진동이구나' 혹은 '내가 이것을 듣고 있구나' 하는 생각은 우리가 실재의 진경을 떠나 반성하고 사유학으로써 일어나는 것으로, 그때 우리는 이미 참뒤 실재를 떠나 있다."

는 '선'은 무엇일까요?

"선이란 한마디로 인격의 실현이다. 이를 내부에서 보면 진지한 요구의 만족, 즉 의식 통일이고, 그 극한은 자기와 타자가 서로의 경계를 잊고 주체와 객체가 함께 가라앉는 곳에 이르러야 한다."

객관은 주관을 따르지 않고, 주관 또한 객관을 따르는 것이 아닙니다. 니시다는 거기에서 선을 끌어냈습니다.

역사 속에서 많은 철학자가 여러 방식으로 선을 설명했지만, 주객이 통일된 순수경험에 선이 있다는 생각은 무척 참신한 발상이었습니다.

고전이 나에게 건네는 말

뭐가 뭔지 모르겠다면, 내 안에서 생생하게 느껴지는 순간의 경험을 중시하자. 그 경험은 나의 내면뿐 아니라 외부와도 하나로 이어져 있는 궁극의 장이다.

참고문헌 ──

제1장 고대부터 전해져 온 지혜를 익히는 책

번역 참고

• 마르쿠스 툴리우스 키케로 저, 정윤희 역, 《키케로의 노년에 대하여》, 소울메이트
  (2015)

• 황희경 저, 《논어》, 메멘토(2018)

• 이한우 저, 《논어로 맹자를 읽다》, 해냄(2015)

• 일아 역, 《담마빠다》, 불광출판사(2014)

• 어현경, "부처님 말씀 어려웠다면 사람들이 따랐을까", 〈불교신문〉, 2019년 11월
  21일, "http://www.ibulgyo.com/news/articleView.html?idxno=203136"

원서 참고

• 다나카 미치타로 편, 《세계의 명저(6) 플라톤 I》, 주오코론신샤

• 다나카 미치타로 편, 《세계의 명저(8) 아리스토텔레스》, 주오코론신샤

• 《성서》, 일본성서협회

• 마리쿠스 툴리우스 키케로 저, 요시다 마사미치 역, 《노년에 관하여》, 이와나미분코

• 가이즈카 시세키 편, 《세계의 명저(3) 공자·맹자》, 주오코론신샤

• 오가와 다마키 편, 《세계의 명저(4) 노자·장자》, 주오코론신샤

• 아라키 겐고 편, 《세계의 명저(19) 주자·왕양명》, 주오코론신샤

• 미우라 구니오 역, 《주자어류초(抄)》, 고단샤

• 나카무라 하지메 역, 《붓다의 진리의 말씀·감흥의 말씀》, 이와나미분코

• 사사키 시즈카 저, 《반야심경(100분de명저)》, NHK출판

제2장 생각에 생각을 거듭해 인생을 바꾸는 책

번역 참고

- 프랜시스 베이컨 저, 김홍표 역,《신기관》, 지식을 만드는 지식(2014)
- 이수영 저,《에티카, 자유와 긍정의 철학》, 오월의봄(2013)

원서 참고

- 프랜시스 베이컨 저, 가쓰라 주이치 역,《신기관》, 이와나미분코
- 르네 데카르트 저, 다니카와 다카코 역,《방법서설》, 이와나미분코
- 노다 마타오 편,《세계의 명저(27) 데카르트》, 주오코론신샤
- 조지 버클리 저, 오쓰키 하루히코 역,《인간 지식의 원리론》, 이와나미분코
- 시모무라 도라타로 편,《세계의 명저(30) 스피노자·라이프니츠》, 주오코론신샤
- 임마누엘 칸트 저, 시노다 히데오 역,《순수이성비판(上·中·下)》, 이와나미분코
- 임마누엘 칸트 저, 히타노 세이치, 미야모토 와키치, 시노다 히데오 역,《실천이성
  비판》, 이와나미분코
- 니시오 간지 편,《세계의 명저(45) 쇼펜하우어》, 주오코론신샤
- 에드문트 후설 저, 다테마쓰 히로타카 역,《현상학의 이념》, 미스즈쇼보
- 게오르크 빌헬름 프리드리히 헤겔 저, 하세가와 히로시 역,《역사 철학 강의(上·
  下)》, 이와나미분코

제3장 고단한 인생에 관해 생각하는 책

번역 참고

- 프리드리히 니체 저, 안성찬, 홍사현 역,《즐거운 학문 메시나에서의 전원시 유고》,
  책세상(2005)
- 블레즈 파스칼 저, 하동훈 역,《팡세》, 문예출판사(2009)

원서 참고

- 마쓰다 게자부로 편,《세계의 명저(51) 키르케고르》, 주오코론신샤
- 데즈카 도미오 편,《세계의 명저(57) 니체》, 주오코론신샤
- 윌리엄 제임스 저, 미쓰다 게자부로 역,《실용주의》, 이와나미분코

- 칼 야스퍼스 저, 오구라 유시요키, 하야시다 신지, 와타나베 지로 역,《철학》, 주오코론신샤
- 에마뉘엘 레비나스 저, 구마노 스미히코 역,《전체성과 무한(上·下)》, 이와나미분코
- 하라 다스쿠 편,《세계의 명저(74) 하이데거》, 주오코론신샤
- 장 폴 사르트르 저, 마쓰나미 신자부로 역,《존재와 무(上·下)》, 진분쇼인
- 블레즈 파스칼 저, 가시마 시게루 역,《파스칼 팡세초(抄)》, 아스카신샤
- 블레즈 파스칼 저, 마에다 요이치, 유키 코 역,《팡세》, 주오코론신샤
- 가시마 시게루 저,《파스칼 팡세(100분de명저)》, NHK출판
- 알랭 저, 가미야 미키오 역,《행복론》, 이와나미분코
- 토마스 아키나리 저,《누구나 쉽게 행복을 느끼는 방법은 알랭의 행복론에 적혀 있었다》, 가도카와

제4장 현대 정치사상과 그 기원을 배우는 책

번역 참고
- 테오도어 아도르노, 막스 호르크하이머 저, 주경식, 이상훈, 김유동 역,《계몽의 변증법》, 문예출판사(1995)
- 에리히 프롬 저, 김석희 역,《자유로부터의 도피》, 휴머니스트(2020)
- 한나 아렌트 저, 박미애, 이진우 역,《전체주의의 기원 1·2》, 한길사(2006)
- 카를 폰 클라우제비츠 저, 류제승 역,《전쟁론》, 책세상(1998)

원서 참고
- 마이클 샌델 저, 오니자와 시노부 역,《정의란 무엇인가》, 하야카와쇼보
- 나가이 미치오 편,《세계의 명저(28) 홉스》, 주오코론신샤
- 니콜로 마키아벨리 저, 가와시마 히데아키 역,《군주론》, 이와나미분코
- 테오도어 아도르노, 막스 호르크하이머 저, 도쿠나가 마코토 역,《계몽의 변증법》, 이와나미분코
- 에리히 프롬 저, 히다카 로쿠로 역,《자유로부터의 도피 신(新)판》, 도쿄소겐샤
- 한나 아렌트 저, 오쿠보 가즈오 역,《전체주의의 기원 1》, 미스즈쇼보
- 한나 아렌트 저, 오시마 미치요시, 오시마 가오리 역,《전체주의의 기원 2》, 미스

즈쇼보
- 한나 아렌트 저, 오쿠보 가즈오, 오시마 가오리 역, 《전체주의의 기원 3》, 미스즈쇼보
- 나카마사 마사키 저, 《한나 아렌트 전체주의의 기원(100분de명저)》, NHK출판
- 세키 요시히코 편, 《세계의 명저(49) 벤담·J.S.밀》, 주오코론신샤
- 장 자크 루소 저, 구와바라 다케오, 마에카와 데이지로 역, 《사회계약론》, 이와나미분코
- 존 롤스 저, 가와모토 다카시, 후쿠마 사토시, 가미시마 유코 역, 《정의론》, 기노쿠니야쇼텐
- 카를 폰 클라우제비츠 저, 시노다 히데오 역, 《전쟁론(上·中·下)》, 이와나미분코
- 오하시 다케오 저, 《클라우제비츠 병법》, 매니지먼트샤

제5장 일과 삶을 이해하는 책

번역 참고

- 애덤 스미스 저, 김수행 역, 《국부론 상·하》, 비봉출판사(2007)
- 막스 베버 저, 박성수 역, 《프로테스탄티즘의 윤리와 자본주의 정신》, 문예출판사(2021)
- 토마 피케티 저, 장경덕 역, 《21세기 자본》, 글항아리(2014)

원서 참고

- 오코치 가즈오 편, 《세계의 명저(31) 애덤 스미스 국부론》, 주오코론신샤
- 오다카 구니오 편, 《세계의 명저(61) 베버》, 주오코론신샤
- 미즈타 히로시 편, 《세계의 명저(41) 버크·맬서스》, 주오코론신샤
- 스즈키 고이치로 편, 《세계의 명저(54·55) 마르크스·엥겔스 I·II》, 주오코론신샤
- 칼 마르크스 저. 다케다 다카오 외 공역, 《정치경제학 비판을 위하여》, 이와나미분코
- 이토 미츠하루 저, 《인류의 지적 유산(70) 케인스》, 고단샤
- 토마 피케티 저, 야마가타 히로오, 모리오카 사쿠라, 모리모토 마사후미 역, 《21세기 자본》, 미스즈쇼보

제6장 마음과 말에 관해 생각하는 책

번역 참고

- 조중걸 저,《언어의 한계는 세계의 한계다》, 이야기가있는집(2017)
- 전세라 저,《비트겐슈타인의 논리-철학 논고》, 웅진지식하우스(2019)

원서 참고

- 가케타 가쓰미 편,《세계의 명저(60) 프로이트》, 주오코론신샤
- 칼 구스타프 융 저, 하야시 미치요시 역,《원형과 무의식》, 기노쿠니야쇼텐
- 칼 구스타프 융 저, 이케다 고이치, 가마타 미치오 역,《심리학과 연금술(Ⅰ·Ⅱ)》, 진분쇼인
- 알프레드 아들러 저, 기시미 이치로 역,《심리학이란 무엇인가(上·下)》, 아르테
- 기시미 이치로, 고가 후미타케 저,《미움받을 용기》, 다이아몬드샤
- 기시미 이치로 저,《아들러 심리학이란 무엇인가(100분de명저)》, NHK출판
- 루트비히 비트겐슈타인 저, 오쿠 마사히로 역,《비트겐슈타인 전집(1) 논리-철학 논고》, 다이슈칸쇼텐
- 페르디낭 드 소쉬르 저, 마치다 겐 역,《신역(新譯) 소쉬르 일반 언어학 강의》, 겐큐샤
- 미셸 푸코 저, 다무라 하지메 역,《광기의 역사》, 신초샤
- 구메 히로시 저, 나카야마 시게루 역,《현대 프랑스 철학(워드맵)》, 신요샤

제7장 현대 사회를 다른 각도에서 생각하는 책

번역 참고

- 마셜 매클루언 저, 임상원 역,《구텐베르크 은하계》, 커뮤니케이션북스(2001)
- 장 프랑수아 리오타르 저, 유정완 역,《포스트모던의 조건》, 민음사(2018)
- 장 보드리야르 저, 이상률 역,《소비의 사회》, 문예출판사(1992)
- 발터 벤야민 저, 최성만 역,《기술 복제 시대의 예술작품·사진의 작은 역사 외》, 도서출판 길(2007)
- 발터 벤야민 저, 심철민 역,《기술적 복제 시대의 예술작품》, 도서출판b(2017)
- 토머스 쿤 저, 김명자, 홍성욱 역,《과학 혁명의 구조》, 까치(2013)

- 질 들뢰즈, 펠릭스 가타리 저, 김재인 역,《안티 오이디푸스》, 민음사(2014)

원서 참고

- 마샬 매클루언 저, 모리 조지 역,《구텐베르크 은하계》, 미스즈쇼보
- 장 프랑수아 리오타르 저, 고바야시 야스오 역,《포스트모던의 조건》, 스이세샤
- 장 보드리야르 저, 이마무라 히토시, 스카하라 후미 역,《소비의 사회》, 기노쿠니 야쇼텐
- 발터 벤야민 저, 사사키 기이치 편,《기술 복제 시대의 예술 작품》, 쇼분샤
- 토머스 쿤 저, 나카야마 시게루 역,《과학 혁명의 구조》, 미스즈쇼보
- 질 들뢰즈, 펠릭스 가타리 저, 이치쿠라 히로스케 역,《안티 오이디푸스》, 가와데 쇼보신샤

제8장 일본을 이해하기 위한 책

번역 참고

- 구카이 저, 정천구 역,《삼교지귀》, 씨아이알(2012)
- 도겐 저, 이재경 역,《정법안장수문기》, 동국대학교출판부(2006)
- 니토베 이나조 저, 양경미 역,《무사도》, 아지사이(2015)
- 니시다 기타로 저, 윤인로 역,《선의 연구》, 도서출판b(2019)

원서 참고

- 카토 준류, 가토 세이치 편,《구카이 삼교지귀(비기너스 일본의 사상)》, 가도카와 소피아분코
- 가토 세이치 편,《구카이 반야심경비건(비기너스 일본의 사상)》, 가도카와소피아 분코
- 가네코 다이에 저,《탄이초》, 이와나미분코
- 기노 가즈요시 저,《명승열전(1)》, 고단샤
- 다마키 고시로 편, 니시오 미노루, 미즈노 야오코 역,《도겐》, 치쿠마쇼보
- 니토베 이나조 저, 미사키 류이치로 역,《무사도》, PHP분코
- 니시다 기타로 저, 고사카 구니쓰구 역,《선의 연구》, 고단샤가쿠주쓰분코

- 우에야마 슌페이 편,《일본의 명저(47) 니시다 기타로》, 주오코론신샤
- 와타나베 요시오 저,《입체 철학》, 아사히슈판샤
- 모리야 히로시, 모리야 아쓰시 저,《중국 고전 명언록》, 도요게이자이신포샤

기타

- 와타나베 지로 저,《인생의 철학》, 일본 방송대학 교육진흥회
- 야마카와 요시테루 저,《야마카와 요시테루의 생물이 재미있을 정도로 이해되는 책》, 가도카와
- 《최신도설윤리》, 하마지마쇼텐
- 《신 윤리자료》, 지쿄출판
- 《고등학교 현대윤리》, 시미즈쇼인

압축 고전 60권

1판 1쇄 발행 2021년 10월 4일
1판 2쇄 발행 2022년 1월 10일

지은이 토마스 아키나리
옮긴이 오민혜

발행인 양원석 **편집장** 박나미
책임편집 이수빈 **디자인** 남미현, 김미선
영업마케팅 조아라, 신예은, 이지원, 정다은

펴낸 곳 ㈜알에이치코리아
주소 서울시 금천구 가산디지털2로 53, 20층 (가산동, 한라시그마밸리)
편집문의 02-6443-8867 **도서문의** 02-6443-8800
홈페이지 http://rhk.co.kr **등록** 2004년 1월 15일 제2-3726호

ISBN 978-89-255-7963-4 (03100)